DOS RITMOS AO CAOS

PIERRE BERGÉ

YVES POMEAU

MONIQUE DUBOIS-GANCE

DOS RITMOS AO CAOS

Tradução de
Roberto Leal Ferreira

Editora
UNESP

© 1994 by Èditions Odile Jacob
Título original em francês: *Des rythmes au chaos.*

© 1995 da tradução brasileira:
Fundação Editora da UNESP (FEU)
Praça da Sé, 108
01001-900 – São Paulo – SP
Tel.: (0xx11) 3242-7171
Fax: (0xx11) 3242-7172
www.editoraunesp.com.br
www.livrariaunesp.com.br
feu@editora.unesp.br

Dados Internacionais de Catalogação na Publicação (CIP)
(Câmara Brasileira do Livro, SP, Brasil)

Bergé, Pierre
   Dos ritmos ao caos/ Pierre Bergé, Yves Pomeau, Monique Dubois-Gance;
tradução de Roberto Leal Ferreira. – São Paulo: Editora da Universidade
Estadual Paulista, 1996. – (Biblioteca básica)

   Título original: Des rythmes au chaos.
   ISBN 85-7139-106-8

   1. Acaso 2. Caos determinístico 3. Ciclos 4. Determinismo (Filosofia) I.
Bergé, Pierre II. Pomeau, Yves. III. Dubois-Gance Monique IV. Título. V.
Série.

96-0136   CDD-123

Índices para catálogo sistemático:

1. Caos: Filosofia   123

Editora afiliada:

Asociación de Editoriales Universitarias
de América Latina y el Caribe

Associação Brasileira de
Editoras Universitárias

SUMÁRIO

INTRODUÇÃO

Onze de janeiro do ano de 49 antes de Cristo: César pronuncia o célebre *Alea jacta est* ("a sorte está lançada") e atravessa o Rubicão. Sabe muito bem que o resultado de sua ação, de alto risco, depende também do acaso. A lei romana, com efeito, proíbe a travessia do Rubicão – rio que separa o Lácio da Gália Cisalpina – pelo exército do governador dessa província, sem ordem do Senado. É tensa a situação política em Roma. É nessas condições difíceis que César se prepara para violar a lei romana e ser declarado inimigo da República. O que se seguiu é conhecido: torna-se ele senhor de Roma e da Itália inteira. Sem dúvida, ele consultara os oráculos e outros presságios, a fim de esconjurar a incerteza do futuro. Dessa vez, os adivinhos tiveram razão...

A preocupação de conhecer o futuro encontra, sem dúvida, sua origem na necessidade de se preparar para enfrentar as situações que se apresentam. Com toda certeza, ela se deve também ao desejo, por vezes inconsciente, de ter pontos de referência, portanto de vincular os acontecimentos a cadeias causais, sejam elas de origem física ou religiosa. Ora, as predições, qualquer que seja a sua natureza, projetam-se no tempo, dimensão em que futuro e passado se misturam. A noção de tempo, sua percepção, sua medida são, portanto, essenciais na apreensão do futuro.

Nos dias de hoje, os relógios se tornaram marcadores de tempo tão precisos e sofisticados, tão acessíveis, que temos dificuldade em imaginar que a medida rigorosa do tempo, que nos fornece uma referência absoluta independente dos lugares e confiável para períodos muito longos, é bastante recente. Antes do século XVI, os diferentes tipos de marcadores de tempo (clepsidras, relógios solares) só forneciam indicações aproximadas e referentes a durações bastante curtas. A atividade, essencialmente agrícola, ordenava-se de acordo com o tamanho do dia e a sucessão das estações: o conhecimento preciso do escoamento do tempo, mesmo se fosse possível, só teria tido um pequeno interesse. Quanto às diferentes predições, muitas vezes eram apenas correlações irracionais entre certos fenômenos, espetaculares ou inesperados (eclipses, cometas), mas também a fenômenos corriqueiros.

Nos séculos XVI e, sobretudo, XVII, realizaram-se progressos consideráveis na medição do tempo, com o surgimento dos relógios baseados num oscilador independente, para o que Huyghens desempenhou um papel determinante. Os astrônomos eram os primeiros interessados numa medida precisa do tempo, e os melhores relógios da época não raro se encontravam em seus observatórios. Alguns foram até concebidos por cientistas, como Galileu. Nessa mesma época, ou pouco depois, os navegadores também exerceram uma influência considerável na construção de relógios transportáveis e precisos; o conhecimento exato da hora no meridiano de referência é, com efeito, indispensável para se deduzir a longitude e para se situar nos mares.

Consequência lógica disso é que também data dessa época o início da era científica moderna. As leis da física não existiriam sem uma boa metrologia do tempo, tempo este ao qual não podemos escapar, mas cujo controle (no sentido da medida) foi aos poucos ampliando nosso campo de conhecimento. Sua medição precisa permitiu a elaboração das primeiras leis da física. A ilustração mais fundamental disto está nas leis de Kepler que descrevem o movimento dos planetas, cuja teoria física foi encontrada, alguns anos mais tarde, por Newton, quando descobriu a lei da gravitação universal. Essas leis são os primeiros marcos da ciência moderna, para a qual os fenômenos observados são, no mais das vezes, traduzidos em relações matemáticas. Mas quem diz relações matemáticas diz também possibilidade de cálculo, portanto de conhecimento em função de diferentes parâmetros e, em particular, do tempo. A partir do conhecimento do passado, o futuro tornava-se calculável; nascera a predição científica.

Cientistas de grande talento aplicaram-se à tarefa. Matemáticos, como Lagrange, físicos e astrônomos, como Laplace (no final do século XVIII, a escola francesa é pioneira), desenvolvem novas ferramentas matemáticas para cingir cada vez mais estreitamente a evolução de sistemas físicos; nesse prolongamento, pôde-se dizer que o século XIX foi a idade de ouro da ciência positivista. A fé na onipotência da ciência, especialmente na das matemáticas, era grande; as mentes esclarecidas não duvidavam de que se pudesse progressivamente chegar a um conhecimento quase completo do universo, presente e futuro, com base no determinismo das relações matemáticas.

Isso era, sem dúvida, estar cego diante das capacidades humanas e esquecer-se das inúmeras facetas da natureza. No fim do século XIX e início do XX, os trabalhos de Poincaré e, em seguida, os de Hadamard começaram a projetar certa sombra sobre as certezas admitidas, descobrindo que certos sistemas matemáticos tinham comportamentos tão complexos que era difícil – ou mesmo impossível – predizê-los, de tal forma dependiam eles da maneira caprichosa dos valores escolhidos inicialmente. Um outro abalo sério veio da mecânica quântica: a impossibilidade de conhecer com precisão ao mesmo tempo a posição e a velocidade de uma partícula introduz uma importante limitação que revela uma visão mais complexa da realidade.

Os golpes decisivos contra a onipotência do determinismo foram dados nas três últimas décadas, semeando os grãos de uma nova revolução conceitual, na linhagem de Poincaré e de Hadamard, cujos trabalhos matemáticos haviam permanecido na sombra durante longos anos (exceto para a escola russa). As descobertas recentes confirmaram plenamente suas observações, aprofundando o fato de que mesmo sistemas relativamente simples, descritos por relações matemáticas bem definidas, podiam ser impredizíveis. O alcance dessa descoberta é universal: aplica-se a todas as áreas, quer nas matemáticas, quer nos diferentes ramos da física, da química, da biologia e, talvez, até às ciências humanas. Não basta conhecer as relações que fornecem a evolução de não importa qual sistema; a natureza dessas relações implica que, muitas vezes, os estados calculados percam seu realismo para além de certo lapso de tempo; essa limitação do conhecimento é inelutável. Tudo se passa como se imagens que vemos muito nítidas de perto pareçam cada vez mais embaçadas à medida que se vão afastando, o espaço simbolizando, aqui, a distância temporal.

À impreditibilidade está associada uma evolução caótica. Por que esse caos? Em que condições ele se instala? Que podemos saber, apesar de tudo, sobre os sistemas atingidos por ele? Compreendemos melhor hoje a natureza do acaso? São inapeláveis todas as impreditibilidades? Está definitivamente enterrado o determinismo soberano? Devolve-nos o caos o nosso livre-arbítrio? As páginas que se seguem esforçam-se por lançar um pouco de luz sobre estes problemas difíceis. Mesmo se a impreditibilidade de sistemas simples pode parecer um desafio cada vez maior lançado pela natureza aos cientistas, esses sistemas podem apresentar estados fascinantes, onde a ordem e a desordem estão sempre lado a lado. O fato de compreender seus mecanismos, como os de um maquinismo complexíssimo, permitiu esclarecer certas áreas científicas e até compreender melhor certos comportamentos coletivos.

CAPÍTULO 1

OUTRORA O TEMPO

"O tempo, essa imagem móvel da imóvel eternidade."

Jean-Baptiste Rousseau

Em 1817, Germaine Necker, baronesa de Staël, confessava, ao aproximar-se da morte, com apenas 51 anos de idade, que a vida lhe parecera longa, tanto criara através da escrita e tantos acontecimentos diversos vivera ao longo de uma existência movimentada.

A noção do tempo que passa varia de indivíduo para indivíduo. Para cada um, ela muda conforme a idade ou o momento. Ao longo de nossa vida, a infância é um período abençoado em que o tempo parece estender-se longamente, quase imóvel (será que o mesmo acontecia nos primórdios da humanidade?); depois, ele se acelera com os anos. De acordo com nossas ações ou nossas emoções, podemos ter a impressão de que o tempo se embala ou, pelo contrário, se desacelera, tanto mais se estamos entusiasmados pelo que vivemos. Fala-se também de tempo psicológico. Mas nossa noção do tempo não está ligada apenas à nossa vida interior. Ela também varia de acordo com nossa cultura, pois se nutre da memória coletiva e dos pontos de referência objetivos. Esses pontos de referência evoluíram muito desde o início da humanidade. O tempo tem, portanto, uma história.

O tempo imóvel

Os homens da Antiguidade provavelmente não tinham a mesma noção do tempo que nós, mas, à escala de uma vida humana, os pontos de referência essenciais eram os mesmos que os nossos, ou seja, o dia e o ano. A atividade, principalmente agrícola, era ritmada pelo nascer e pelo pôr do sol e pela sucessão das estações que condicionavam os trabalhos. Assim é que o calendário egípcio tinha apenas três estações: a inundação (o período das enchentes do Nilo), o verão e o inverno.

Esses pontos de referência, dia, ano etc., tinham origem nos primeiros fenômenos periódicos que os seres humanos puderam observar, aqueles que a astronomia nos fornece de maneira imediata: rotação da Terra ao redor de seu eixo no caso do dia, movimento da Terra ao redor do Sol no caso do ano, rotação da Lua ao redor da Terra etc. De fato, para os antigos, a Terra estava no centro do mundo. Essa doutrina geocentrista, defendida durante séculos, foi elaborada por Ptolomeu. Cláudio Ptolomeu, astrônomo, matemático e geógrafo grego, provavelmente membro da escola de Alexandria, colocava, efetivamente, a Terra no centro do mundo. No *Planisphaerium Ptolemaicum*, sete esferas centradas na Terra serviam para descrever, em sua ordem respectiva, os movimentos da Lua, de Mercúrio, de Vênus, do Sol, de Marte, de Júpiter e de Saturno; uma oitava esfera – chamada "esfera dos Fixos" – continha as estrelas (Figura 1). Esses movimentos dos corpos celestes repetiam-se ao infinito, segundo um ritmo imutável.

FIGURA 1 - Sistema de Ptolomeu. © Palais de la Découverte.

Sem dúvida, os astrônomos das épocas antigas não tinham a intuição de que esse conjunto de movimentos pudesse ser quase periódico, ou seja, de que a periodicidade do Sol e a dos astros pudessem estar numa relação que não fosse um número inteiro ou racional. Contudo, é esse o caso no decorrer do calendário, para o qual as "unidades" de base no cálculo do tempo são o dia e o ano, e cuja razão das durações astronômicas é 365,242... A parte não inteira dessa razão está na origem dos anos bissextos: acrescentar um 366º dia permite compensar quase perfeitamente,[1] a cada quatro anos, o atraso acumulado por um ano de 365 dias, relativamente a uma volta completa da Terra sobre a eclíptica. Se nos referirmos à cronologia egípcia, o ano contava invariavelmente 365 dias; por isso, as estações afastavam-se de ano para ano relativamente ao calendário, à razão de um dia a cada quatro anos. (Uma defasagem de seis meses do calendário egípcio relativamente ao tempo real astronômico – pleno verão em "janeiro" – ocorria em 730 anos.) Este fato foi utilizado pelos egiptólogos para datarem certos acontecimentos. Em particular, os antigos egípcios estavam muito atentos ao movimento da estrela Sothis, que hoje chamamos de Sirius. Quando o nascer dessa estrela ocorria justo antes do nascer do Sol, isso anunciava a enchente iminente do Nilo; assim, esse acontecimento importante é por vezes indicado em documentos com a data do calendário da época. Se soubermos que esse fenômeno astronômico – nascer helíaco de Sirius – se produz regularmente numa data correspondente ao 19 de julho do calendário juliano, a defasagem da data desse acontecimento no calendário dos egípcios relativamente a uma data conhecida permite situar, num intervalo de quatro anos, os acontecimentos concomitantes.

Nos trabalhos do campo, a importância da extensão do dia como período iluminado pelo Sol levou a uma subdivisão diária do tempo em doze avos do tempo decorrido entre o nascer e o pôr do sol, por um lado, e entre o pôr e o nascer do Sol, por outro. A hora do dia e a hora da noite só eram iguais, portanto, no equinócio, e os comprimentos variavam de um dia para o outro. Esta prática de divisão do tempo persistiu até uma época relativamente recente. No século XIII e início do XIV, portanto até o aparecimento dos primeiros relógios mecânicos, precursores dos cronômetros precisos e regulares que conhecemos, os relógios davam uma hora "temporal", um doze avos do comprimento efetivo do dia, entre o nascer e o pôr do sol. Se essa maneira de contabilizar o tempo não era simples de pôr em prática, estava muito próxima do ritmo da natureza e foi utilizada em muitas civilizações. Podemos encontrar[2] descrições de clepsidras (relógios hidráulicos) sofisticadíssimas, construídas no Oriente Médio, que davam horas temporais. Estas últimas também ritmaram a vida no Japão até uma data bastante próxima.

Origem do mundo, origem do tempo

O retorno do dia e das estações deu, durante muito tempo, uma percepção global do tempo que, à escala da vida do Cosmos e da Terra, se referia a um mundo imutável, onde os astros rodavam indefinidamente ao redor da Terra, centro do mundo. A questão subjacente do começo, do nascimento deste universo, encontrava resposta nas crenças religiosas.

No que diz respeito ao Egito antigo, o símbolo da criação do mundo é constituído por uma crista de aluvião emergindo das águas. Segundo Heródoto, o delta do Nilo provavelmente se formara por preenchimento de um antigo golfo, pela acumulação de aluviões carregados pelo rio. É, portanto, possível que os primeiros habitantes do Egito tenham podido contemplar ilhotas de terra que iam progressivamente aparecendo acima das águas, e que as crenças do Egito antigo tenham tido ali a sua origem: uma extensão aquosa inerte precedia a criação, e o Deus criador inicial, Neith, era identificado à "Terra emergindo da água". Essa primeira etapa da construção do mundo era seguida de acontecimentos cujos pormenores dependiam dos centros religiosos onde se desenvolviam.

Em Heliópolis, que celebrava o culto do deus sol Rê, fora desenvolvido um sistema teológico muito intelectual e de pura lógica, para explicar as origens do mundo. Aton, divindade solar que emerge do caos,[3] vai ser o autor de toda a criação, a partir do nascimento de um casal ele próprio criador: Shu (o ar) e Tefnut (a umidade), que geram por sua vez Geb (deus da Terra) e Nut (princesa do Sol).

Em Hermópolis, outro centro religioso, a tradição ensina que quatro casais de divindades fundamentais nascem do caos aquático ou oceano primordial. De um ovo misterioso brota o Sol, que imediatamente se lança ao espaço. Outra tradição do mesmo centro imaginava, ainda mais poeticamente, o nascimento do Sol a partir de um cálice de lótus a flutuar na superfície do oceano primordial mergulhado nas trevas.

Numerosos mitos egípcios, sensivelmente diferentes uns dos outros, tentavam explicar a criação do mundo. Para além dos pormenores, não podemos deixar de ficar impressionados com alguns de seus pontos comuns. Assim é que a criação se realiza por etapas, mas numa ordem variável de um sistema para outro, em particular no que concerne aos seres animados e ao quadro em que eles vão evoluir. Tudo o que foi criado está no mesmo plano – o homem não tem um lugar à parte – e num mundo sem evolução... o tempo é imóvel. Outro ponto comum impressionante: o estado inicial que antecede a criação do mundo é o oceano (ou o pântano) primordial, meio desorganizado, mergulhado nas trevas e no caos original. A ilhota de terra que emerge desse oceano inicial ilustra, por assim dizer, a ordem a emanar do caos, prefigurando de maneira evidentemente muito vaga uma noção moderna que reencontraremos como um *leitmotiv* ao longo de todo este livro. Alguns sábios do passado não tinham intuições notáveis? Outro exemplo disso é fornecido pela imagem das trevas primordiais, subitamente rasgadas pela luz. Isso nos faz pensar no moderno *Big Bang*. Podemos observar, por outro lado, que o caos é não raro representado por uma massa de água (oceano, pântano etc.). Ora, sabemos hoje que o estado líquido corresponde a um estado muito desordenado no nível das moléculas, cuja agitação é, desde Boltzmann, representativa do "caos molecular".

Também entre os gregos o estado primordial era o caos, matéria de forma vaga mas que contém os princípios do Mundo. Segundo a mitologia, esse caos gerou a Noite (sob a forma de uma deusa das trevas). Igualmente, encontramos que as trevas precederam todas as coisas. A Noite gerou, por sua vez, os Céus e o Dia (de fato, a luz). A Terra nasceu então, e dela, o Homem. Inúmeras divindades nasceram em seguida. Duas delas merecem mais particularmente o nosso interesse.

Divindade cega e inexorável, o Destino representa tudo o que acontece no mundo. É impressionante notar que as leis do destino estavam escritas desde toda a eternidade em certo lugar, infelizmente só acessível aos Deuses! Não devemos ver nessa crença um antecedente muito próximo do determinismo de Laplace,[4] enunciado de maneira científica mais de dois mil anos mais tarde?

A outra divindade, Cronos,[5] deus cruel, também merece a nossa atenção. De fato, com exceção dos três filhos salvos por sua esposa (Zeus, Poseidon e Hades, que, identificados a Júpiter, Netuno e Plutão entre os romanos, deram seu nome aos planetas exteriores do sistema solar), todos os outros foram avidamente devorados pelo pai. O ponto interessante para nós é que a alegoria de Cronos (Saturno, na mitologia latina) a devorar seus filhos representa o Tempo que consome com avidez os anos que passam.

Também a *Bíblia* tem a sua descrição da criação divina do mundo. Alguns pontos são comuns com as civilizações de que acabamos de falar, e a presença do caos original parece ser uma constante considerável. A criação do mundo em seis dias – divinos, por certo – foi a origem de persistentes crenças sobre a pouquíssima idade de nosso planeta. Isso parece pouco crível hoje em dia, mas só em meados do século XIX o *Gênesis* foi definitivamente abandonado como ponto de referência no conhecimento da idade da Terra. Conta Claude Allègre[6] que, por volta de 1540, um estudo aprofundado de textos gregos, egípcios e cristãos levara à certeza de que a Terra fora criada no ano de 4004 a. C. Muito precisamente, no dia 26 de outubro, às nove horas da manhã! Como a história da humanidade se passa em alguns milhares de anos, pensava-se que a história da Terra lhe fosse paralela, como o deixam supor os textos do *Antigo Testamento*.

Da predição nos tempos antigos

Além das observações, certo domínio da avaliação do tempo e do reconhecimento de periodicidades notáveis devia naturalmente levar o homem a fazer predições. Algumas tiveram bom êxito já na Antiguidade. Thales, cujo nome se imortalizou por um clássico teorema de geometria, teria predito eclipses já em 640 a. C. Hiparco, por volta de 140 a. C., predisse os eclipses do Sol e da Lua que deviam ocorrer nos seiscentos anos seguintes. No Egito, as enchentes do Nilo eram anunciadas por uma certa posição de Sirius relativamente ao Sol. De um modo mais geral, a observação do céu permitia prever muitos fenômenos, dentre os quais o retorno regular das estações. A partir daí, a repetição dos acontecimentos astronômicos devia conduzir os homens das primeiras civilizações à noção de relação de causa e efeito e à utilização do passado para predizer o futuro. Através de uma extrapolação lógica, por que não associar a sorte dos homens e da Terra inteira à posição dos astros? Assim é que os antigos se valiam de certos livros, as efemérides, compostos de tabelas astrológicas calculadas por matemáticos. Antes de se lançarem em algum projeto, uma consulta das efemérides era altamente recomendável, das quais as mais conceituadas eram as de um astrônomo egípcio, Petosiris. Mas foi preciso reconhecer que a maior parte dos acontecimentos, dentre os quais alguns de primeira importância, não podiam ser previstos por esse método, pois, como se sabe, a incerteza domina tanto a vida individual quanto o comportamento social ou o da Natureza. Essa situação, não muito confortável diante do futuro desconhecido, promoveu o desenvolvimento de um paliativo, sempre presente em nossas sociedades e que os racionalistas consideram[7] injustificado. Consistia em recorrer a adivinhos e a oráculos de todo tipo para acabar com essa perturbadora incerteza e ajudar na tomada de decisões. Outra atitude, mais resignada, consiste também em atribuir à vontade de Deus ou dos deuses os acontecimentos que não puderam ser previstos. Essa atitude, aliás, não é antinômica àquela que consiste em recorrer à adivinhação, pois, na Antiguidade, supunha-se, de fato, que muitos adivinhos decifravam a vontade dos deuses. Mais ainda, no Egito antigo, o oráculo dos próprios deuses era diretamente levado em conta. Evidentemente, os processos de consulta não eram diretos e assumiam múltiplas formas. O sorteio de respostas preparadas podia ser um desses métodos, a interpretação de vozes ouvidas à noite em santuários era outro, ao passo que o mais comum e o mais direto, por assim dizer, consistia em interrogar a estátua do próprio deus durante as procissões festivas: o movimento dos carregadores é que – convenientemente interpretado – traduzia a resposta divina. No Egito antigo, era comum o recurso a esses oráculos divinos, tanto por parte do povo, para os pequenos problemas do dia a dia, como pelos reis e pelos faraós, para as grandes decisões políticas ou militares que deviam tomar.

A Grécia antiga, tão sensível à existência de prodígios sobrenaturais, era uma grande utilizadora da adivinhação, como prova a celebridade internacional da Pítia, arquétipo da profetisa. A Pítia era a sacerdotisa-adivinha do oráculo de Delfos, residência – exceto durante os meses de inverno – do deus Apolo, cuja vontade ela supostamente comunicava. Longe de representar um personagem único, a denominação de pítia representa uma função, aliás preenchida às vezes simultaneamente por várias pessoas, tão considerável era a demanda – que emanava do mundo mediterrâneo. É instrutivo e tranquilizador observar a ambiguidade dos oráculos, cuja forma final era o fruto de um complexo "processamento de informação". A Pítia, não raro selecionada dentre mulheres simples e ignorantes, limitava-se a fazer seus oráculos num estado de transe frenético, embriagada – segundo se pensava – pelas emanações do abismo sobre o qual oficiava, sentada no lendário tripé. Mais do que as suas palavras, ouviam-se sobretudo gritos desarticulados; é bem verdade que a tarefa não lhe era facilitada (sábia precaução?), já que o ritual, complicadíssimo, previa, entre outras coisas, que ela tivesse folhas de louro na boca. Só isso já mostra o papel-chave dos sacerdotes de Apolo, que a assistiam e se encarregavam da interpretação – e da redação em versos – de seus oráculos. Se se tratasse de conselhos muito genéricos e de bom-senso, o oráculo redigido era razoavelmente inteligível, ao passo que, em matéria de verdadeira consulta sobre o futuro, inúmeras obscuridades calculadas e duplos sentidos salpicavam o texto. O fato de escrever o oráculo tinha de bom, em todo caso, o fato de que os sacerdotes – que prudentemente guardavam uma cópia[8] – podiam pelo menos estabelecer uma coerência entre profecias sucessivas... Quando levamos em conta o fato de que, muitas vezes, o oráculo redigido era incompreensível para o cliente e tinha, portanto, de ser objeto de uma exegese feita pelos adivinhos, que abundavam nas redondezas do templo de Delfos, podemos pensar que tais predições dependiam essencialmente do acaso, acaso de que falaremos com frequência neste livro.

Inúmeros outros métodos de adivinhação eram praticados, tanto na Grécia como em Roma. Sem entrar em maiores detalhes, é instrutivo ressaltar a generalidade e a importância dessas práticas. Os adivinhos, áugures e intérpretes de sonhos tinham uma autoridade reconhecida e gozavam de grande consideração. Em Roma, suas funções chegavam a revestir-se de um caráter oficial. A "ciência" augural era redigida, fazia parte da teologia entre os gregos e foi elevada, em Roma, à categoria de instituição do Estado. Nenhuma ação importante era decidida sem que previamente fossem consultados os áugures. Em matéria de estratégia militar, muito especialmente, os auspícios tinham grande peso, e os chefes de exército sempre tinham à disposição alguns áugures para consultarem os deuses.

Tais recursos, que hoje poderíamos considerar aberrantes, mostram, se for necessário, a angústia absoluta do homem perante o desconhecido, esse desconhecido cuja grande parte se manifesta por acontecimentos que hoje estaríamos propensos a ligar ao acaso. Neste sentido, eles são, portanto, impredizíveis, o que sempre foi difícil de suportar, quando não atribuído à vontade de um Poder superior. Seria um erro dizer que o interesse pelas profecias desapareceu, e muitos adivinhos conseguiram um lugar importante graças à sua arte. Dentre os mais conhecidos, Nostradamus profetizou, no século XVI, nas *Centúrias astrológicas*, inúmeros acontecimentos, muitos dos quais ainda estão por vir. Seria muito arriscado pensar que Catarina de Medici o chamou à corte unicamente por seus talentos médicos, que ele pôs a serviço de Carlos IX, assim como seria duvidoso pretender que, nos dias de hoje, época moderna muito esclarecida pela ciência, importantes homens de decisão, e até chefes de Estado, não consultem videntes e outros paranormais. Limitemo-nos a observar o importante lugar consagrado à astrologia em muitos jornais ou revistas de grande circulação... veículos em que os artigos de informação científica são muito raros.

Notas

1 Para estar num acordo ainda mais rigoroso com a razão real das durações do dia e do ano, o calendário atual – chamado gregoriano – é tal que os anos múltiplos de 100 (1700, 1800...) não são bissextos, com exceção dos múltiplos de 400. Assim, o ano 2000 será bissexto.

2 David S. Landes: *L'heure qu'il est*, Gallimard, 1987, e *Le génie mécanique dans l'islam médiéval*, Pour la Science, julho de 1991.

3 É a primeira vez que encontramos a palavra "caos". Vamos deparar muitas vezes com ela e, já no Capítulo 3, terá uma significação científica muito precisa. No entanto, é preciso notar que, para além da polissemia de "caos", as filosofias e as religiões carregaram pesadamente este substantivo com todo tipo de significados. Voltaremos a tratar deste assunto bem no final do livro.

4 O determinismo de Pierre-Simon Laplace é discutido por Amy Dahan Dalmedico em *Chaos et déterminisme*, Éditions du Seuil, Points Sciences, 1992.

5 As denominações de divindades aqui mencionadas são traduções modernas e, evidentemente, não correspondem às de origem. Por outro lado, alguns deuses considerados "gregos" talvez sejam de criação mais tardia do que se acredita (vide em especial as teses do historiador das religiões Georges Dumézil).

6 C. Allègre, *De la pierre à l'étoile*, Fayard, 1985.

7 Mesmo na Antiguidade, a seriedade das predições era, às vezes, posta em dúvida pelos próprios adivinhos. Não se diz que um áugure não pode cruzar com um outro áugure sem ter vontade de rir?

8 Cf. nota 7.

CAPÍTULO 2
NO NOSSO TEMPO

"Descemos e não descemos duas vezes o mesmo rio."

Séneca

À medida que a história da humanidade vai ficando mais longa, o conhecimento do passado dá àqueles que o possuem um certo recuo relativamente à noção de tempo. A imagem de um tempo construtor pode nutrir-se da admiração provocada pela evolução e pela beleza de certas realizações humanas; a imagem de um tempo destruidor pode provocar o desespero ou a revolta diante do caráter efêmero e por vezes irrisório da maior parte das atividades humanas e das civilizações. Mas essa tomada de consciência, em face da noção de tempo à escala humana, tem como pano de fundo a vida de nosso planeta. O conhecimento do passado e das etapas geológicas e climáticas – mesmo de épocas incrivelmente remotas – apresentou recentemente um formidável avanço. Nossa visão do mundo e nossa concepção do tempo veem-se profundamente modificadas: a escala de tempo dos fenômenos evolutivos que podemos conhecer parece agora desproporcional não só à duração de uma vida humana, mas também à história da humanidade inteira.

Leis e estabilidade

Nos tempos antigos, a vida do Universo era ordenada pelos movimentos periódicos dos astros e parecia de uma eterna estabilidade. As primeiras leis científicas, as de Kepler (1609 e 1619), deram conta, de maneira notável – tão simples e justas eram, relativamente às observações da época –, do movimento dos planetas ao redor do Sol. A descoberta dessas leis tornou-se possível pela medida cada vez mais precisa do tempo. Com efeito, os planetas, cuja revolução ao redor do Sol segue períodos muito diferentes, aparecem em posições variáveis no céu (daí o nome, que lhes davam os Antigos, de astros errantes sobre a célebre esfera dos Fixos). É, portanto, importante situá-los precisamente no espaço e no tempo, se quisermos deduzir sua trajetória. As leis de Kepler não punham em xeque a estabilidade do Universo, muito pelo contrário, já que davam as suas leis de equilíbrio.

Donde vem a primeira fissura nesse dogma da eterna estabilidade? Da lei de Newton, ou lei da gravitação universal. As leis de Kepler eram leis empíricas. Newton encontrou a razão física para elas, a saber, a atração que se exerce entre massas. Mas essa atração só dá conta dessas leis se considerarmos unicamente o movimento de cada planeta tomado isoladamente ao redor do Sol. Tudo se complica desde que intervém a atração entre os próprios planetas, embora esta seja muito fraca relativamente à atração solar. Ao que parece, Newton teve a ideia de que as múltiplas interações entre os planetas poderiam desestabilizar seu movimento, mas ele a relegava a Deus, que, em sua grande sabedoria, devia certamente manter a estabilidade do sistema solar.[1]

Cerca de um século mais tarde, a precisão das observações e o avanço da matemática devidos a Lagrange e Laplace permitiram que este último afirmasse que o movimento dos planetas era estável e predizível, apesar de sua interação mútua, estabilidade que só será posta em questão no final do século XIX, por Henri Poincaré. Que contribuição haviam eles dado para além de Newton? Eles tinham à disposição ferramentas de cálculo mais elaboradas e puderam calcular a influência de certas interações, influência sobre a qual Newton tivera apenas ideias intuitivas.

Matemáticas do tempo contínuo

Afora esse trabalho importante sobre o movimento dos planetas, Laplace e Lagrange contribuíram para uma evolução científica capital: o tempo, mensurável de maneira contínua, tornou-se também uma variável segundo a qual evoluções podiam ser descritas contínua e precisamente. Era o nascimento de todo um ramo das matemáticas, o das equações diferenciais e de sua resolução.

Coloquemos o seguinte problema fundamental. Determinar o movimento de um objeto de massa m, submetido apenas a uma força constante F (por exemplo, seu próprio peso) e com, no instante inicial $t = 0$, a velocidade V_0 (eventualmente nula) e a posição X_0. Galileu[2] foi o primeiro a encontrar experimentalmente a solução desse problema fundamental, e – mérito suplementar – antes que Newton estabelecesse a lei da atração universal. Suas experiências incidiam, de modo particular, sobre o movimento de uma bola de bronze colocada num pequeno canal escavado numa trave de madeira inclinada (Figura 1).

Hoje em dia, conhecemos o princípio da inércia, que reza que a variação $(V_2 - V_1)$ da velocidade medida nos instantes t_2 e t_1 será proporcional ao intervalo de tempo $(t_2 - t_1)$, à força ativa F e inversamente proporcional à massa m do objeto. Isso se traduz pela igualdade:

$$V_2 - V_1 = (t_2 - t_1) \times F/m$$

ou ainda:

$$(V_2 - V_1) / (t_2 - t_1) = F/m.$$

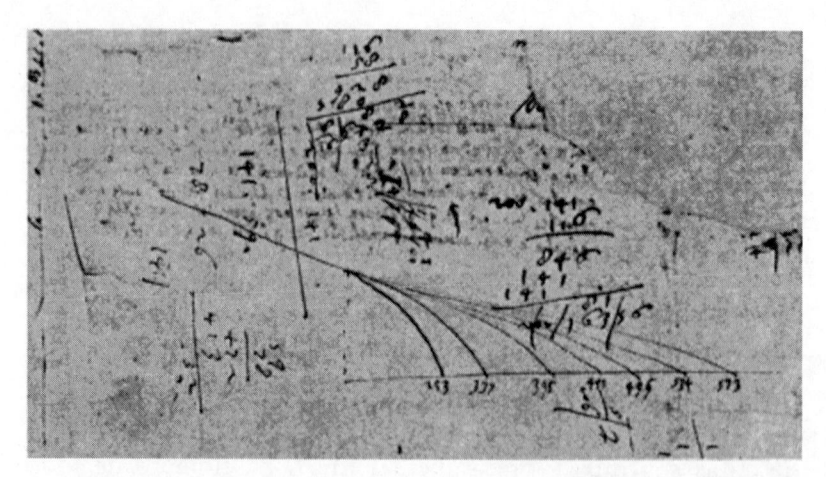

FIGURA 1 – Desenho manuscrito de Galileu, que ilustra diferentes trajetórias de bolas à saída do plano inclinado. Clichê: G. Sansoni, Florença, Biblioteca Nacional de Florença.

Por mais interessante que seja, essa relação não permite, porém, obter uma relação que explicite o valor da velocidade a qualquer instante. Um progresso considerável – cujo iniciador foi Leibniz, no século XVII – consiste em passar ao tempo contínuo, considerando a variação de velocidade dV para intervalos de tempos $dt = (t_2 - t_1)$ infinitamente pequenos; a relação $(V_2 - V_1)/ (t_2 - t_1)$ é, então, escrita dV/dT (derivada da velocidade relativamente ao tempo) e a equação se escreve, então: $dV/dt = F/m$. Temos agora uma relação explícita entre a velocidade e o tempo, que chamamos de equação diferencial. Sem dúvida, nem tudo está feito! Como para toda equação, é preciso poder resolvê-la através do cálculo, e veremos que isso não é possível em muitos problemas. Mas, em nosso caso, os métodos do cálculo integral (aqui particularmente simples) permitem encontrar a solução:

$$V = V_0 + (F/m) \times t.$$

V_0 é a velocidade inicial, no tempo t = 0 tomado como origem. Foi dado um passo considerável, já que agora podemos calcular – e portanto prever! – a velocidade V a qualquer momento. (Note-se que esta última cresce proporcionalmente ao tempo: é o movimento uniformemente acelerado.) Não poderíamos satisfazer-nos com essa etapa, pois o que nos interessa *in fine* é a posição X do objeto, em função do tempo. Todos sabemos que a velocidade (média, pois acabamos de ver que, neste caso, ela varia e é justamente isto que agora complica o nosso problema) é o quociente da distância percorrida $X_2 - X_1$ pelo tempo gasto em percorrê-la. Isto se escreve:

$$V = (X_2 - X_1) / (t_2 - t_1).$$

Mas essa igualdade tem algo de aproximativo, em razão, precisamente, de que a velocidade varia a cada instante. Sua estimativa, portanto, é tanto mais precisa quanto menor for o intervalo de tempo $t_2 - t_1$; daí o interesse suplementar de passar ao limite $t_2 - t_1$ infinitamente pequeno com:

$$V = dX/dt.$$

Igualando essa expressão da velocidade a seu valor calculado (V = V_0 + (F/m) t), temos finalmente: dX / dt = V_0 + (F/m) t, que é a equação diferencial do movimento e cuja solução, aqui também muito fácil de calcular, se escreve:

$$X = X_0 + V_0 t + (F/m) \times t^2.$$

X_0 é a posição inicial no tempo t = 0. Nosso problema está resolvido, já que temos agora uma relação que nos permite conhecer, a qualquer momento, a posição do corpo submetido à força F. Podemos, portanto, a partir das condições iniciais X_0 e V_0, prever com exatidão seu movimento em qualquer instante futuro.

O poder de cálculo não se limita a movimentos tão simples. Só com um pouco mais de dificuldade, mas seguindo um método semelhante, podemos escrever (e resolver!) a equação diferencial do movimento de um planeta ao redor do Sol e, portanto, partindo de sua posição e de sua velocidade num momento qualquer (condições iniciais), conhecer exatamente a sua posição num futuro tão distante quanto quisermos. Esta possibilidade teórica levou Laplace a afirmar, em 1814:

> Devemos, pois, encarar o estado presente do Universo como o efeito de seu estado anterior e como causa do que vai seguir-se. Uma inteligência que, por um instante dado, conhecesse todas as forças de que está animada a natureza e a situação respectiva dos seres que a compõem, e que, além disso, fosse ampla o bastante para submeter seus dados à análise, abarcaria na mesma fórmula os movimentos dos maiores corpos do Universo e os do mais leve átomo: nada seria incerto para ela, e o futuro, como o passado, estaria presente aos seus olhos...

Esse texto, publicado no *Ensaio filosófico sobre as probabilidades*, que mais tarde se tornou célebre, é com frequência citado como referência do determinismo "nu e cru" da época, e de Laplace, em particular. Esse determinismo não era uma dedução puramente científica, mas estava ligado, no caso de Laplace, a uma tomada de posição materialista bem no espírito do tempo, que se opunha a toda intervenção de origem divina.[3]

Rumo à evolução

O determinismo não exclui evoluções complexas, muito pelo contrário. Essas evoluções possíveis, que não são coisa do acaso, obedeceriam a leis que a inteligência humana seria capaz de decifrar. A ideia de evolução no mundo físico estava, assim, presente já no final do século XVII e início do XVIII. Que dizer, a este respeito, do mundo vivo? Em 1809, foi publicada a *Filosofia zoológica* de Lamarck. Esse texto importante era o primeiro tratado a apresentar uma teoria da evolução das espécies vivas. Mesmo que certas explicações que nele se encontravam fossem em seguida refutadas, a ideia geral de evolução era pela primeira vez defendida e argumentada cientificamente. Esse conceito inovador não foi bem recebido pelos contemporâneos de Lamarck, talvez em parte por causa da rivalidade que o contrapunha a Cuvier, cujas ideias sobre os tempos geológicos ele não compartilhava. Será preciso esperar o meio do século XIX, com os trabalhos de Darwin (e Wallace) e a publicação do tratado sobre *A origem das espécies* (1859), para que a evolução das espécies receba uma explicação lógica, se não convincente. Mas, seja num ou noutro desses dois fundadores, a evolução das espécies não é independente da evolução do mundo geológico.

O tempo estilhaçado

Nas ideias que os Antigos tinham sobre a estabilidade do mundo, a verdadeira questão era a da origem da Terra e do Universo. Desde a Antiguidade, duas abordagens de pensamento foram elaboradas: criação do Universo, ato divino por excelência, e isso num tempo relativamente curto (de acordo com a *Bíblia* e, neste caso, numa época pouco distante), ou a hipótese de um tempo infinito, com retorno cíclico... Neste caso, a questão das origens era simplesmente anulada. Essas duas concepções tiveram seus adeptos até uma época muito recente. A primeira tinha as preferências das religiões judeu-cristãs, e a segunda se reencontrava na filosofia hinduísta.

De fato, enquanto não foram obtidos dados científicos precisos, aventaram-se especulações acerca das duas possibilidades, dando muitas vezes lugar a uma enérgica oposição entre os dois clãs. No entanto, a partir de meados do século XVIII, ganhava espaço a ideia de que a idade da Terra podia ser muito superior a algumas dezenas de milhares de anos. Parecia que a orogenia (neologismo que designava a criação das cadeias montanhosas) certamente durara muito mais tempo do que os seis mil anos bíblicos. Por exemplo, conchas fósseis encontradas em certas montanhas mostravam, por sua constituição, que haviam permanecido no fundo de um mar e, portanto, que datavam de um passado obrigatoriamente muito antigo. Buffon, por seu lado, não avaliara (1778) que essa idade podia ser de trezentos mil anos? Em seguida, e até os dias de hoje, avaliações cada vez mais realistas foram efetuadas. Os alguns milhares de anos do *Gênesis* deram lugar a milhões de anos, no século XIX. Lamarck acreditava numa evolução geológica que se desenrolava por tempos muito longos. Sem fornecer números, ele achava que essa duração considerável era necessária para a lenta transformação das espécies (por meio do mecanismo da hereditariedade do adquirido). Darwin, tão geólogo quanto biólogo, estimara, em 1859, que a Terra tinha cerca de trezentos milhões de anos, segundo observações geológicas. Por outro lado, depois da elucidação, feita por Fourier – no início do século XIX –, das leis de condução do calor, os cientistas começaram a colocar a questão da idade da Terra, estudando o problema de seu resfriamento, admitindo que sua temperatura inicial era a das lavas que atualmente saem dos vulcões. Esse resfriamento precisava, também ele, de muito mais do que os poucos milhares de anos bíblicos. Assim é que Lord Kelvin chegou a uma ordem de grandeza de várias centenas de milhões de anos, calculando o tempo gasto pela Terra para se resfriar, a partir de uma temperatura inicial de alguns milhares de graus até a temperatura média da superfície atual.

Essas estimativas rapidamente se tornaram caducas, quando novos métodos de datação foram empregados. Esses métodos desempenharam o papel de novos relógios. Revolucionários em seu aparecimento, eles se basearam em descobertas fundamentais acerca da radioatividade e na noção de riqueza isotópica, descobertas que, aliás, não raro valeram o prêmio Nobel a seus autores, para só citar Pierre e Marie Curie e Henri Becquerel (os três ganharam o prêmio Nobel de física de 1903) ou Ernest Lord Rutherford (prêmio Nobel de química de 1908).

A radioatividade é o fenômeno de emissão espontânea de partículas ou de radiação pelo núcleo de um átomo. Conforme o tipo de partículas emitidas, o átomo emissor se transforma num outro átomo, bem definido. Este pode, também ele, ser radioativo e se desintegrar, por sua vez. Várias mutações em cascata podem, assim, ocorrer, como é o caso do urânio, que acaba transformando-se em chumbo. As desintegrações vão realizando-se ao acaso entre os átomos presentes, mas podemos definir uma duração de vida-média.[4] Ao final desse tempo, resta um número de átomos de urânio não desintegrados numa proporção conhecida do número inicial, tendo os outros virado chumbo. Fazendo, então, a análise dos teores de chumbo de certos minérios de urânio, é possível conhecer a idade desses minérios e avaliar uma idade mínima para a Terra. Esses tipos de medição indicaram idades de dois bilhões de anos (Boltwood, 1917) e, depois, três bilhões (Holmes, 1927). Análises ainda mais precisas finalmente chegaram a cinco bilhões de anos (C. Patterson, 1950), e esse dado está muito próximo do que é admitido hoje acerca da idade da Terra, ou seja, 4,5 bilhões de anos.

Balizas geológicas, balizas climáticas

O tempo terrestre, portanto, encontrou sua origem. Ainda que esse conhecimento não tenha nenhuma incidência sobre nosso dia a dia, ele nos dá uma perspectiva vertiginosa – mas muito real – sobre a escala dos tempos que dizem respeito, de certa maneira, à humanidade. Mas isso não é tudo. Em poucos anos, sequer um século, que revolução no conhecimento de nosso planeta e do Universo! O conhecimento de sua idade é apenas um elo em tudo o que as técnicas recentes permitiram compreender, acompanhar ao longo dos tempos geológicos. O lapso de tempo que nos separa, nós, humanos do século XX, dessa época longínqua não é uma caixa-preta, sobre a qual nossos conhecimentos dariam um salto no escuro. Técnicas da mesma natureza que as citadas anteriormente, utilizando os fenômenos radioativos e a existência de diferentes isótopos para um mesmo elemento, permitiram datar muitas fases da vida da Terra e, portanto, demarcaram com pontos de referência essa extensão de quatro bilhões de anos. Elas também encorajaram pesquisas delicadas e difíceis, às quais podiam trazer uma última compreensão.

Daremos aqui apenas dois exemplos, ligados à história geológica e à história dos climas.

A vida de nosso planeta pode ser cindida em épocas chamadas Era Primária, Era Secundária etc., elas próprias divididas em Cambriano, Siluriano, Carbonífero e, em seguida, Triássico, Jurássico etc. Como e quando pudemos atribuir datas significativas a esses diferentes períodos? Esses nomes correspondem à natureza dos fósseis que se encontram nos estratos sedimentares estudados já em meados do século XVIII na bacia parisiense e na bacia de Londres. No século XIX, o conhecimento desses estratos aprofundou-se e rapidamente se impôs a noção da existência de eras geológicas. Mas ninguém se aventurava a lhes atribuir uma idade precisa. Foi em 1917 que J. Barrell, da Universidade de Yale, utilizando a medição do teor de chumbo dos sedimentos, pôde, sem ambiguidade, datar realmente as diferentes eras geológicas. Os resultados obtidos por ele são muito próximos dos hoje fornecidos por métodos mais sofisticados (Figura 2). Deve-se observar que a era primária, que assinala o início do aparecimento de certa vida evoluída na Terra, remonta apenas a 550 milhões de anos!

Teve a Terra sempre o mesmo clima? Gozavam nossos antepassados distantes de condições propícias ao desenvolvimento da cobertura vegetal? Também nesta área, as respostas só são conhecidas há pouco tempo. O relógio que permitiu situar no tempo muitos vestígios das épocas passadas foi fornecido pela ciência dos isótopos. Que é um isótopo? É mais ou menos como um irmão gêmeo de um átomo. Ambos representam o mesmo elemento, o hidrogênio ou o carbono, por exemplo, e têm as mesmas propriedades químicas básicas. No entanto, não têm exatamente o mesmo peso e, assim, seus comportamentos, embora muito parecidos, podem variar em detalhes que, por mais ínfimos que sejam, podem fornecer preciosas informações.

HISTÓRIA DA TERRA

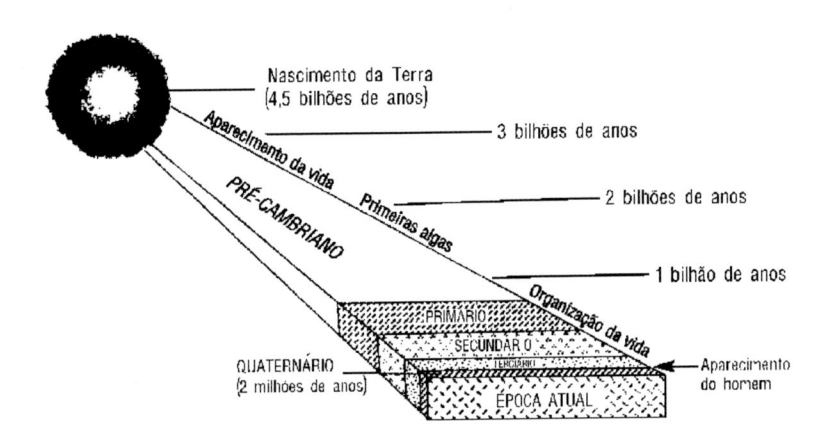

FIGURA 2a - Esquema das principais etapas da história da Terra. (Segundo um documento do BRGN.)

Isso ocorre com a relação das abundâncias de dois isótopos de oxigênio, relação esta visivelmente constante quanto ao conjunto da natureza, mas que pode variar localmente em consequência de evoluções físico-químicas. A medida dessa relação nos sedimentos marinhos[5] revelou que a Terra passara, de maneira repetitiva, por períodos muito frios. São os famosos períodos glaciais, dos quais o último se encerrou há dez ou doze mil anos aproximadamente. (Os humanos que pintaram as grutas de Lascaux, datadas de 14.000 a. C., viviam, portanto, em pleno período glacial.) Como no caso dos estratos sedimentares terrestres, era preciso, porém, um relógio para datar com precisão os diferentes segmentos das amostras de sedimentos retirados das profundezas submarinas. Esse relógio existe, e não é banal, porque não é regular - dir-se-á até que ele é caótico - mas permitiu situar comportamentos geológicos em escalas de centenas de milhares de anos. Ele está ligado às inversões do campo magnético terrestre, e seu interesse e mistério serão descritos no próximo capítulo. Temos hoje, portanto, um panorama do clima do hemisfério boreal a partir de mais de um milhão de anos. Essa época viu sucederem-se períodos interglaciais, mais quentes, que aparecem a cada 120 mil anos, aproximadamente,[6] e raramente duram mais de dez mil anos. Hoje sabemos que a Terra nem sempre passou por essa sucessão de climas glaciais e interglaciais, que teria aparecido há cerca de três milhões de anos. Antes, parece que o clima era, em média, mais estável e mais quente.

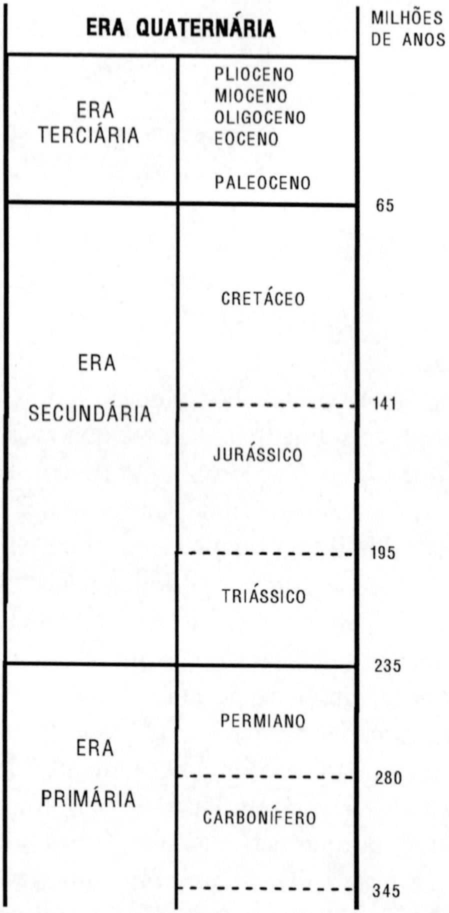

ERA QUATERNÁRIA		MILHÕES DE ANOS
ERA TERCIÁRIA	PLIOCENO MIOCENO OLIGOCENO EOCENO PALEOCENO	
		65
ERA SECUNDÁRIA	CRETÁCEO	
		141
	JURÁSSICO	
		195
	TRIÁSSICO	
		235
ERA PRIMÁRIA	PERMIANO	
		280
	CARBONÍFERO	
		345

FIGURA 2b – Escala dos tempos geológicos.

Assim, as últimas décadas trouxeram, graças a um trabalho científico notável, uma soma considerável de informações sobre o nosso passado, quer sobre a humanidade, quer sobre o planeta. Os dados aceitos para muitas etapas geofísicas ou climáticas apenas recuaram no passado, para alcançarem hoje, e isto deve ser ressaltado, valores quase certos. Nossa percepção do Tempo, portanto, alcançou um recuo completamente novo. Pouco tempo atrás, a aurora da humanidade parecia extremamente distante, pois representava o limite dos conhecimentos do passado. Agora, o aparecimento do homem sobre a Terra parece datar de ontem, passado extremamente recente relativamente a tudo o que nosso planeta já vivera antes.

A predição hoje

Os homens de hoje, assim como os de antigamente, gostariam de conhecer antecipadamente os acontecimentos que vão produzir-se e o impacto que poderão ter sobre a vida pública ou sobre suas vidas pessoais ou profissionais. Sem dúvida, excluímos aqui toda predição ligada à vidência ou à astrologia, apesar dos sucessos que ainda hoje elas têm. Já há mais de duzentos anos se podia ler num dicionário de física:

> Quanto à astrologia, não passa de um amontoado de princípios impostores tirados do aspecto dos planetas e do conhecimento de suas pretensas influências, pelas quais certas pessoas se comprometem a predizer acontecimentos morais ou adivinhar o que se passou. Vide a origem e os progressos dessa arte ridícula no primeiro tomo da *História do céu* do Sr. Pluche.

Que pode trazer-nos hoje a predição científica? A questão é importante e ainda mais atual porque o advento dos computadores (nossas pítias modernas?) bem como a corrida quase desenfreada a que se entregam os fabricantes, para torná-los mais rápidos e de melhor desempenho, favoreceram a elaboração de cálculos cada vez mais sofisticados para tentar prever as evoluções em muitas áreas. Quem de nós não ouviu com interesse os boletins da meteorologia nacional ou com ceticismo certas previsões econômicas?

Como dissemos, os primeiros fenômenos que os homens tentaram prever estavam ligados à astronomia. Sem dúvida, a precisão foi aumentando ao longo dos séculos, e assim, hoje em dia, marés, eclipses, posição dos planetas podem ser calculados tanto tempo antes quanto se quiser, com uma excelente confiabilidade de predição. Assim, por exemplo, no dia 25 de dezembro de 2500 (daqui a pouco mais de meio milênio!), a Lua nascerá em Paris às 10h 1, e se porá às 20h 13, e estará numa fase situada entre a lua nova e o quarto crescente.[7] Quem sabe como terá evoluído a humanidade e em que estado estará o nosso planeta? O que é certo, porém, é que o astro noturno nascerá, infalivelmente, nesse sábado de Natal, às 10h 1 precisamente...

Fora da área astronômica, tudo ou quase tudo é objeto de predição hoje em dia. Por um lado, vivemos num mundo que muda rapidamente; por outro, o conhecimento do passado nos indica que a evolução é permanente e compreende escalas de tempo muito longas. Contudo, os progressos das ciências tentaram "aprisionar", sob forma de relações matemáticas, um grande número de comportamentos, na física, na química, mas também nas ciências sociais, nas ciências da natureza, da vida... Assim, tudo está reunido, com o poder dos computadores, para tentar interrogar os futuros possíveis. Futuro quotidiano com previsões sobre o tráfego rodoviário, importante para os que devem controlá-lo e harmonizá-lo. Futuro quotidiano também, com as previsões meteorológicas, acompanhadas com atenção pelos agricultores e pelos profissionais da marinha e da aviação. Futuro a prazo mais longo, com previsões sobre os desenvolvimentos econômicos, sobre a evolução das populações etc. Nosso planeta e as condições de vida que ele nos oferece não são mantidos afastados dessas interrogações: influência a longo prazo do efeito estufa, deste ou daquele constituinte da atmosfera, previsão da evolução possível dos climas, futuro do sistema planetário e previsão das trajetórias de certos objetos celestes (asteroides, cometas etc.).

As questões são colocadas, respostas são dadas, mas qual é a sua credibilidade? Ela varia com a natureza dos problemas levantados. As predições, como as da meteorologia, adquiriram certa confiabilidade a prazo muito curto (de um a alguns dias), mas com flutuações (às vezes, aquilo "não funciona" mesmo). Existem outras áreas em que a predição é, atualmente, quase impossível, e as respostas dadas pelos modelos são mais prospectivas do que preditivas. É o caso, em particular, do que diz respeito aos climas, aos terremotos, às erupções vulcânicas, para não falarmos da economia. De onde vem o limite de predição? Além do fato de que as relações utilizadas muitas vezes são apenas um reflexo mais ou menos (algumas vezes, muito) truncado de uma realidade complexa, o tipo de relações empregadas pode ter um limite intrínseco de predição. Essas relações, e essas evoluções que elas devem descrever, pertencem a um mundo chamado pelos cientistas de "sistemas dinâmicos não lineares". Não se trata de um mundo abstrato, mas sim o da maior parte dos sistemas dependentes do tempo. Ao longo das páginas que se seguem, o leitor encontrará algumas incursões por esse mundo, onde podem aparecer evoluções inesperadas, fascinantes ou desconcertantes, onde a predição revelará seus limites e onde pode instalar-se o caos.

Notas

1 Vide La stabilité du système solaire, de J. Laskar, em Chaos et déterminisme, Éditions du Seuil, Points Sciences.

2 Considera-se que Galileu estabeleceu a lei da queda livre dos corpos ao mesmo tempo de maneira teórica e experimental (lei que podemos resumir assim: a distância percorrida é proporcional ao quadrado do tempo transcorrido). É interessante notar que Galileu inicialmente acreditou que a velocidade era proporcional ao espaço percorrido (e não ao tempo transcorrido ou à raiz quadrada da distância). Isto poderia ser interpretado como se Galileu houvesse pensado que o próprio tempo dependesse da distância percorrida. Independentemente disso, é engraçado observar que o nome de Galileu, imensa figura da ciência, não é sequer mencionado num dicionário de física, de resto muito completo, que citamos muitas

vezes neste livro. Trata-se do *Dictionnaire de Physique portatif* publicado em Avignon em 1767... "com permissão dos Superiores". Esses Superiores, eclesiásticos, sem dúvida tiveram sua responsabilidade nesse "esquecimento" voluntário. Não nos esqueçamos de que, na época, Avignon era cidade papal, e Galileu fora condenado pelo tribunal da Inquisição. Note-se que a reabilitação de Galileu pela Igreja ocorreu a 31 de outubro de 1992, cerca de 360 anos depois de sua condenação. Durante uma cerimônia oficial, o papa João Paulo II reconheceu diante da Academia Pontifícia de Ciências que Galileu tivera razão.

Os tempos mudaram, mas erraríamos em acreditar que – com a ajuda da paixão e da subjetividade – tais procedimentos desapareceram da época moderna (ainda que não assumam o aspecto radical da condenação sofrida por Galileu).

3 O determinismo de Pierre-Simon Laplace e o determinismo hoje, de A. Dahan Dalmedico, ibid. nota 1.

4 Os tempos de diminuição dos isótopos radioativos variam em proporções consideráveis, desde o milionésimo de segundo até um milhão e até um bilhão de anos. Isto está em contradição aparente com a intuição do físico, que atribui a um fenômeno físico dado uma escala única de tempo característico: um femtosegundo (10^{-15} segundos) para a rotação dos elétrons ao redor do átomo, um dia para o tempo de rotação da Terra sobre si mesma, um milhão de anos para a inversão do campo terrestre etc. Podemos, portanto, perguntar legitimamente por que as durações de vida radioativas são tão dispersas, tão variáveis, quando sempre se trata do mesmo fenômeno físico, apenas com modificações que não parecem essenciais quando se passa de um elemento radioativo a outro (modificação do número de núcleons, pequena variação do diâmetro do núcleo etc.). Essa dispersão se deve, de fato, a um fenômeno típico da mecânica quântica, o efeito túnel, e está também fundamentalmente vinculada ao caráter aleatório da emissão radioativa. Para tentar dar conta desse fenômeno, imaginemos o núcleo, antes de sua separação, como um par de partículas em movimento, cada uma num potencial criado pela outra. Essa interação é composta de duas partes: a curta distância, ela é atrativa, em razão das interações nucleares, ao passo que a grande distância (aqui, no sentido das distâncias nucleares, ou seja, cerca de 10^{-9} metros), predomina a interação coulombiana, ou seja, a repulsão entre cargas elétricas de mesmo sinal (sinal + apenas para as partículas carregadas do núcleo, os prótons). O potencial de interação entre as duas "partículas" (ainda ligadas, mas que serão os produtos finais da decomposição radioativa) tem o aspecto representado na figura que segue. Ela apresenta um oco nas imediações da origem, seguido de uma corcova – que é chamada de barreira – e, a uma maior distância, de uma parte ligeiramente positiva que tende a zero ao infinito e representa a repulsão coulombiana. Imaginemos uma partícula "clássica" que se move sem atrito nesse potencial. Se ela parte nas proximidades da origem com uma energia bastante baixa, inferior à altura de barreira, ela vai oscilar indefinidamente no poço de potencial perto da origem. Essas oscilações vão representar, em geral, estados excitados do núcleo, ao passo que a posição de equilíbrio no fundo do poço constitui seu estado mais baixo, e

vemos bem que, nessa representação, há duas possibilidades: a energia do estado fundamental da origem é positiva ou negativa. Quando essa energia é negativa, esse estado representa o mínimo *minimorum* de energia de um estado estacionário. Inversamente, se essa energia for positiva, esse mínimo *minimorum* será representado pelo estado no infinito, ou seja, com as duas partes do núcleo infinitamente separadas, portanto depois da decomposição radioativa deste último.

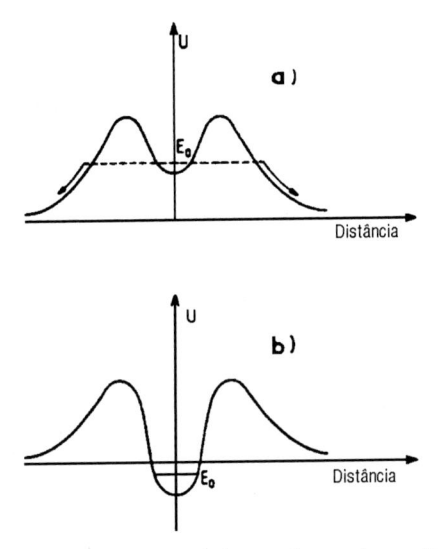

Potencial de interação de duas partículas em função de sua distância:
a) energia originalmente positiva
b) energia negativa

No âmbito da mecânica clássica, todavia, esse retorno ao estado fundamental não pode dar-se caso a partícula esteja inicialmente no oco de potencial da origem, com uma energia insuficiente para passar por cima da barreira. Isto já não é verdade no âmbito da mecânica quântica, que se aplica a essa situação. Com efeito, essa mecânica quântica prediz, através das ondas evanescentes, que a partícula penetra realmente em toda parte, inclusive sob a barreira de potencial que lhe é classicamente inacessível. Essa penetração, em seguida, a faz passar para o outro lado da barreira, onde ela se dará conta de que o estado no infinito é de energia mais baixa, o que lhe possibilitará alcançar este estado de estilhaçamento. O efeito túnel é, por assim dizer, um efeito de "passa--muralha", mas que se torna monstruosamente improvável tão logo os objetos tenham um tamanho que exceda alguns átomos... e torna desgraçadamente impossível a realização imaginada por Marcel Aymé.

A probabilidade por unidade de tempo de passar para o outro lado da barreira pelo efeito túnel é, portanto, proporcional à amplitude da onda evanescente sob a barreira. Essa amplitude depende exponencialmente da altura da barreira, ou seja, algo como $\exp -V/v$, onde V é a altura da barreira e v, uma energia característica. Essa exponencial é que está fundamentalmente na origem da enorme dispersão das durações de vida radioativas. Com efeito, suponhamos que essa exponencial valha 10^{-9} para um dado núcleo radioativo. Tomemos um outro núcleo com uma estrutura próxima, mas para o qual a altura da barreira V seja o dobro. Como essa altura aparece na exponencial, o fator do efeito túnel será o quadrado (e não o dobro) do anterior, isto é, 10^{-18} (em vez de 10^{-9}, ou seja, um bilhão de vezes menor!). Para dar uma ordem de grandeza mais tangível, se o primeiro núcleo se decompõe em cerca de um minuto, o segundo se decomporá em... cerca de 2 mil anos! Vemos, portanto, que a presença da exponencial do efeito túnel basta para modificar completamente as ordens de grandeza do tempo de decrescimento radioativo, sem mudar a natureza física do processo. Uma situação um tanto análoga existe numa outra área da física, a das reações químicas, cuja velocidade depende de um fator exponencial (neste caso, não devido ao efeito túnel), o da lei de Arrhenius, e que explica também o incrível escalonamento em tempos das reações químicas e, particularmente, sua enorme dependência relativamente à temperatura, parâmetro que podemos fazer variar muito facilmente. Também está ligado a isso o aumento fenomenal de viscosidade (de um fator 10^{+14}) de certas misturas que passam por resfriamento do estado líquido ao de vidro. Neste último caso, apesar de muitos esforços, não parece que se tenha conseguido compreender completamente a origem dessa sensibilidade da viscosidade à temperatura.

5   O isótopo de oxigênio mais difundido é O^{16}, em que o número 16 indica a massa atômica do núcleo. O isótopo O^{18}, também ele presente em toda parte na natureza, mas com uma abundância relativamente pequena ($< 1\%$), tem um núcleo um pouco mais pesado do que O^{16}, e é isso que vai explicar certas diferenças de comportamento entre os dois isótopos. A molécula de oxigênio está presente na atmosfera, evidentemente, mas o oxigênio é também um dos três átomos que constituem uma molécula de água (as duas outras são átomos de hidrogênio). Ao longo do processo de evaporação da água do mar, em especial nas zonas tropicais, o vapor d'água enriquece-se ligeiramente de O^{16}, mais leve, relativamente à concentração marinha. À medida que esse vapor d'água, presente na alta atmosfera, torna a subir até as latitudes mais altas, o fenômeno de condensação leva, inversamente, a um enriquecimento em O^{18} em nuvens e chuvas, de sorte que o empobrecimento relativo em O^{18} só aumenta no vapor d'água que permanece em grande altitude. Quando esse vapor se condensa no final do percurso na calota glacial, seu teor de O^{18} – e, portanto, o do gelo que vai fixar-se ali – é relativamente reduzido. Sem dar aqui pormenores que podem ser encontrados desenvolvidos no livro *Gros temps sur la planète*, publicado pela editora Odile Jacob, os resultados de análises e de modelos mostram que quanto mais considerável nos polos é a calota de gelo, maior é o teor em O^{18} dos oceanos. Correlativamente, quanto mais fria é a temperatura nos polos, menor é o teor de O^{18} dos gelos.

Onde encontrar a lembrança de variações possíveis, ao longo das eras, do teor de O^{18} dos oceanos? Minúsculos animais marinhos, os foraminíferos, de que certas espécies vivem nas águas superficiais e outras nos fundos bênticos, permitem responder à pergunta. De fato, suas conchas calcáreas vão conservar em sua composição uma relação O^{16} / O^{18} que será um fiel reflexo daquela existente em seu ambiente durante a sua existência. Quando esses bichinhos morrem, começam uma lenta sedimentação no fundo dos oceanos, onde extrações permitem obter amostras que trazem consigo uma certa memória dos tempos passados. As amostras extraídas permitiram, assim, remontar a vários milhões de anos.

6 Conhecemos hoje, em princípio, as causas das variações importantes do clima, e em particular das glaciações. Elas foram descritas já em 1924 por M. Milankovitch, professor na Universidade de Belgrado, e recorrem às variações astronômicas do movimento da Terra. Estas últimas são de três naturezas diferentes:

- variação da distância Terra-Sol;

- variação da inclinação do eixo de rotação da Terra relativamente ao plano da eclíptica;

- variação da forma da eclíptica, de uma órbita quase circular a uma órbita elíptica de pequena excentricidade (de alguns milésimos apenas).

Milankovitch calculou a variação da energia solar recebida nas latitudes elevadas do hemisfério boreal (primeiras interessadas no fenômeno de extensão das geleiras) ao longo dos milênios, em função dos parâmetros indicados mais acima. Evidentemente, os valores desses parâmetros não são dados *a priori*, mas calculados, com as melhores aproximações possíveis, a partir das interações dos planetas entre si e de seu movimento ao redor do Sol. (Soma-se a essas interações a variação da inclinação do eixo de rotação da Terra, variação esta ligada ao fato de que ela não é exatamente uma esfera, mas antes um elipsoide achatado nos polos. Esse efeito já fora calculado por D'Alembert no século XVIII.)

A história da teoria de Milankovitch é muito instrutiva acerca do comportamento coletivo perante as ideias novas, mas também reveladora acerca das hesitações, dos caminhos às vezes divergentes que pode tomar a pesquisa antes das evidências finais. Com efeito, a teoria de Milankovitch, primeiro acolhida com satisfação, depois progressivamente abandonada foi novamente valorizada, em consequência de observações concordantes, por volta de meados da década de 1950. No entanto, foi de novo deixada de lado, e só de dez anos para cá ela é realmente aceita (definitivamente?) como a teoria explicativa dos paleoclimas.

Essa teoria ressalta o caráter quase-periódico complexo, ou seja, com muitas pseudoperiodicidades, da dinâmica terrestre. A resultante de sua combinação mostra periodicidades de amplitude considerável, da ordem de 100 mil anos, de 41 mil anos, 23 mil anos e 19 mil anos. Esses períodos são exatamente os que se encontram por análise espectral das variações climáticas reconstituídas por meio do estudo dos sedimentos marinhos.

7 Esses cálculos são efetuados pela Secretaria das Latitudes, instituição criada pela Academia de Ciências e sempre ligada a esta última.

CAPÍTULO 3

VISTAS SOBRE
UM PASSADO TERRESTRE

> "Em toda parte onde algo vive, há em al-
> gum lugar um registro em que o tempo
> se inscreve."
>
> *Henri Bergson*

A cronologia dos acontecimentos passados não é um problema simples. Para resolvê-lo, foi preciso encontrar as balizas certas ou os relógios certos. Enquanto os textos do *Antigo Testamento* eram a única referência (pelo menos para os europeus e para as civilizações mediterrâneas), supunha-se que o nascimento do Universo e, portanto, de nosso planeta datava de apenas cerca de seis mil anos. A história da Terra não era, pois, desmedidamente mais longa do que a duração de uma vida humana. Mas foi preciso abandonar a cronologia bíblica quando, a partir de meados do século XVIII, os progressos da geologia e da geofísica deram crédito à ideia de que a duração dos tempos geológicos era nitidamente mais longa. Deixou-se, então, de lado o meio de datação que a cultura judeu--cristã propunha: a contagem do tempo de acordo com o número de gerações humanas passadas, número fornecido por uma crônica que começava junto com o próprio tempo. Na ausência do testemunho "direto" tomado da crônica histórica, tornou-se muito difícil datar os acontecimentos distantes. Felizmente, uma das descobertas principais da geofísica moderna ofereceu um método de datação relativamente seguro. Paradoxalmente, essa forma de datação recorre a um "relógio" que funciona de maneira caótica! O "pêndulo" em questão bate de maneira irregular. De fato, justamente essas irregularidades é que a tornam utilizável e que vão dar-nos a oportunidade de um primeiro contato com as dinâmicas caóticas que se encontram em áreas as mais variadas do conhecimento.

Campo magnético terrestre

Para bem compreender o que seja este "relógio geológico", é preciso partir de um fenômeno físico fundamental: a existência do campo magnético terrestre. Ele tem, sobre a superfície do globo, a distribuição de um dipolo, ou seja, de dois polos situados cada um nas proximidades de um polo geográfico. Hoje sabemos que esse campo magnético é de origem interna: ele é gerado por correntes elétricas que circulam na parte central do globo, o núcleo da Terra. Esse núcleo tem um diâmetro de cerca de três mil quilômetros (número deduzido da propagação das grandes perturbações sísmicas). Ele tem a viscosidade de um líquido comum como a água, exceto no coração mais central ou caroço, que supomos sólido em razão das pressões muito fortes que nele se exercem. O líquido constitutivo do coração – um metal fundido, bom condutor de calor e de eletricidade – está num estado muito turbulento, em razão das correntes de convecção que ali reinam. Estas últimas são devidas à instabilidade termoconvectiva, à qual todo fluido está submetido num campo de gravidade a que se aplica uma diferença de temperatura, ela própria ligada à existência de uma fonte fria e de uma fonte quente. Neste caso, a fonte fria é criada pelo resfriamento da parte externa do núcleo em contato com o manto, ele próprio muito menos fluido e mais frio do que o núcleo, formando uma concha sólida que envolve este último (de fato, o manto é suscetível de se deformar em grandes escalas de comprimento e de ser também a sede de correntes de convecção, como esquematizado na Figura 1). A fonte quente tem duas origens: a radioatividade e a evolução a partir das condições iniciais de formação do globo terrestre, que levou a uma temperatura interna, no núcleo, mais alta do que na periferia, no manto. De acordo com a nossa concepção moderna do mundo, a condição inicial está relacionada com o mecanismo da formação do nosso planeta. O sistema solar resultaria da acreção de poeiras que teriam formado um disco que envolveria um "protossol". Esse disco, inicialmente uniforme, ter-se-ia coagulado com maior ou menor lentidão sob a forma de planetas, sob o efeito da atração entre poeiras. A energia de gravitação entre as poeiras ter-se-ia finalmente convertido em aquecimento da matéria que constitui os planetas. Em outras palavras, a perda de energia mecânica durante os choques inelásticos entre poeiras ou entre entidades maiores seria a principal responsável pela temperatura elevada do interior do globo terrestre.

Assim é que a diferença de temperatura entre o centro e a periferia do núcleo provoca movimentos convectivos no líquido que o constitui. Dando eletricidade a um líquido condutor, esses movimentos criam espontaneamente, pelo que é chamado de efeito de dínamo autoexcitado, o campo magnético terrestre (vide mais adiante um modelo mecânico de um tal dínamo).

O relógio geológico de que nos valemos para determinar a cronologia terrestre está ligado à evolução desse campo magnético e de seus efeitos. Esse campo terrestre variou ao longo das idades geológicas, não só em grandeza (ou, se quiserem, em intensidade), mas também de sinal: aconteceu ao dipolo terrestre magnético apontar quer para o norte, quer para o sul (sem que houvesse, evidentemente, reviravolta do próprio globo terrestre). A agulha de uma bússola ter-se-ia, portanto, orientado, conforme as épocas, quer para o norte, como atualmente, quer para o sul. De fato, de acordo com o que sabemos hoje (Figura 2), o campo apontou aproximadamente com a mesma frequência para o sentido atual e para o sentido contrário, e o intervalo de tempo médio entre as inversões atinge algumas centenas de milhares de anos.

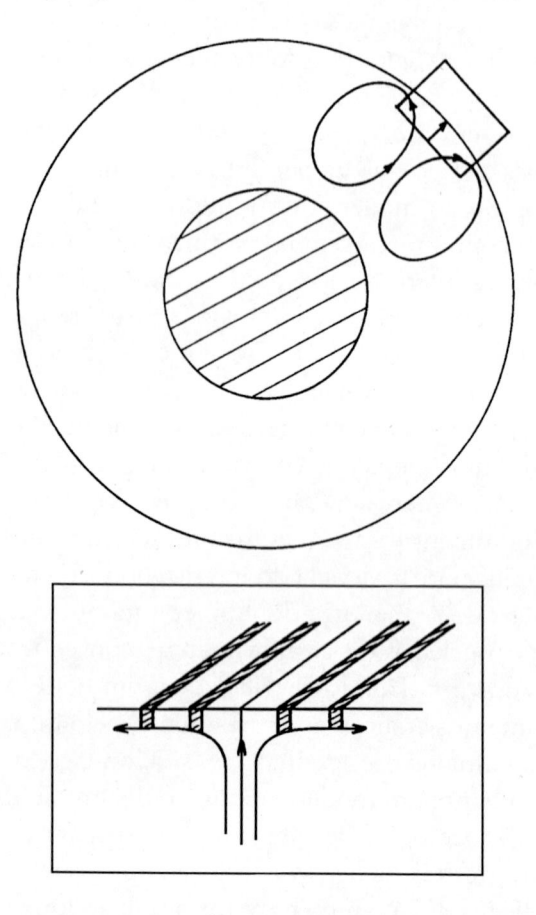

FIGURA 1 – Correntes de convecção no manto terrestre. As rochas mais quentes sobem, em razão do impulso de Arquimedes, e, uma vez resfriadas na superfície, tornam a descer. A configuração real dos escoamentos no manto é, evidentemente, mais complexa, embora siga os princípios indicados na figura (o núcleo é a região central hachurada). No enquadramento: princípio da formação de uma dorsal. As listras representam de maneira muito esquemática áreas em que as rochas têm uma orientação magnética diferente. Agradecemos à Sra. Moissenet, que realizou este desenho, bem como muitos outros neste livro.

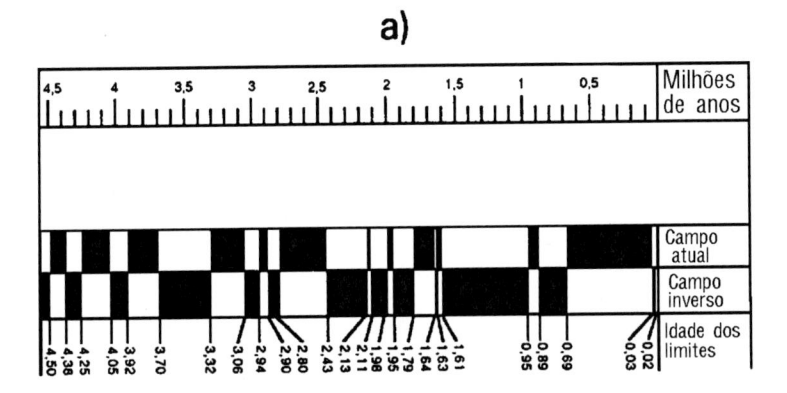

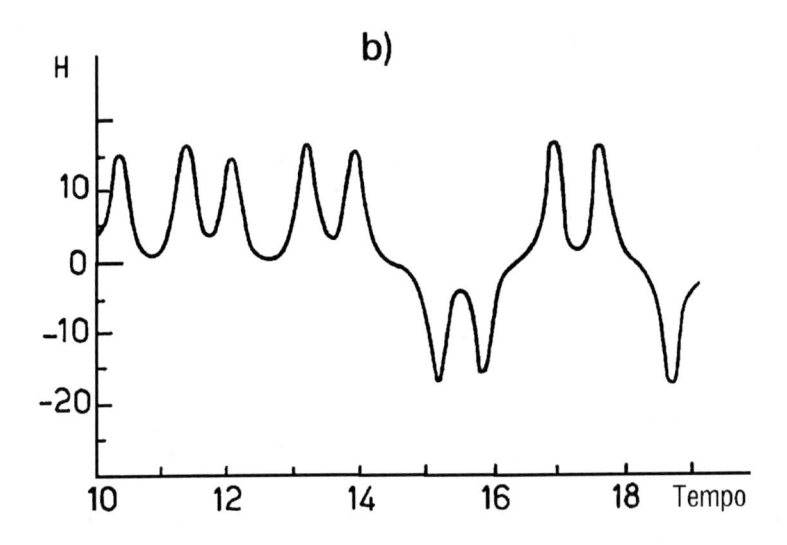

FIGURA 2 - a) Alternâncias do sentido da imantação deduzidas das medições realizadas nas rochas constitutivas do fundo do oceano. As faixas negras representam alternadamente quer os períodos com o campo voltado para o norte, como atualmente, quer aqueles em que a direção do campo estava invertida (DR). b) Resultado dos cálculos do modelo de Rikitake. Observem-se as oscilações permanentes do campo magnético H (análogas às do campo terrestre, sendo estas últimas de menor amplitude) entrecortadas de inversões do campo (nos tempos próximos a 14, 16,5, 18 na figura).

Começamos a adivinhar que a cronologia dessas inversões constitui, mesmo que na ordem de grandeza do intervalo que as separa, um excelente relógio geológico, já que a escala dos tempos geológicos é, de preferência, da ordem de um milhão de anos ou até mais (idade da Terra: 4,5 bilhões de anos; surgimento da vida: 3,5 bilhões de anos, aproximadamente). Entretanto, é preciso "gravar" em algum lugar as "batidas" desse relógio. É o que é garantido pelo fenômeno de Curie.

Os materiais magnéticos, como o ferro ou o níquel, quando são levados a uma temperatura suficiente (da ordem de 800°C no caso do ferro), perdem sua imantação espontânea. Essa temperatura é o ponto de Curie do material em questão, que corresponde ao que chamamos na física de uma transição de fase de segunda ordem. Essa transição é reversível: o material, ao se resfriar abaixo do ponto de Curie, torna a se imantar e assume como orientação de sua imantação, que se preservará ao longo do tempo, aquela do campo magnético presente no exterior quando da passagem pela temperatura de Curie. Há aí, portanto, um mecanismo possível de memorização da orientação do campo terrestre, pelo fato de que uma rocha magnética conservará – por meio de sua imantação – a memória da orientação do campo magnético presente na época em que sua temperatura se tornou mais baixa que seu ponto de Curie.

Quando se perde o norte...

Evidentemente, só a experiência desse fenômeno ainda não é suficiente, já que é preciso, além disso, saber se essa transição (resfriamento abaixo do ponto de Curie) realmente ocorreu ao longo dos tempos geológicos e se restam dela vestígios utilizáveis como marcadores de tempo, o que não é absolutamente evidente. A descoberta de uma inversão do campo magnético terrestre é relativamente antiga. Ela é de autoria de P. David e B. Brunhes, que se interessavam, bem no começo do século, pela orientação da imantação das torrentes vulcânicas, na cadeia dos Puys, na Auvergne. Sem dúvida, essas torrentes vulcânicas não são fáceis de datar, exceto quando não são muito antigas e se se consegue descobrir pedaços de madeira carbonizados sob a torrente de lava, que podemos, então, datar pelo método do carbono 14. Em compensação, podemos estar certos de que as torrentes superpostas se seguem numa ordem cronológica bem definida, evidentemente com as mais antigas por baixo. Ora, Brunhes, ao analisar uma dessas sequências de torrentes superpostas, viu que as situadas abaixo apontavam sua imantação numa direção oposta às de cima: daí a ideia de que a orientação do dipolo terrestre tivesse podido inverter-se ao longo das eras. Note-se que essa ideia, razoavelmente revolucionária, também levou algum tempo até ser aceita: em particular, foram inicialmente invocados mecanismos de inversão espontânea da imantação (portanto, sem nenhuma influência externa), e foi preciso aguardar os anos 50 para que se impusesse a ideia de que a Terra houvesse realmente podido "perder o norte". As lavas da Auvergne não foram as únicas a serem analisadas: a orientação do campo magnético de inúmeras outras torrentes, em diferentes pontos do globo, também foi medida. O conjunto dessas observações evidenciava claramente que o campo terrestre se invertera inúmeras vezes e que, se as épocas relativamente estáveis – com uma orientação dada – se estendiam por tempos muito longos, as fases de inversão propriamente ditas eram muito mais rápidas e se sucediam a intervalos de tempo completamente aleatórios.

Por que essas inversões, e como explicar sua irregularidade? A análise desse fenômeno é difícil, porque não dispomos atualmente de um modelo completamente satisfatório do dínamo terrestre, ainda que seus princípios tenham sido elucidados há muito tempo. Não existe – e esta é uma das principais razões desta situação – um modelo experimental de dínamo fluido. Isto, aliás, se deve mais ao caráter pusilânime dos que tomam decisões do que a uma impossibilidade em si:[1] temos boas razões para acreditar que, arrastando num escoamento complexo uma massa de alguns metros cúbicos

de sódio ou de potássio fundidos (fluidos utilizados em quantidades muito maiores nos supergeradores nucleares), criar-se-
-á um dínamo fluido autoexcitado, como no núcleo terrestre,
com produção espontânea de campo magnético (portanto, na
ausência de todo material magnético, mas graças unicamente
ao movimento de um fluido condutor da eletricidade). Para dar
uma ideia do problema físico da geração desse campo magnético
pelos movimentos de um fluido condutor, vamos utilizar um
modelo de dínamo autoexcitado de autoria de Rikitake, um dos
pioneiros deste gênero de estudo.

Um dínamo, autoexcitado ou não, utiliza o fenômeno físico
da indução: um condutor que se desloca num campo magnético
constante vê aparecer em seus limites uma diferença de potencial
se o circuito for aberto, e se vê como sede de uma corrente elétrica
se o circuito for fechado. Este fenômeno está na base da geração
de corrente elétrica pelos dínamos, alternadores etc., ou seja, de
praticamente toda energia elétrica por nós consumida, com exceção da fornecida pelas pilhas químicas. Um dínamo (chamado,
então, de homopolar) é autoexcitado quando emprega a corrente
que ele produz para gerar o campo magnético necessário para o
seu funcionamento: de fato, uma corrente elétrica que passa num
condutor cria um campo magnético no exterior. Compreende-se
facilmente que a indução resulta de uma instabilidade: sem corrente, nada de campo magnético, e sem campo magnético, nada
de corrente elétrica. A Figura 3 mostra uma realização possível
de um tal dínamo autoexcitado. Evidentemente, esse dínamo não
pode funcionar sem receber energia de fora. Essa energia é de origem mecânica e compensa o par resistente gerado pela força que se
exerce sobre um fio condutor, percorrido por uma corrente e que
se desloca num campo magnético.[2] Sem dúvida, esta é uma idealização do que se passa no núcleo terrestre, onde não existe nem
fio condutor móvel nem par exterior que sustente o movimento
de um hipotético circuito elétrico num campo magnético. De fato,
esse movimento é garantido pelas correntes de convecção que asse-
guram a entrada de energia, e o condutor é o próprio fluido.

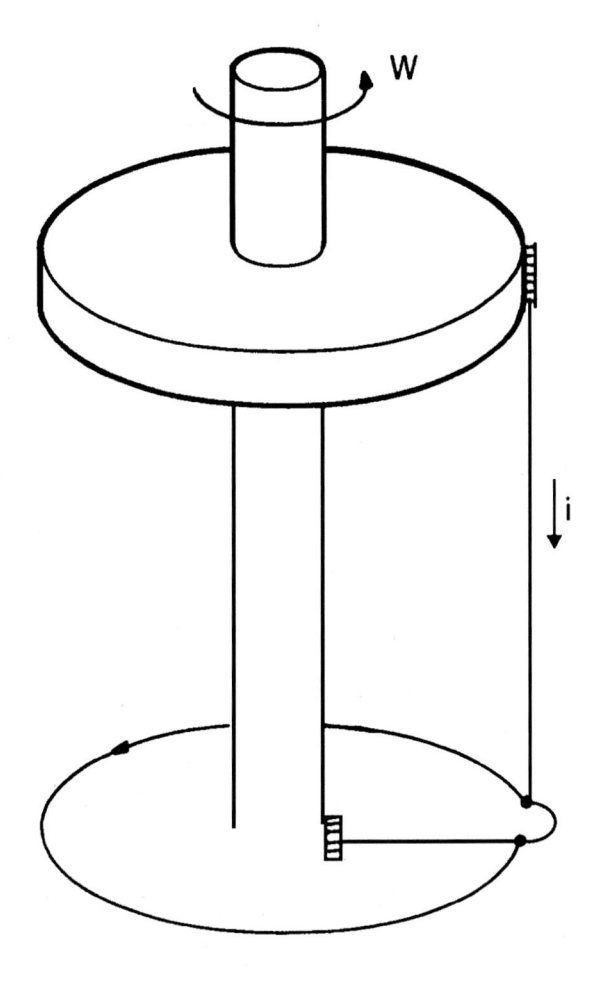

FIGURA 3 – Realização possível de um dínamo autoexcitado. Um disco condutor gira ao redor de seu eixo num campo magnético constante. Aparece uma tensão elétrica entre o eixo e a periferia do disco. Essa tensão é aplicada aos limites de uma espira (desenhada na parte inferior). A corrente que aí circula cria, por sua vez, um campo magnético que reforça o campo inicial, a ponto de tornar útil este último. Diz-se, então, que o dínamo é autoexcitado.

Podemos descrever de maneira matemática a geração espontânea de campo magnético por um fluido condutor em movimento, mas a enorme complexidade do sistema ainda impede que se produza um modelo realista um tanto quanto pormenorizado da geração do campo terrestre pela convecção. Em compensação, um modelo simplificado foi proposto por Rikitake,[3] que acopla dois dínamos análogos ao da Figura 3. Se esse modelo não pretende descrever os pormenores do fenômeno, tem, pelo menos, o mérito de mostrar a sua natureza essencialmente instável, e dá conta das oscilações aleatórias de um polo a outro. As equações que descrevem esse modelo podem ser reduzidas a uma forma simples por transformações algébricas elementares, sem que percam qualquer propriedade (o modelo mais desenvolvido é apresentado na nota 3 deste capítulo).

Esta forma simples escreve-se:

$$\frac{dw}{dt} = r - z \cdot y - nw \qquad (1.a)$$

$$\frac{dz}{dt} = w \cdot y - z \qquad (1.b)$$

$$\frac{dy}{dt} = w \cdot z - y \qquad (1.c)$$

As quantidades w, y e z são funções do tempo e são proporcionais às grandezas físicas W(t) (velocidade angular do dínamo), e i(t) e j(t), correntes elétricas produzidas respectivamente por um dos dínamos. Essas correntes servem para sua excitação recíproca. Os coeficientes r e n são constantes que dependem das diferentes grandezas que intervêm no sistema inicial. São consideradas parâmetros, no sentido de que seu valor depende de uma realização particular desse sistema de dínamo, mas é, *a priori*, diferente de uma realização para outra.

O modelo (1) tem várias propriedades notáveis. Embora se trate de um sistema de equações muito mais simples que o relativo ao fluido real, ele tem certa complexidade potencial, especialmente no que diz respeito às suas soluções possíveis. Essa complexidade deve-se à presença de não linearidades (o produto de duas variáveis, como z . y em [1.a], por exemplo) e do acoplamento entre as três variáveis (o número três não é gratuito, mas explicaremos isto mais adiante). Podemos tentar resolver (ou "integrar") o sistema de equações (1) com métodos conhecidos de cálculo, ou seja, por meio do que é chamado de "quadraturas". De fato, logo nos damos conta de que isso é impossível em geral, ou seja, não há soluções analíticas. O outro método possível consiste, então, em resolver numericamente essas equações num computador, que vai fornecer sequências de valores que representam essas variáveis w, y, z, em função do tempo. Esse tipo de cálculo pode ser relativamente fácil de se empregar, e foi feito em 1958 por Rikitake, para valores particulares dos parâmetros. Ele evidenciou, então, dois fenômenos muito interessantes e ligados a nosso propósito. Em primeiro lugar, o modelo matemático apresenta realmente uma instabilidade que leva à geração espontânea de campo magnético, como se esperava. Mas, além disso, essa instabilidade não leva a um estado constante no tempo. O campo magnético que aparece nunca é estacionário: oscila de um lado e de outro do que seria o polo sul ou o polo norte e, depois de certo número de oscilações ao redor de um polo, cai rapidamente na direção do outro, ao redor do qual ocorrem novas oscilações etc. (Figura 2b). Este é visivelmente o comportamento do campo magnético que existiu em nossa Terra ao longo das eras (Figura 2a e a continuação do capítulo). A semelhança é ainda mais impressionante porque, nesse modelo, assim como na história de nosso campo terrestre, as oscilações, de pequena amplitude, têm um período relativamente bem definido, ao passo que as inversões ocorrem a intervalos de tempo aleatórios.

Uma fita de gravação no fundo dos oceanos

As torrentes de lavas vulcânicas foram as primeiras testemunhas (descontínuas) das inversões do campo magnético terrestre.

Mas outro testemunho – contínuo, desta vez – foi revelado mais recentemente. Ele está ligado a uma das descobertas mais importantes da geofísica deste século: a da deriva dos continentes, cuja história é particularmente rica e interessante. A ideia da deriva dos continentes, sob forma de hipótese científica coerente, cabe a F. Wegener, um geofísico austríaco do início de nosso século.[4] A parte desta história que nos interessa agora é o que poderíamos chamar de confirmação definitiva, em 1962-1963, das ideias de Wegener. Antes dessa data, elas não eram levadas muito a sério pela comunidade dos geofísicos, da qual certas teorias, por sua vez, nos parecem hoje totalmente absurdas (imaginava-se, por exemplo, que o crescimento das montanhas se devesse a dobras resultantes do encolhimento da superfície da Terra durante o seu resfriamento). Mas as ideias de Wegener foram confirmadas, recorrendo-se precisamente à memória magnética das inversões do campo terrestre. Wegener mostrou que os continentes derivam uns relativamente aos outros, "flutuando" sobre o fundo dos oceanos; esse fundo dos oceanos é composto de rochas que podem ser consideradas a superfície de um líquido muito viscoso submetido a correntes de convecção do manto terrestre, portanto em grande escala (vide Figura 1). No centro dos oceanos, sobre o que é chamado de dorsais[5] (orientadas, *grosso modo*, no sentido norte-sul no Atlântico), certa quantidade de rocha basáltica fluida sobe das profundezas do manto, resfria-se brutalmente (pelo menos em escala geológica) na superfície do manto (ou seja, no fundo dos mares) e, com isso, fica abaixo de seu ponto de Curie. A orientação da imantação então adquirida por ela é paralela ao campo magnético terrestre do momento. As rochas oriundas da dorsal, uma vez resfriadas, são transportadas no fundo dos oceanos pela corrente de convecção superficial do manto (velocidade da ordem de um centímetro por ano), como que sobre um tapete rolante. O aspecto mais espetacular dessa descoberta é o seguinte: como o campo magnético terrestre sofreu, ao longo das eras, bruscas mudanças de orientação, bem caracterizadas e que se seguiram de maneira aleatória, esse tapete rolante deve reproduzir em sua superfície a história das inversões do campo terrestre, e isto da mesma maneira de cada lado da dorsal. Foi exatamente isso que se observou e que confirmou as ideias de Wegener, de que já ninguém duvida. Compreende-se bem que o caráter desordenado da sucessão temporal das inversões desempenhou um papel capital: as duas sequências temporais sem periodicidade clara, medidas de cada lado da dorsal (primeiro a do Atlântico, e depois todas as outras dorsais), reproduzem a mesma história com pormenores incrivelmente precisos. Calibra-se, então, a sequência das inversões do campo terrestre, supondo que o tapete rolante do fundo dos oceanos conservou a mesma velocidade (com algumas eventuais correções) ao longo dos tempos geológicos. Os resultados assim obtidos atestam notavelmente e completam os dados mais parciais obtidos a partir das lavas. Note-se que a última inversão ocorreu há cerca de 730 mil anos.

No que tange à datação, esse marcador magnético apresenta uma enorme vantagem relativamente a outros métodos: ele se refere a uma escala única para o globo inteiro, ao passo que, por exemplo, as sequências geológicas podem fornecer uma história local precisa, mas deixando muito imprecisa a datação absoluta relativamente a uma escala comum a todo o globo. Assim, a natureza de certos fósseis varia conforme os lugares, embora possam pertencer à mesma época. Um exemplo dos problemas de sincronização que se colocam para as escalas de datação se encontra nas controvérsias que subsistem sobre o caráter instantâneo ou não do desaparecimento dos grandes répteis (os famosos dinossauros!) a partir do Terciário, sua ligação com a anomalia de Alvarez quanto ao irídio[6] etc.

Um fato perturbador: a errância determinista

Ainda não entendemos muito bem todos os mecanismos físicos responsáveis pelas inversões aleatórias da orientação do dipolo terrestre ao longo dos tempos geológicos. Mas, como vimos, um modelo simples permitiu compreender a sua dinâmica. Além do interesse incontestável desse modelo, que dá conta de maneira satisfatória de acontecimentos geológicos, os comportamentos que ele descreve podiam parecer, em sua época, inteiramente não intuitivos, ou até revolucionários e mesmo "sacrílegos", em comparação com o determinismo clássico.

Uma dinâmica errática não resulta necessariamente da intervenção de um grande número de variáveis independentes, como se acreditou por muito tempo. Paradoxalmente, ela pode muito bem proceder da interação de apenas algumas variáveis, e isto num quadro perfeitamente determinista.[7] O exemplo das inversões do campo terrestre também permite compreender o quanto essa ideia é pouco intuitiva. Com efeito, a teoria de Rikitake, apesar de sua simplicidade e de seu conteúdo físico, está longe de ser universalmente aceita. Outras explicações continuam a ser propostas. Por exemplo, alguns recorrem a flutuações improváveis na configuração das correntes no interior do núcleo, que se produziriam de quando em quando, mas sem modificação de configuração em grande escala, como a descrita pelas equações de Rikitake. Essas conspirações improváveis levariam a uma inversão do campo. Outros pesquisadores imaginam colisões entre a Terra e grandes meteoritos magnéticos. Sem querer entrar numa discussão mais minuciosa desse tipo de teoria, vemos claramente o quanto é difícil aceitar a ideia de que um fenômeno natural, em grande escala, tal como essa inversão do dipolo terrestre, possa resultar de sua dinâmica própria e não da perturbação de um estado estável por um agente exterior mais ou menos misterioso. Poderíamos fazer observações análogas em outras áreas do conhecimento: não é de modo algum evidente que a evolução das sociedades seja uma sucessão de grandes perturbações ou "revoluções", que seriam por si sós suficientes para sair de um estado fundamentalmente estacionário – ou mesmo estável. Mais parece que a evolução seja permanente, muito lenta em longos períodos, mas levando a transformações espetaculares que, por seu lado, se realizam em tempos muito curtos.

Notas

1 O único programa experimental atualmente existente sobre esta questão é o do grupo de Tallin, na Estônia, que ainda não parece ter alcançado as condições de geração espontânea do campo magnético num fluido condutor turbulento.

2 Só podemos admirar, a este respeito, a profunda unidade das leis da física: a conservação da energia é um princípio que se aplica igualmente às interações eletromagnéticas e mecânicas.

3 O dínamo de Rikitake compreende dois dínamos semelhantes ao representado na Figura 3. A corrente produzida por um serve para criar a indução que age sobre o outro. Sua dinâmica não linear reúne a evolução de três quantidades: a velocidade angular W, comum aos dínamos, e as correntes elétricas i e j, cada uma induzida por seu respectivo dínamo. As equações conjugadas por essas três grandezas vão ser equações diferenciais (ditas ordinárias) relativamente ao tempo t.

A velocidade angular W resulta das ações antagônicas de um par motor G e da fricção pela força de Laplace [acrescenta-se uma fricção viscosa mecânica proporcional a W, ou seja, g W(t)]. A equação correspondente do movimento se escreve:

$$I \frac{dW}{dt} = G - M j(t) i(t) - g W(t),$$

onde M é o que chamamos de inductância mútua da espira que gira e da bobina que cria o campo magnético, e I é o momento de inércia da parte móvel.

Nessa mesma espira, a intensidade da corrente i é o resultado da tensão elétrica de indução gerada pela rotação, ou seja, M j(t) W(t), e da resistência elétrica no circuito, ou seja, R_1. Daí a equação:

$$L_s \frac{dj}{dt} = M j(t) W(t) - R_1 i(t),$$

em que L_s é a *self-induction* da espira que gira.

A corrente j(t) na outra espira obedece a uma lei formalmente análoga, que se escreve:

$$L \frac{dj}{dt} = M i(t) W(t) - R_2 j(t);$$

R_1 e R_2 são resistências elétricas, supostas serem, daqui em diante, iguais.

Este sistema de equações diferenciais ordinárias é não linear, já que nos membros da direita encontramos produtos das variáveis, como o termo em M j(t) W(t) na equação para i(t). Podemos reduzi-lo a uma expressão mais simples por meio de transformações algébricas elementares que lhe dão uma forma mais agradável, sem fazer com que perca qualquer propriedade. Reencontramos, então, as três equações dadas no texto principal.

Segundo T. Rikitake, *Cambridge Phil. Soc. Proc.*, v.54, p.89, 1958.

4   O ponto de partida de Wegener era uma constatação que todos podem fazer ao considerar um globo terrestre: a coincidência quase perfeita entre o contorno das costas do Golfo de Guiné (costa oeste da África) e o das costas do Brasil mais ou menos nas mesmas latitudes: os dois contornos se encaixam quase que perfeitamente. Wegener igualmente observara que a geologia dos terrenos também concorda muito bem e que certas espécies animais, de difusão muito lenta, como os animais escavadores, são muito intimamente aparentados de um lado e de outro do Atlântico. Isto o levara muito naturalmente a supor que os dois continentes (África e América do Sul) eram dois pedaços de um mesmo continente (que é chamado de Gondwana, mas muito anterior, sem dúvida, ao aparecimento do homem), que se haviam separado e derivaram para longe um do outro. Na sua época, esse conjunto de presunções não fora aceito como uma prova científica da deriva dos continentes, porque Wegener não explicava realmente qual era o motor dos movimentos dos continentes, que hoje sabemos ser os movimentos do manto subjacente. Essa história tem um certo interesse, já muitas vezes sublinhado, do ponto de vista da história das ciências: foi ao estudar um fato preciso (a complementaridade Brasil-África) que Wegener evidenciou um fenômeno fundamental e de alcance geral, ao passo que, na mesma época, teorias abracadabrantes pretendiam explicar a totalidade dos fenômenos da orogenia sem que pudessem, no fundo, ser verificadas ou infirmadas sobre um ponto preciso. A orogenia explica-se no âmbito da deriva dos continentes como o resultado de colisões de placas (existem também outras possibilidades mais complicadas). Ler-se-á com proveito L'Écume de la Terre, de C. Allègre, A. Fayard, 1983, sobre estas questões.

5   As dorsais (vide a Figura 1 do Capítulo 3) encontram-se no fundo dos oceanos, a profundidades consideráveis, com exceção da Islândia, que é uma emergência da dorsal atlântica. Elas são o centro de uma atividade de tipo vulcânico muito intensa. As explorações em submarinos especiais mostraram que jatos de água quentíssimos e carregados de minerais dissolvidos jorram nas regiões das dorsais e permitem o desenvolvimento de formas de vida muito estranhas, nas quais, em particular, a fonte de energia não é a síntese clorofiliana, ao contrário do que se passa com todas as outras formas de vida terrestre ou marinha.

6   O físico L. Alvarez, inventor de um acelerador de partículas, o Bétatron, estudou a proporção de irídio, um componente raro, nas rochas sedimentares. Afirma ter descoberto que essa taxa de irídio tem um máximo muito acentuado no final da Era Secundária, ou seja, no momento que corresponderia ao desaparecimento dos grandes répteis como os dinossauros. Uma explicação possível desse desaparecimento, que, portanto, seguiria de perto essa anomalia da concentração de irídio, seria que um grande meteorito se teria chocado com a Terra naquele momento e teria perturbado suficientemente o clima para fazer desaparecer os grandes répteis, que, por sua especialização, não teriam conseguido adaptar-se a essa mudança rápida. O meteorito em questão também conteria irídio, e daí o excesso de concentração desse elemento. Esta teoria, embora sedutora, está longe de receber uma aceitação geral: um dos seus problemas maiores é a ausência de prova de que a anomalia em irídio tenha estado presente em toda a Terra no mesmo momento geológico, e em coincidência com o desaparecimento dos grandes répteis.

7   Os trabalhos de Rikitake, com exceção de um artigo do matemático inglês
    Allan, não parecem ter tido muito impacto em sua época. Cumpre observar que
    esse trabalho, que não tem um vínculo direto com a confirmação da teoria da
    deriva dos continentes, é anterior às medições de paleomagnetismo perto das
    dorsais oceânicas, portanto de uma época em que a sequência de inversões do
    campo magnético terrestre era muito mal conhecida. Podem ser evocadas outras
    razões para esse pouco sucesso, em especial a dúvida que existia na época sobre
    a confiabilidade dos cálculos por computador (não nos esqueçamos de que esse
    trabalho é de 1958). Parece que a maior parte dos pesquisadores que conheciam
    esse trabalho achava que, de fato, a dinâmica do sistema de Rikitake fosse periódica
    e que só encontrasse um comportamento aleatório em razão de erros de cálculo
    incontroláveis. Apesar dos embelezamentos de certos historiógrafos, a sorte do
    artigo de Lorenz sobre seu modelo de convecção turbulenta, cujas equações estão
    muito perto da de Rikitake (o que não quer dizer grande coisa nesta área), não
    foi muito diferente da de Rikitake, pelo menos no início. A comunidade dos
    pesquisadores começou a se interessar pelo modelo de Lorenz apenas a partir
    da publicação de Ruelle e Takens, que estabelecia que os comportamentos
    caóticos de sistemas deterministas representavam um fenômeno geral, o que,
    evidentemente, nem o modelo de Lorenz nem o de Rikitake, ambos muito
    particulares, pretendiam fazer.

CAPÍTULO 4

UMA LEI SIMPLES...
UM COMPORTAMENTO COMPLEXO

"As pequenas causas têm, às vezes, grandes efeitos: a falta de um prego perdeu a ferradura, a falta da ferradura perdeu a montaria, a falta da montaria perdeu o cavaleiro."

Benjamin Franklin

Sem dúvida, vocês já ficaram impressionados com o movimento desordenado das folhas mortas nos dias de muito vento. Nenhuma regularidade se manifesta em seus deslocamentos: elas sobem, parecem deter-se, para tornarem a partir antes de voltarem a descer... Impossível adivinhar qual será sua trajetória. Talvez vocês tenham dito com seus botões que uma tal complexidade no movimento revelava a existência de uma causa também complexa; vocês tiveram razão. A folha movida pelo ar turbulento sofre uma conjunção de influências muito diversas: as de múltiplos turbilhões de todos os tamanhos e de todas as energias. O resultado global de uma tal quantidade de ações independentes gera, então, um comportamento impredizível. Talvez vocês tenham deduzido, quase naturalmente, que todo comportamento complexo tem necessariamente origem numa causa também complexa. Desta vez, vocês erraram! Por mais paradoxal e chocante que possa parecer, hoje conhecemos inúmeros casos de evoluções perfeitamente desordenadas que, porém, resultam de uma causa muito simples. (Aliás, deparamos com um exemplo disso no capítulo anterior.) Um tal fato – que contradiz muitas ideias aceitas – merece pelo menos algumas explicações. Os cálculos que faria um criador preocupado em compreender o desenvolvimento de seu gado podem constituir o ponto de partida de um modelo. Acrescentando a ele uma lei muito natural para limitar o crescimento do número de animais, vamos obter uma fórmula extremamente simples, mas de consequências espantosas, inesperadas... e complexas!

O crescimento de uma população animal

Idealizemos um pouco o problema de nosso criador de gado. Sabemos que se alguns animais (de ambos os sexos!) são postos num amplo espaço que reúna todas as condições favoráveis à vida deles, em média seu número cresce. Para avaliar esse crescimento, não é preciso ficar contando o gado a todo momento. De fato, ocorrem nascimentos na primavera, mortes no inverno. Portanto, mais vale só efetuar a contagem "em tempo discreto", por exemplo, a cada ano numa data fixa. Assim é que se obterá, ao longo dos anos, uma sequência de números P_{n-1}, P_n, P_{n+1}... em que o índice n indica o número de ordem do ano. A experiência mostra que, no início, como os animais são pouco numerosos, cada ano que passa vê sua população multiplicada por um certo número C. Expressa em forma algébrica, esta lei de crescimento escreve-se $P_{n+1} = C \times P_n$. Esta lei simplíssima, iterada ano após ano, permite, pois, prever de maneira perfeitamente determinista a população do ano seguinte, multiplicando por um certo número a população do ano em curso. Embora um computador, mesmo muito rudimentar, seja perfeitamente apto a esse tipo de cálculos repetitivos, podemos ver a correspondência gráfica de uma tal iteração na Figura 1. O número C pode ser da ordem de 2 ou de 3 para os mamíferos de porte médio; é consideravelmente mais alto para pequenos animais, como os camundongos ou os coelhos.

Talvez vocês se lembrem da lenda segundo a qual, ao rei que lhe propunha uma recompensa, um dos servidores pediu um prêmio aparentemente muito modesto. Esse sábio, com efeito, contentar-se-ia com uma quantidade de arroz medida da seguinte forma: tomando um tabuleiro de xadrez, colocar-se-ia sobre a primeira casa um grão de arroz, sobre a segunda, dois grãos, sobre a terceira, quatro grãos. Dobrar-se-ia, assim, o número de grãos atribuídos cada vez que se passasse de uma casa do tabuleiro à seguinte. Talvez esse sábio – ao contrário de seu rei – conhecesse a temível velocidade de crescimento do que hoje chamamos uma lei exponencial. Com efeito, como o número de grãos de arroz varia como as potências sucessivas de 2, esse número ultrapassa mil já na décima casa, um milhão já na vigésima... e, chegado à sexagésima quarta e última casa, ele se escreve (aproximadamente) como 1 seguido de dezenove zeros! Número absolutamente gigantesco: postos lado a lado, esses grãos de arroz poderiam facilmente recobrir a superfície de um continente, e todos os reis do mundo, evidentemente, não poderiam oferecer um tal presente! Tal é a "mágica" de certas operações elementares sobre os números: partimos de uma quantidade ínfima – um único grão de arroz –, procedemos a uma operação modesta – a duplicação – e a repetimos um número muito modesto de vezes; no entanto, obtivemos um resultado totalmente "inumano". Essa simples constatação deveria reservar-nos surpresas no crescimento animal.

Passemos, com efeito, dos grãos de arroz aos animais e das casas do tabuleiro de xadrez aos anos que se sucedem. Pelas mesmas razões, uma população, multiplicada vários anos em seguida por um fator – no caso, C – maior do que 1, cresce muito rapidamente. Mesmo com uma taxa de crescimento de C = 3, por exemplo, se partimos de dez indivíduos, eles serão trinta no ano seguinte, noventa ao cabo de dois anos e, depois de dez anos, seriam cerca de sessenta mil! Isto mostra que um tal modelo de evolução das populações só é realista para números pequenos de indivíduos e que, vindo a faltar o espaço, portanto a alimentação, para os grandes números, uma saturação ou até um decréscimo não deixam de acontecer.

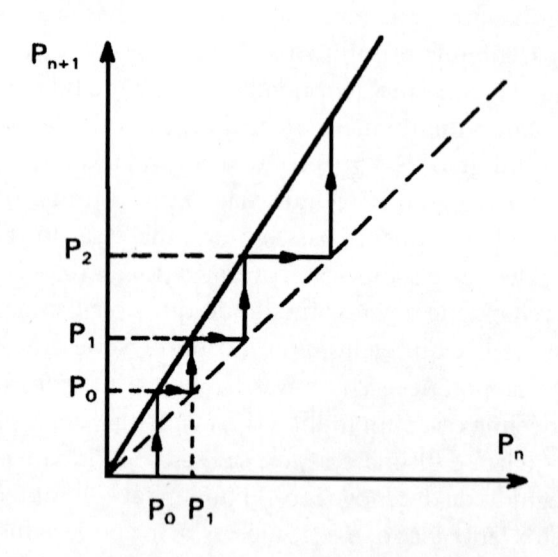

FIGURA 1 – Iteração gráfica de uma lei de crescimento exponencial do tipo $P_{n+1} = C \, P_n$. Aqui, a população inicial é representada por P_0; sua primeira imagem é P_1, que é trazida de volta à função graças à primeira bissetriz, para achar P_2 etc.

Um precursor ignorado!

Representa o Homem uma criatura singular no seio do reino animal, do ponto de vista da evolução de sua população? Não existe resposta definitiva para essa questão. Pelo menos, podemos observar que o homem é capaz de analisar as causas e as consequências do aumento de sua população e – eventualmente – extrair disso consequências. Thomas Malthus (1766-1834), um pastor anglicano

que se tornou um economista de renome, tinha grande preocupação com o número considerável de pobres que a sociedade inglesa
comportava no final do século XVIII. Para ele, esse fenômeno se
explicava pelo fato de que a população crescia mais rápido do que
a produção. Esta tese está na base de seu *Ensaio sobre o princípio de
população*, publicado em 1798. Malthus estimava que a população
dobrava a cada 25 anos, ao passo que os meios de subsistência
cresciam segundo uma lei muito mais lenta. Daí o método a que
seu nome está ligado e que preconiza uma restrição da procria-
ção. Surge então um precursor inspirado, Pierre-François Verhulst
(1804-1849). Tendo feito seus estudos em Bruxelas, em Gand e em
Leyde, esse matemático consagrou seu primeiro trabalho de pesquisa ao estudo do crescimento das populações. O clima social da
época pesou na orientação desse trabalho: Flandres havia passado,
durante a primeira metade do século XIX, por uma crise econômica muito dramática. A necessidade de controlar os problemas de
pobreza para promover uma política social razoável dera grande interesse às pesquisas sobre as leis de crescimento da população. Pro-
longando as ideias de Malthus, Verhulst enxertou na concepção
de crescimento exponencial a noção de fatores inibidores. Assim,
segundo ele, uma população não podia crescer indefinidamente,
mas, pelo contrário, devia limitar-se a um valor máximo. Verhulst
sugeriu que a taxa de crescimento de uma população não seria
constante, mas dependeria da grandeza dessa população. Mais precisamente, ele avaliava que a taxa de crescimento devia ser proporcional ao desvio, ao valor máximo que a população podia alcançar.
Segundo as notações utilizadas no início deste capítulo, C não é
mais constante, mas deve ser escrito:

$$C = K \times (P_i - P_n).$$

P_i representa essa população máxima. Assim, a lei de crescimento se escreve:

$$P_{n+1} = K \times P_n \times (P_i - P_n).$$

É cômodo, para o cálculo, fazer aparecer uma "população reduzida" $X = P / P_i$ por divisão dos dois membros pela população máxima P_i:

$$X_{n+1} = K \times X_n \times (1 - X_n).$$

X, população reduzida, varia entre 0 e 1, e K deve ser escolhido entre 0 e 4. Verhulst chamou essa fórmula (que ele escrevia de um modo diferente, mas equivalente) "função logística", e esse nome permanece até os dias de hoje. Ela serve de modelo universalmente utilizado para o estudo dos sistemas dinâmicos. Essa fórmula, muito avançada para a época, caiu muito rapidamente no esquecimento – assim como seu autor – durante cerca de um século. Demógrafos americanos redescobriram-na no início do século, mas foi preciso esperar os anos 60 para que ela aparecesse como um modelo de alcance universal.

Graças a essa lei, podemos retomar o estudo do exemplo idealizado da população animal. Tornamos, de fato, a encontrar para as populações $P \ll P_i$, portanto $X \ll 1$, a lei de crescimento descrita mais acima. Mas tão logo P aumenta, X cessa de ser desprezível diante de 1 e o termo $(1 - X)$ modera o aumento do número de indivíduos.

Da mesma forma que no caso da lei de crescimento exponencial, podemos construir graficamente a iteração, como aparece na Figura 2, mas desta vez é entre a primeira bissetriz e a parábola representativa da lei que se desenrola a construção. É instrutivo ver o resultado de iterações para diferentes valores de K.

Se K é inferior a 3, o que corresponde ao caso da Figura 2, vemos que, depois de um período de crescimento, as sucessivas iterações convergem para um estado de equilíbrio X^*. Este resultado é, afinal de contas, muito natural: a população acaba estabilizando-se e, a cada ano, na mesma época, reencontramos o mesmo número de indivíduos.

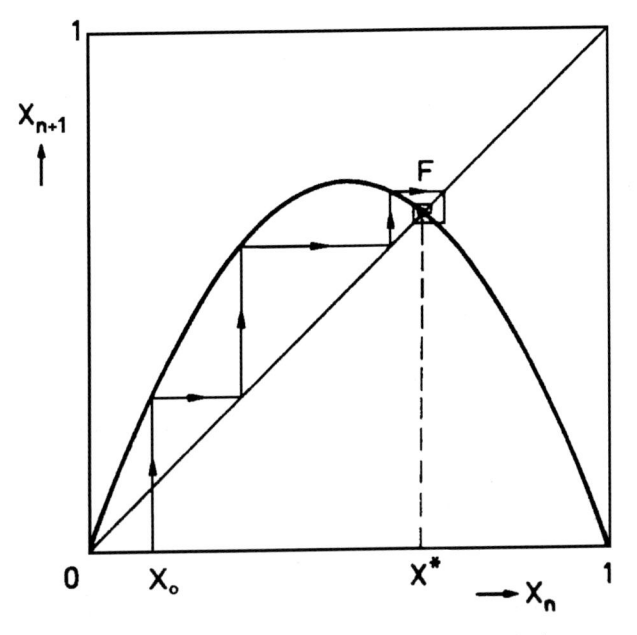

FIGURA 2 - Representação da parábola logística para K = 2,8. A iteração de todo valor inicial converge rapidamente para o ponto F - ponto de intersecção da parábola e da bissetriz -, que representa o estado de equilíbrio.

É próprio da matemática e, de modo especial, da álgebra que uma fórmula de aspecto inocente pode gerar comportamentos inesperados e ser a origem de reflexões muito profundas.[1] Encontraremos, aliás, exemplos impressionantes disso. No que diz respeito à função logística, com a qual não se esgotam nossas surpresas, descobrimos, para K = 3, uma mudança importante de comportamento. Obtida para um valor de K ligeiramente superior a 3, a Figura 3 mostra que, depois da extinção do comportamento transitório, X assume agora dois valores de equilíbrio que se sucedem alternativamente, X_1^* e X_2^*. Isso quer dizer, na prática, que a população voltará a ser a mesma a cada dois anos apenas (um ano a cada dois ela é mais alta e, entre os dois, menor). Esta mudança de regime, que faz passar, dado um valor perfeitamente definido do parâmetro K, de um regime de um único estado de equilíbrio a outro em que há dois (o período dobrou), é chamada de "bifurcação".

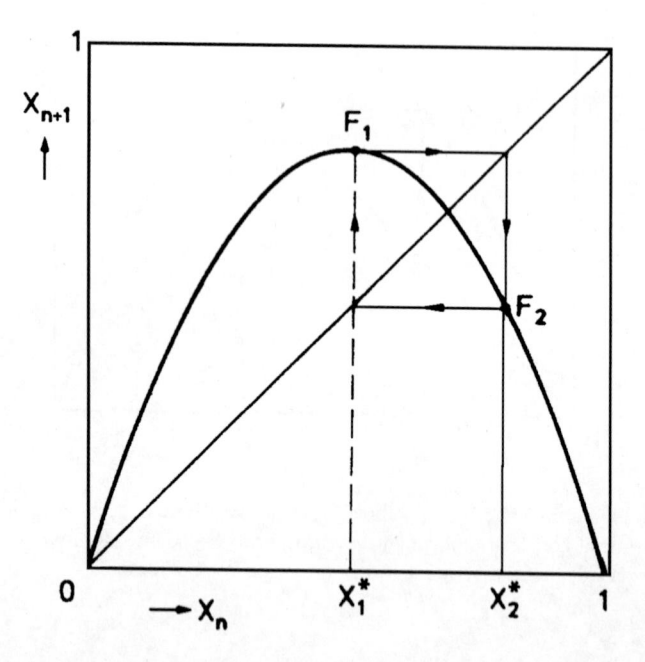

FIGURA 3 - Representação da parábola logística para K = 3,2. Existem agora dois pontos de equilíbrio visitados sucessivamente, F_1 e F_2.

Se continuarmos a aumentar progressivamente K, chegaremos a um novo valor K = 3,45, aproximadamente, para o qual o regime muda mais uma vez. Desta vez, já não são dois estados de equilíbrio que se sucedem periodicamente, e sim quatro. Em suma, agora precisamos aguardar quatro anos para reencontrarmos uma população idêntica à que havia (quatro anos antes)! Passamos também por um ponto de bifurcação a partir do qual o período do fenômeno se tornou o quádruplo do que era no início (Figura 4a).

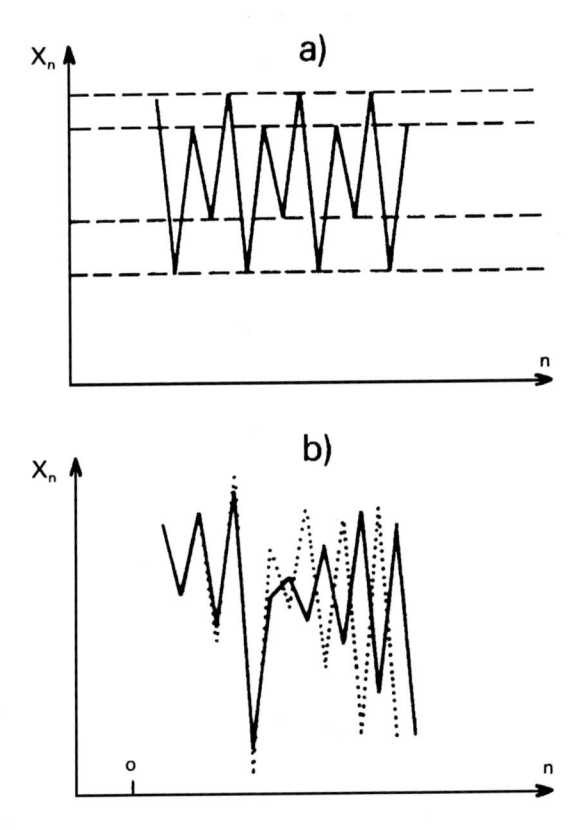

FIGURA 4 – a) Evolução de X_n em função de n no caso em que o sistema é de período 4 (K = 3,48). A evolução permanece perfeitamente predizível. b) Evolução de X_n para K > K_{oo}. Não acharemos mais nenhuma periodicidade na variação de X_n. Uma segunda evolução calculada a partir de um valor inicial X_0 muito próximo de X_0 é igualmente caótica e, ao final de algumas poucas iterações, ela não se assemelha em nada à primeira.

Talvez o leitor tenha adivinhado que esse processo de duplicação se repete ao infinito e que, para novos valores de K, outras bifurcações aparecem, a partir das quais o período é, a cada vez, dobrado, ou seja, multiplicado por 8, por 16 etc. O que, em compensação, não é de modo algum evidente, embora essencial, é o fato de que os valores de K se aproximam cada vez mais.[2] Essas sucessivas bifurcações ficam cada vez mais próximas e acabam acumulando-se num valor "K_{oo}" (3,57 aproximadamente), para além do qual já não são 8, 16 anos etc. que é preciso esperar para reencontrar o valor de uma população anterior, e sim um tempo infinito. Em outras palavras, não reencontramos nunca mais uma sequência obtida anteriormente! Nós anunciamos algumas surpresas e esta é considerável. K_{oo} constitui o limite entre dois regimes qualitativamente diferentes. Como é mostrado na Figura 5, para K inferior a K_{oo}, as populações se repetem: aguardando, conforme os valores de K, 2, 4, 8, 16, 32 anos (em vez de falar de anos, podemos, mais geralmente, falar de "passos" do tempo), reencontramos a sequência já vista. É o eterno retorno, por assim dizer, e essa repetição permite prever o futuro baseando-se no passado: o regime é predizível (vide a Figura 4a). Pelo contrário, se K for superior[3] (um pouco superior) a K_{oo}, já nada disso é possível! Mesmo aguardando por muito tempo, não podemos nos deparar com um "*déjà vu*", e os valores de X se sucedem de maneira aperiódica e desordenada, erraticamente em suma, como se obedecessem apenas ao acaso, como a sequência dos valores relacionados na Figura 4b. O regime, portanto, tornou-se impredizível!

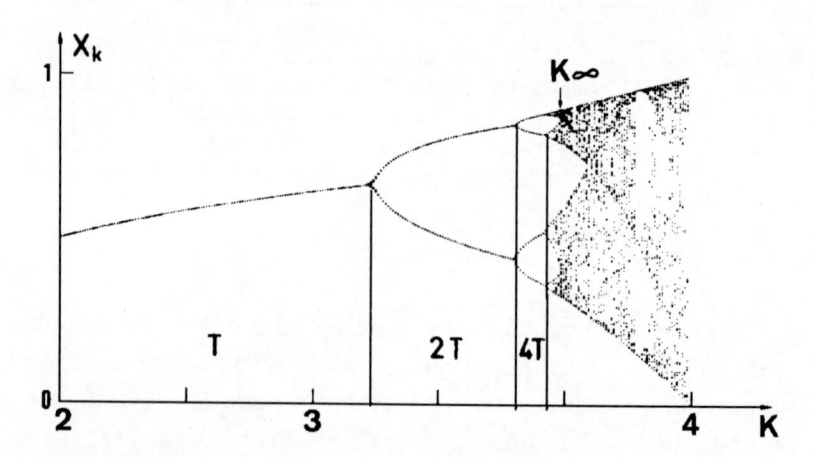

FIGURA 5 – Valor(es) no equilíbrio – ou seja, depois das evoluções transitórias – das populações X_n, em função do parâmetro K.

Nenhum erro vos será perdoado...

É de espantar que uma lei de evolução tão simples e determinista quanto à função logística possa ter um comportamento errático para certos valores de K (>K_{oo}). Este paradoxo entre determinismo e impreditibilidade merece que nos detenhamos nele.

Filosófico, ou até teológico, tais são os qualificativos correntemente associados à ideia de determinismo. Mas o determinismo é também uma noção estritamente científica, cujo mais eloquente apologista foi o grande cientista francês Pierre-Simon, marquês de Laplace (1749-1827). Simplificando, podemos resumir o conceito de determinismo da seguinte forma: se conhecermos o estado de um sistema num instante inicial, poderemos determinar seu estado em qualquer instante ulterior. Ora, o determinismo da aplicação logística não deixa margens a dúvida: o conhecimento de X_n determina *ipso facto* o de X_{n+1}. Por que, então, essa errância quando uma série de valores sucessivos de X é calculada para K > K_{oo}? Para tentarmos mostrar a razão sutil que isso tem, façamos uma experiência muito simples, que consiste em recomeçar o cálculo. Se tornarmos a partir exatamente do mesmo valor X_0 (0,6 no caso da Figura 4b), reencontraremos exatamente a mesma evolução: isso nos tranquiliza sobre dois pontos: o nosso sistema é determinista e nosso computador não comete erros de cálculo!

Recomecemos mais uma vez o cálculo, mas atribuindo ao valor inicial um minúsculo erro; partamos não mais de 0,6, e sim de X'_0 = 0,599. Isso equivale a se enganar, na contagem do gado, em um indivíduo em cada seiscentos! Contar uma população de animais em liberdade, com seiscentos indivíduos, enganando-se em um só é uma operação quase inusitada. E no entanto, se, no início, a evolução calculada com a nova condição inicial se parece com a que foi calculada anteriormente, ao cabo de algumas iterações ela já não tem nada a ver com esta última (vide Figura 4b)! A introdução de uma incerteza inicial, embora mínima, acarreta rapidamente consequências consideráveis! O conhecimento do passado não mais permite – na prática – a previsão do futuro (exceto o futuro imediato), e tornamos a encontrar ali a errância evocada mais acima. Já que uma tão pequena incerteza nas condições de partida assume, com o passar do tempo, uma tal importância, é porque esse "erro" aumenta muito a cada nova iteração. Com efeito, se calculássemos as diferenças entre as duas séries representadas na Figura 4b, constataríamos que os afastamentos crescem, em média, exponencialmente: a cada passo do cálculo, o afastamento é, em média, multiplicado por um número superior a 1. (Lembrem-se do tabuleiro de xadrez e dos grãos de arroz.) No caso da Figura 4b, para a qual tomamos $K = 4$, o coeficiente multiplicativo dos afastamentos – chamado coeficiente de Lyapunov – é próximo de 2, o que significa que, em dez iterações, o afastamento das séries é multiplicado por cerca de mil! Isto mostra que, embora os valores de X praticamente se confundissem no início, rapidamente eles passam a não ter mais nada a ver uns com os outros. Para ilustrar este fato a partir de populações animais, basta considerar que a consequência do erro inicial que consiste em ter contado um animal a menos se traduz, ao cabo de sete iterações (sete anos, neste exemplo), por um erro de estimativa do gado de mais de duzentas cabeças...

Tocamos aí no coração do problema: a propriedade que certas funções não lineares possuem de amplificar exponencialmente qualquer erro, por mínimo que seja, impede qualquer predição a longo prazo e acarreta um comportamento errático, que parece obedecer apenas às regras do acaso, apesar do determinismo estrito dessas funções. Esta propriedade de amplificação exponencial dos desvios, que reconcilia as noções de determinismo e de impreditibilidade, é chamada de "sensibilidade às condições iniciais" ou SCI. Para bem identificar, do ponto de vista da semântica, esse comportamento errático ligado a um processo determinista entre outros comportamentos impreditíveis, "aleatórios", ligados, pelo contrário, a processos muito mais complexos e não deterministas, consagraram-lhe o adjetivo "caótico".

Da natureza desse acaso

A noção de acaso, no sentido convencional do termo, está profundamente ligada à de impreditibilidade. Se o conhecimento da evolução passada não permite prever a evolução futura, tendemos a dizer que essa evolução está ligada ao acaso. Mas esse acaso pode ter origens muito diversas. É bem verdade que o conhecimento de uma sequência – mesmo longa – de uma evolução resultante da aplicação logística em regime caótico só permite predizer a evolução futura a curtíssimo prazo. Deste ponto de vista, o comportamento caótico se assemelha a um comportamento devido ao acaso. A comparação pode ir muito mais longe. Tentemos simular, a partir da aplicação logística, o funcionamento do jogo de cara ou coroa, cujo resultado, sem sombra de dúvida, é estritamente aleatório e perfeitamente ligado ao acaso. Para tanto, decidamos dar o resultado "cara" (c) quando o resultado X_n está compreendido entre 0 e 0,5, e "coroa" (r) quando X_n está compreendido entre 0,5 e 1. Assim, ao longo de toda a iteração da aplicação logística em regime caótico, obtemos uma sucessão de caras e de coroas. Um estudo estatístico acurado mostra claramente que o acaso na sucessão de caras e coroas é igualmente grande se essa tiragem provier da aplicação logística ou de um real "sorteio" com uma moeda. Mais precisamente, joguemos realmente – com uma moeda, desta vez – cara ou coroa e consideremos uma sequência de resultados, que representamos através de uma sucessão de C (cara) e R (coroa), por exemplo:

CCRCRCCCR RRCRC.

O fato que chama a atenção é que poderemos reencontrar entre as múltiplas tiragens da aplicação logística essa mesma sequência, ou seja,

ccrcrcccr rrcrc.

Poderemos até reencontrá-la um número infinito de vezes! Esta propriedade é muito geral: podemos reencontrar qualquer sequência obtida por puro acaso pela iteração da aplicação logística, para K = 4, aplicação esta, porém, perfeitamente determinista! Isto mostra o quanto, mesmo a partir de uma lei determinista, mas submetida à SCI, o conhecimento do passado não acarreta, porém, o do futuro, ideia em contradição com a do determinismo de Laplace. Mais uma vez, a única responsável por isto é a propriedade de SCI.

Ao longo dos capítulos seguintes, será mostrado como esse acaso determinista – ou caos – não é, porém, tão casual quanto o acaso puramente aleatório, e procede de uma natureza muito mais sutil.

Modelo ou realidade?

Até aqui, apenas descrevemos uma curiosidade matemática. É ela uma curiosidade isolada e particular ou pode representar fenômenos reais? A noção de caos determinista, assim como sua raiz fundamental, a *sensibilidade às condições iniciais*, foi ilustrada com base na aplicação logística. Esta última foi naturalmente introduzida, como o foi originalmente por Verhulst, a partir da dinâmica das populações. Temos provas experimentais de que, na realidade, a dinâmica das populações (humanas, animais, bacterianas) obedeça a esse modelo? A resposta não é tão clara. Possuímos realmente algumas evidências de evoluções erráticas em populações animais que devem, muito provavelmente, ser vinculadas a um pequeno número de variáveis.[4] Mas, como é frequente no caso das ciências da vida, os comportamentos não são simples e se prestam mal a servir de exemplo para ilustrar leis rigorosas. Por isso, para responder à questão levantada, preferimos trocar, por enquanto, o campo da zoologia pelo da química. Uma reação particular, dita de Belusov-Zhabotinsky, vai servir-nos de exemplo. Comumente, se colocamos em presença reativos químicos, eles se combinam para formar o produto da reação, segundo uma lei de evolução regular e progressiva, dita monótona. Isso mostra que os reativos[5] combinam-se com oscilações temporais (são necessariamente amortecidas se esses reativos não forem renovados). Um tal sistema químico, muito original, porque visivelmente distante dos exemplos clássicos da física, não podia deixar indiferentes os pesquisadores numa época, a década de 1970, em que os sistemas dinâmicos e o caos provocavam entusiasmo. Assim é que no centro de pesquisas Paul Pascal, laboratório do CNRS de Bordeaux-Talence, essa reação oscilante foi estudada do ponto de vista de seus regimes dinâmicos; em seguida, esses estudos tiveram prosseguimento na Universidade de Austin, no Texas, "exportadas" por um dos pesquisadores da equipe de Bordeaux. As ilustrações que se seguem esteiam-se nos resultados desses pesquisadores.

Por analogia entre a dinâmica das populações animais e essa reação química, poder-se-ia dizer que o equivalente do sítio de animais é o recipiente (ou reator) em que se combinam os reativos. O papel da taxa de reprodução dos animais também se encontra no tempo de permanência dos reativos no reator. De fato, este é continuamente alimentado em produtos frescos; estes últimos reagirão tanto mais quanto maior for o tempo t em que estiverem na presença um do outro. Enfim, não mediremos mais populações animais, e sim a concentração Q de uma espécie química (ou "população de moléculas", por assim dizer). Que se observa, então?

Para valores moderados de t, detecta-se uma oscilação perfeitamente regular de Q. É o equivalente da oscilação anual da população animal (nascimentos na primavera e mortes no inverno, no exemplo citado mais acima). Da mesma forma que no caso dos animais, se nos limitarmos a medir Q num momento determinado da oscilação, por exemplo quando ela está em seu máximo, obteremos uma constante.

Aumentando progressivamente o tempo de permanência t, revela-se o roteiro seguinte. Para t superior a um certo limiar t_1, observa-se uma duplicação do período: é preciso aguardar dois períodos de oscilação para tornar a encontrar um mesmo valor de Q. Em seguida, para além de um novo limiar t_2, o período quadruplica. As dificuldades experimentais encontradas na prática para controlar a quantidade dos reativos – portanto, um tempo de permanência t – com uma precisão melhor do que algum "por cento" fazem com que as outras etapas da duplicação não possam ser evidenciadas (no estado atual das técnicas instrumentais), e se passa diretamente ao regime caótico em que Q evolui de maneira totalmente desordenada e impredizível.

Assim é que a experiência confirma plenamente o modelo da aplicação logística, no qual o regime, igualmente, tornava-se caótico depois de uma cascata de duplicações de período (limitada, na experiência acima, às suas duas primeiras etapas, em razão das contingências experimentais). A analogia entre o comportamento da reação química e a aplicação logística vai além do tipo de transição para o caos. Podemos, com efeito, indicar num diagrama a concentração Q tal como ela é, em função do que ela era no (pseudo) período anterior. Reconstruindo assim Q_{n+1} em função de Q_n (ou aplicação de primeiro retorno, análogo direto dos diagramas X_{n+1} em função de X_n considerados mais acima), obtém-se não exatamente uma parábola, mas sim uma curva em forma de sino cujas propriedades topológicas são idênticas.

Visão geométrica sobre
a sensibilidade às condições iniciais

Um pequeno desvio nas condições iniciais tem efeitos consideráveis a longo prazo. Assim apresentamos a sensibilidade às condições iniciais. Um pouco de geometria elementar permitirá compreender melhor – ilustrando-a visualmente – a sua influência sobre a preditibilidade.

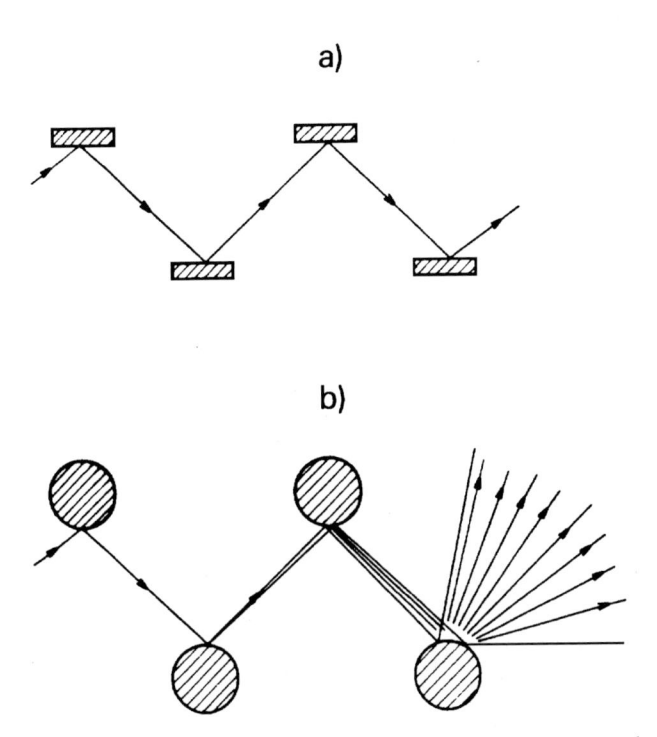

FIGURA 6 – Jogo de espelhos que permite ilustrar a SCI óptica. No caso da figura a, o feixe *laser* conserva uma divergência desprezível depois da reflexão sobre os quatro espelhos planos, o que lhe permite alcançar o lugar previsto do alvo. Na figura b, pelo contrário, os espelhos cilíndricos multiplicam a cada reflexão a divergência por um fator claramente maior do que 1. Na saída, o feixe *laser* perdeu toda precisão e alcançará não importa qual lugar do alvo.

Os *lasers* são fontes de luz muito dirigidas. Um pincel luminoso emitido por um *laser* é quase idealmente paralelo, mas não estritamente, em razão do que chamamos de difração: ele diverge num minúsculo ângulo inversamente proporcional a seu diâmetro. Se esse diâmetro for da ordem de um milímetro, a divergência (ou ângulo que fazem os raios extremos) é inferior a um décimo de grau, e podemos – graças a um tal feixe – mirar com precisão um objeto situado a várias dezenas de metros. Tentemos efetuar uma tal mirada iluminando uma única célula escolhida numa série de múltiplas células idênticas. Suponhamos, além disso, que sejamos obrigados a fazer que o feixe se reflita sobre quatro espelhos, como vemos na Figura 6, antes de atingir seu alvo. Se os quatro espelhos forem planos, as leis da reflexão de Descartes nos ensinam que o feixe refletido conservará sua divergência angular, e nada se opõe a que, depois de uma regulagem apropriada da orientação do *laser*, atinjamos a célula visada, e apenas ela. Podemos traduzir este bom êxito dizendo que o domínio da condição de partida nos permitiu conhecer, com uma precisão comparável, a condição de chegada. Substituamos, agora, os espelhos planos por espelhos cilíndricos. Desta vez, as leis de Descartes nos ensinam que a divergência do feixe, depois da reflexão, é igual à do feixe incidente multiplicada por um certo fator que depende do raio de curvatura. Para um raio de curvatura de alguns centímetros, esse fator é da ordem de algumas unidades, 5, por exemplo. A cada reflexão, a divergência angular é, então, multiplicada por 5 (note-se que as reflexões sucessivas são equivalentes às iterações do problema matemático anterior). Ao cabo de quatro reflexões, a divergência tornou-se 5^4 = 625 vezes a divergência inicial, e o feixe vê sua divergência passar de $1/10^e$ de grau – no início – para 60 graus no final! Isto mostra que ele ilumina todas as células, sem nenhuma seletividade. Um igual domínio das condições de partida já não permite de forma alguma conhecer a condição de chegada. Tal é o efeito do crescimento exponencial de toda incerteza inicial (ou SCI). Decorre daí que, mesmo num sistema muito simples, o conhecimento do estado inicial não implica de forma alguma o conhecimento da evolução futura.

Notas

1 Dentre os problemas matemáticos cuja formulação é muito simples e que, no entanto, vêm sendo há séculos objeto de reflexões profundas, citemos o "último teorema" de Fermat. Pierre de Fermat (1601-1665), ao refletir sobre tipos de equações estudados por Diofanto de Alexandria (século III d. C.), anunciou que, para n inteiro maior do que 2, a equação:

$$x^n + y^n = z^n$$

não tem solução para inteiros positivos x, y, z. Há mais de três séculos, eminentes matemáticos vêm se esforçando para tentar demonstrar esse teorema, sem conseguirem totalmente. E, no entanto, a ausência de solução era verificada por cálculo, quaisquer que fossem os números tentados. Só muito recentemente (meados de 1993) uma demonstração acaba de ser anunciada por A. Wiles (pelas últimas notícias, essa prova não seria completa).

2 A lei segundo a qual os valores sucessivos de K se concentram para tenderem a K_{oo} foi descoberta simultaneamente por dois físicos franceses, P. Coullet e C. Tresser, da Universidade de Nice, e por um físico americano, M. Feigenbaum (o único geralmente mencionado pela literatura). Esta lei se exprime da seguinte maneira: se K_{i-1}, K_i, K_{i+1} são três limiares de bifurcação sucessivos:

$$\frac{K_i - K_{i-1}}{K_{i+1} - K_i} = \delta$$

sendo δ um valor próximo de 4,669... para i suficientemente grande. O ponto importante é que esse valor é universal, ou seja, não depende da forma exata da função sobre a qual se efetua a iteração (contanto que ela apresente uma forma de sino). Substituindo, por exemplo, a parábola $K X_n (1 - X_n)$ pela porção de senoide sen (X_n) para $0 < X_n < \pi$, encontraríamos o mesmo comportamento e o mesmo expoente δ. Esse expoente universal foi encontrado em muitas situações experimentais.

3 Na área caótica, para além de K_{oo}, existem estreitas faixas do parâmetro K onde tornamos a encontrar um comportamento periódico. Neste caso, portanto, há uma imbricação muito fina de áreas caóticas e de áreas ordenadas. Uma descrição muito boa desse tipo de propriedade pode ser encontrada no livro de E. Ott, *Chaos in Dynamical Systems*, Cambridge University Press, 1993.

4 A aplicação da relação iterada $X_{n+1} = K X_n (1-X_n)$ em populações reais de animais revelou-se não realista. De fato, o fator K pode ser avaliado segundo observações da taxa de crescimento desta ou daquela espécie. Ora, essas estimativas dão valores que, em nenhum caso, correspondem às dos comportamentos caóticos; elas sempre são menores. De um modo geral, toda relação, mesmo muito sofisticada, mas que só faz intervir uma única espécie (ou uma variável) não parece descrever os comportamentos observados. Um tal estudo, feito por R. May, para descrever a evolução das populações de baleias, chegou à mesma conclusão: os parâmetros avaliados de acordo com as observações correspondem a um estado de "ponto fixo" para o modelo, ao passo que a variação do número de baleias de ano para ano tem, evidentemente, um aspecto caótico.

Inversamente, modelos construídos a partir de três variáveis – por exemplo, um predador e duas presas – cujos valores são calculados de maneira contínua no tempo (com a ajuda de equações diferenciais) revelam comportamentos caóticos mais de acordo com as observações. Modelos desse tipo até foram desenvolvidos para tentar dar conta das variações de caso de epidemias de doenças infantis (rubéola, varíola etc.) em certas cidades americanas, como Nova York ou Baltimore, antes da introdução da vacinação.

Um dos problemas maiores de toda observação no mundo dos seres vivos é a presença de "ruído", ou seja, de uma parte de aleatório, introduzida em especial por fatores múltiplos ligados ao meio ambiente. No caso das populações animais, pode ser a conjugação do tempo, de sua influência na vegetação, do desenvolvimento de uma epidemia, de um hábitat modificado, a chegada de um novo predador etc. No entanto, comportamentos de tipo dinâmico não linear, ligados a um pequeno número de variáveis fundamentais, podem estar presentes. Sua evidenciação depende do índice de "ruído ambiente", mas em certos casos parece que, com efeito, a evolução possa estar vinculada a uma dinâmica determinista. Um exemplo muito citado é o do lince do Canadá, para o qual há dados de períodos relativamente longos, cerca de duzentos anos. De fato, o número de peles enviadas a cada ano da baía de Hudson foi registrado desde 1735... Este número varia de acordo com uma periodicidade bastante regular de nove a dez anos, mas com amplitudes muito variáveis. A análise desses dados foi feita pela reconstrução de trajetórias num espaço (de fases) de três variáveis; alguns argumentos "topológicos" (vide o Capítulo 7) levaram à hipótese de uma dinâmica determinista na evolução do número de linces, dinâmica caótica com um período de base subjacente da ordem de vinte anos, e à qual se superporia uma parte inevitável de ruído.

(W. Schaffer, Stretching and Folding in Lynx for Returns: Evidence for a Strange Attractor in Nature?, *The American Naturalist*, v.124, p.798, 1984.)

(W. Schaffer, M. Kot, Differential Systems in Ecology and Epidemiology, *Chaos*, v.158, A. V. Holden Princeton University Press, 1986.)

5   Os reativos da reação de Belusov-Zhabotinsky são o ácido sulfúrico, o ácido malônico, o bromato de sódio e o sulfato de cério. Postos em solução na água em proporções apropriadas, as oscilações químicas aparecem. Podemos evidenciá-las visualmente acrescentando um indicador colorido como a ferroína; a solução passa, então, periodicamente do azul ao vermelho. Vide Ch. Vidal, H. Lemarchand, *La réaction créatrice*, Hermann, Paris, 1988.

CAPÍTULO 5

OS RITMOS DOS RELÓGIOS:
O TEMPO REGULAR

"Decretaram que ali não haveria nem relógio nem quadrante, mas todas as ocu-
pações seriam distribuídas conforme as
ocasiões e as circunstâncias."

François Rabelais

Os fenômenos astronômicos, que desempenham um papel
importante na contagem do tempo em longos períodos, são de
pouca utilidade quando queremos fazer medições sobre durações curtas comparadas à do dia. A imaginação humana foi, então, posta à prova e as soluções adotadas não raro evoluíram em
paralelo com as necessidades, de um lado, e com os progressos
das técnicas, de outro. Hoje podemos avaliar o caminho percorrido desde os primeiros gnômons, com os quais a hora era indicada pelo comprimento de uma haste, até os relógios atômicos,
referências atuais do tempo, passando pelos clássicos relógios
mecânicos.[1]

Os primeiros relógios

Os primeiros relógios eram de escoamento de água. São as clepsidras, que, pelo que se sabe, teriam sido criadas no Egito já no III milênio a. C., ao passo que as ampulhetas, que poderiam parecer muito antigas em razão de sua concepção particularmente simples, só apareceram por volta do século XIV de nossa era. As clepsidras serviram de medida do tempo durante vários milênios! Algumas permaneceram em atividade até o início de século XVII, e Galileu estabeleceu a lei da queda dos corpos servindo-se de tais relógios. Essa longevidade explica que, ao longo de sua história, elas passaram por muitos melhoramentos, alguns dos quais bastante elaborados. No entanto, o interesse de que eram objeto, assim como os desenvolvimentos que os artesãos procuravam dar-lhes dependiam muito da demanda "social".

Sob o império de Carlos Magno, o célebre califa de Bagdá, Harun al-Rashid, evocado nos contos d'*As mil e uma noites*, enviou à corte do imperador um maravilhoso relógio de água para demonstrar quão grandes eram o *know-how* dos artesãos de seu reino e, por extrapolação, o seu próprio poder. A corte ficou admirada, mas o acontecimento logo foi esquecido e ninguém conseguiu ou pensou em construir tais "máquinas" de medir o tempo. Conta-se também que, no final do século XI, um imperador da China mandou construir um relógio astronômico sofisticadíssimo, movido por uma roda hidráulica. Além da posição da Lua, do Sol e de certos astros indispensáveis ao estabelecimento do calendário, e também para a adivinhação, ele indicava as horas e os quartos de hora. Esse relógio continuou funcionando por um tempo relativamente breve e foi, também ele, rapidamente esquecido, assim como a tecnologia científica que fora necessária para a sua construção. De fato, a medida precisa do tempo não era de forma alguma uma preocupação nas sociedades cuja atividade estivesse ordenada pelos ritmos da natureza.

O Islã, pelo contrário, precisava de pontos de referência temporais regulares, em particular nas cidades, para os chamados diários à oração. A fabricação de relógios (de água) foi, portanto, uma grande tradição do Islã medieval. Como os problemas colocados pela elevação e pela distribuição da água ocupavam um lugar importante no Oriente Médio, essas clepsidras se beneficiaram de contribuições técnicas desenvolvidas em outras áreas da hidráulica (irrigação, fontes etc.) e estavam muito à frente de toda a relojoaria existente em outros lugares. Certas surpreendentes realizações, baseadas em astuciosas regulagens da saída de água, ficaram famosas, em particular as descritas num tratado redigido por Al-Jazari. Esse homem, aparentemente um "mecânico" de grande talento, estava a serviço de príncipes islâmicos no final do século XII. Também aqui as clepsidras tinham um papel social importante e traziam prestígio a seus construtores. Em algumas clepsidras monumentais, a indicação da hora, do dia solar ou lunar estava associada ao movimento de numerosos autômatos: personagens, animais etc., assim como a sons musicais.

Apesar de sua sofisticação, as clepsidras tinham seus inconvenientes. Em primeiro lugar, elas não podiam ser transportadas e, portanto, davam apenas uma medida local, dificilmente comparável de um lugar a outro. Em segundo lugar, sua precisão era muito limitada. Por isso, o advento dos relógios mecânicos foi uma verdadeira revolução. Parece que os primeiros foram construídos no século XIV, embora haja aí uma certa ambiguidade, porque o nome "relógio" ou *horologium*, na Idade Média, designava qualquer dispositivo que desse a hora, tanto a clepsidra como o quadrante solar e, mais tarde, o relógio mecânico. Note-se que, se as línguas latinas conservaram a palavra "relógio" para designar o relógio mecânico, as línguas germânicas deram-lhe, em seu aparecimento, um nome diferente das outras balizas de tempo, seja *clock* ou um nome semelhante, que lembra de preferência o sino – *cloche*, em francês.

Os primeiros relógios mecânicos, não raro colocados nos campanários das igrejas, davam apenas uma hora aproximada. Além disso, eles se desregulavam com facilidade. Quem lhes trouxe uma modificação decisiva, no século XVII, foi C. Huygens: a independência da referência de tempo – ou seja, o período de oscilação de um pêndulo – relativamente à sustentação do movimento deste último, independência que melhorava consideravelmente a regularidade do movimento. Isso assinalou o início da busca de marcadores de tempo cada vez mais precisos e facilmente transportáveis, tais como os que conhecemos ainda hoje. Sua história, muito instrutiva,[2] mostra, se ainda fosse preciso, o quanto o progresso técnico é fortemente motivado pelas necessidades da sociedade.

Que é, exatamente, um pêndulo?

O protótipo do relógio, no sentido geral do termo, é o relógio de pêndulo, cujo movimento pontua de maneira muito regular e repetitiva a progressão do tempo e para o qual a referência temporal é dada pelo período de oscilação da parte pendular. O relógio de pêndulo é, portanto, uma realização particular de um pêndulo, no sentido que lhe dá a física (Figura 1).

Examinemos um pouco mais de perto esse pêndulo, pois seu funcionamento é menos trivial do que parece e, se mede o tempo, é também o arquétipo do sistema dinâmico de base que chamamos de "oscilador". O pêndulo pode ser representado por uma massa suspensa à extremidade de uma haste cuja outra extremidade está fixa. O conjunto pode oscilar ao redor do ponto de fixação, embora permaneça no mesmo plano, se nos limitarmos ao movimento mais simples. A posição de repouso é a vertical: velocidade nula, energia cinética (ligada ao movimento) nula, como quando a criança, cansada, permanece sem se mexer no balanço. Mas se agitamos o pêndulo, entregando-o a si mesmo depois de tê-lo afastado da vertical, a extremidade ganha velocidade, passa pela vertical do ponto de fixação, depois torna a subir do outro lado até certa altura, onde a velocidade se anula. Em seguida, torna a descer, repassa pela vertical para tornar a subir do outro lado, à mesma altura, onde a sua velocidade novamente se anula, e assim por diante, com uma notável periodicidade se, do exterior, nada vier perturbar o movimento.

a)

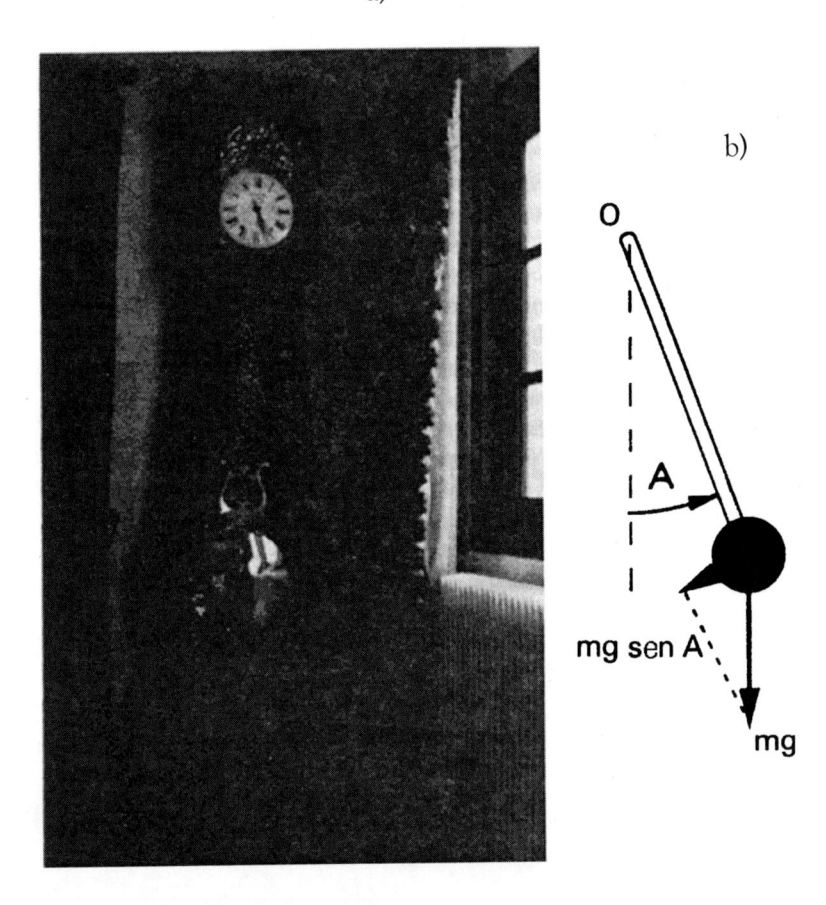

b)

FIGURA 1 - a) Relógio de pêndulo antigo com balancim. b) Esquema de um pêndulo de físico. Seu ponto de fixação está em O. A é o ângulo que o braço do pêndulo faz com a vertical; mg é o peso, cuja parte motriz é a componente mg sen A.

O movimento do pêndulo só existe pela presença do campo de gravidade terrestre; nos espaços intersiderais, longe de toda massa pesada atrativa como a de um astro, o pêndulo seria imóvel e de nada serviria. Sobre a Terra, o trabalho fornecido contra a gravidade por meio do deslocamento do peso cria uma energia potencial que se transforma em energia cinética durante o movimento descendente, e depois volta a se transformar em energia potencial, quando a massa torna a subir. A soma dessas duas energias permanece constante e o pêndulo torna a subir sempre à mesma altura, tanto à esquerda quanto à direita. Nesses pontos, a energia cinética é nula (a velocidade neles se anula), e a energia potencial é máxima. O tempo que o pêndulo leva para voltar repetidamente ao mesmo ponto de seu curso é, portanto, rigorosamente o mesmo: movimento monótono, mas cujo interesse vem de sua regularidade mesma.

Essa regularidade, porém, não está presente por si mesma. Com efeito, em nosso meio ambiente imediato, o movimento perpétuo não existe, pelo menos para os objetos macroscópicos. As forças de atrito inerentes a todo sistema mecânico consomem uma parte da energia armazenada e a dissipam, no mais das vezes, sob forma de calor: essa perda de energia é irreversível e, no caso do pêndulo, leva inexoravelmente à parada de seu movimento. É por isso que os relógios precisam de uma fonte exterior de energia – descida de um peso, distensão de uma mola – para compensar os atritos.

A invenção do relógio de pêndulo é de autoria de Huygens, que teve a ideia de tomar a oscilação de um pêndulo como referência de tempo, e fez algumas realizações disso já em 1654, com a ajuda de um relojoeiro de Haia (Galileu e, talvez, até Leonardo da Vinci teriam tido a mesma ideia, mas sem que ela fosse seguida, ao que parece, de realizações práticas). Esta descoberta foi fundamental, pois a presença de uma referência temporal, em princípio bem definida, trouxe um ganho considerável na precisão da medida do tempo; a diferença passava a ser de 10 a 20 segundos por dia, em comparação com os quinze minutos dos antigos dispositivos. Entretanto, para que a referência de tempo fosse preservada, era preciso que a sustentação, ou seja, a entrada de energia, interagisse o menos possível com o movimento próprio do pêndulo. A parte mecânica importante, intermediária entre o pêndulo e a sua estimulação, é a do escape. Huygens utilizava um sistema – já em vigor na sua época – que necessitava de amplitudes bastante consideráveis de batimento (ângulo da ordem de $20°$ com a vertical), o que era uma limitação para a melhoria ulterior da regularidade do pêndulo. A outra descoberta essencial, portanto, foi a do escape de âncora, que, por seu lado, pode trabalhar com amplitudes de oscilação de apenas alguns graus. Mas seja qual for a natureza do escape e do mecanismo que o estimula, o conjunto é tal que é a própria oscilação do pêndulo que determina o momento em que intervém o impulso de sustentação; ele é breve e ocorre duas vezes por período, justamente quando o pêndulo está no máximo de seu curso. Sem dúvida, o impulso deve ser fraco e apenas suficiente para compensar o atrito num meio período, "não mais forte do que o sopro de nosso fôlego", como dizia Huygens. Tudo isso proporciona condições ótimas para que a frequência própria do pêndulo seja o menos possível influenciada pela sustentação. Veremos como, inversamente, o movimento do pêndulo pode ser afetado se os impulsos dados pela sustentação não respeitarem estritamente o período do pêndulo e intervirem com uma dinâmica própria (fala-se então de "forçagem").

A dissipação – termo consagrado para designar a degradação irreversível da energia – tem consequências muito importantes e, em particular, exige uma entrada constante de energia para garantir a sustentação de todo movimento contínuo (motores, deslocamentos etc.). Outra consequência é que o estado dinâmico, do relógio, por exemplo, depende da potência de sustentação que lhe é fornecida. No caso dos relógios de pêndulo, esta é constante enquanto o peso não está em posição baixa e enquanto o movimento da parte pendular é o mesmo de uma oscilação para outra; além disso, e felizmente para a medição do tempo, este não depende da maneira como ela foi lançada inicialmente. Com efeito, se o pêndulo é solto de uma posição mais elevada do que a que corresponde à sua batida em regime normal, a amplitude de oscilação vai diminuir aos poucos, até retomar a da dinâmica de equilíbrio, estável no tempo, como vemos na Figura 2. Da mesma forma, se a amplitude inicial for pequena demais, a estimulação da sustentação fará que ela aumente até atingir o valor de estabilidade. Essa propriedade interessante do pêndulo é, de um modo mais geral, característica de todo sistema dissipativo sustentado: o estado dinâmico, que se manifesta por oscilações regulares, não depende das condições de partida (supondo, porém, que haja apenas um único regime de equilíbrio).

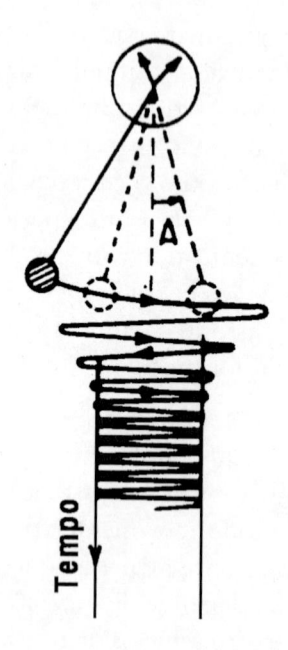

FIGURA 2 - Retorno ao movimento de equilíbrio de um pêndulo dissipativo sustentado, lançado com um ângulo bastante grande.

Espaço dinâmico do pêndulo ou espaço de fases

Todas essas dinâmicas podem ser ilustradas por meio de gráficos (Figura 3). Podemos inscrever, em função do tempo, o ângulo A que o pêndulo faz a cada instante com a vertical, ou sua velocidade instantânea V. Se o ângulo máximo de batida for pequeno, essas duas curvas terão o mesmo aspecto e serão senoides, marca do comportamento periódico mais puro, definido pela presença de uma única frequência na dinâmica. Podemos também traçar a curva que traduz a relação entre as duas variáveis, ou seja, a velocidade em função da posição do pêndulo. Essa curva se fecha sobre si mesma depois de um período T e é descrita recursivamente pelo ponto representativo do estado do pêndulo, de um período ao seguinte, tão logo é atingido o estado de equilíbrio (esta curva pertence à grande família das trajetórias dinâmicas). Cada vez que o pêndulo está em posição baixa – o ângulo A do pêndulo com a vertical é nulo –, a velocidade é máxima, quer ele vá da direita para a esquerda, quer vá da esquerda para a direita; mas se atribuirmos, por convenção, um sinal + a um sentido e – ao outro, a velocidade é alternadamente + $V_{máx}$ e – $V_{máx}$ cada vez que a posição corresponde ao ângulo nulo. Pelo contrário, cada vez que o pêndulo atinge uma posição extrema à direita (ângulo +A) ou à esquerda (ângulo – A), sua velocidade é nula. Entre estes quatro pontos ciclicamente visitados, o ponto figurativo do movimento descreve uma "trajetória" regular cuja forma é praticamente a de uma elipse. A vantagem de uma tal representação é evidenciar a menor perturbação que pode ocorrer no movimento do pêndulo (por um desvio da trajetória), mas é sobretudo fornecer muito claramente a "fase" do movimento a cada instante, no sentido de "fase temporal", como quando falamos das "fases da Lua". O espaço matemático em que a curva é traçada chama-se, pois, o espaço de fases. Ele também poderia ser chamado de espaço das variáveis, pois as grandezas que constituem as suas coordenadas são as variáveis independentes do sistema.

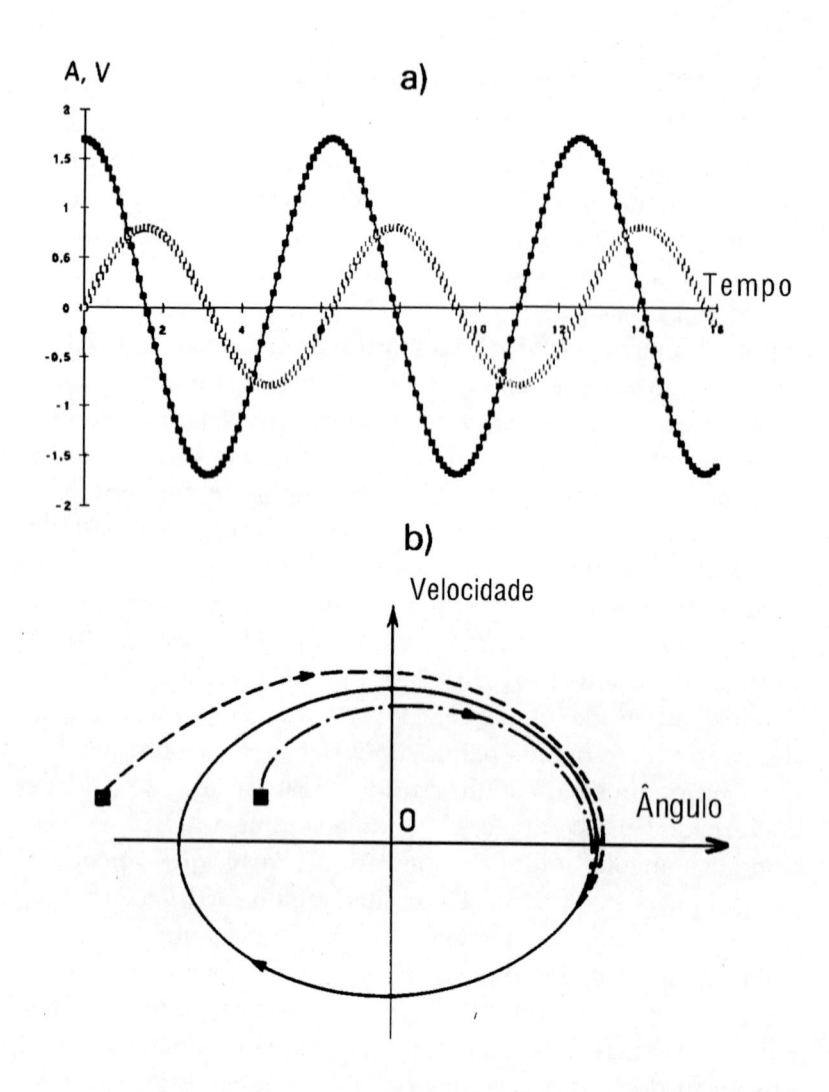

FIGURA 3 - a) Variação, em função do tempo, do ângulo A e da velocidade V de um pêndulo sustentado quando está em equilíbrio. A e V estão em quadratura de fase. Caso linear: A e V variam sinusoidalmente de acordo com o tempo. (Podemos observar que, ao redor dos valores nulos da variável (A ou V), a senoide pode ser assimilada a uma reta.) b) Ciclo limite ou trajetória dinâmica (caso linear) do movimento periódico do pêndulo (velocidade em função da posição ou ângulo). Dois transitórios são também representados. Eles correspondem a dois lances com ângulo grande demais ou pequeno demais, relativamente à amplitude angular de equilíbrio.

Quais são, então, as variáveis independentes – diz-se também "graus de liberdade" – do sistema constituído pelo pêndulo oscilante? Deixemos por um instante nosso pêndulo, para considerarmos um sistema de onde está ausente a dinâmica, mas que vai fazer perceber melhor essa noção de grau de liberdade. Seja o ato de pregar um quadro na parede. Podemos, conforme o nosso gosto, dispô-lo mais acima ou mais abaixo, mais ou menos à esquerda ou à direita no recinto que queremos decorar. Para satisfazer ao máximo o nosso senso estético, dispomos de duas "variáveis independentes", que são a altura e a largura (não consideramos a inclinação do quadro). Ajustamos independentemente cada variável até estarmos completamente satisfeitos: tão logo as duas variáveis são determinadas, o sistema constituído pelo quadro na parede está totalmente definido.

O mesmo ocorre no caso do sistema dinâmico representado pelo pêndulo oscilante: a partir do momento em que determinamos, num instante dado, a sua posição e a sua velocidade, a dinâmica do sistema fica completamente determinada. O pêndulo oscilante – e, de um modo mais geral, todo sistema elementar que se mova de maneira periódica no tempo, como, por exemplo, uma massa que oscile verticalmente na extremidade de uma mola – possui duas variáveis independentes (ou dois graus de liberdade), que são, portanto, a velocidade e a posição, no caso do pêndulo. O espaço das fases correspondente tem duas dimensões e a curva de equilíbrio para a qual tende o movimento se chama "ciclo limite", nome que evoca muito bem a propriedade de convergência do movimento para a dinâmica cíclica de equilíbrio, independente das condições iniciais. Com efeito, num tal ciclo limite, o amortecimento e os fenômenos não lineares nas amplitudes e na sustentação (vide linhas seguintes) se equilibram de maneira única. Isto quer dizer também que, para parâmetros dados, como o aporte de potência e as características mecânicas do dispositivo oscilante, a amplitude e a frequência das oscilações são completamente determinadas. Mas é preciso saber que essa independência não existe para os sistemas sem atrito, também chamados sistemas conservativos, pois sua energia interna é conservada e seu estado depende crucialmente das condições iniciais. A ideia e a expressão de "ciclo limite" são de autoria de Poincaré, que, em compensação, não parece ter feito sugestões no que diz respeito à sua aplicação a fenômenos físicos reais. Sem dúvida, isso é pena, pois foi preciso aguardar muitos anos para que esse conceito ocupasse um lugar na física e na mecânica experimentais (vide o Capítulo 8).

Matemáticas do movimento periódico

Para obter *ab initio* resultados quantitativos acerca do movimento pendular, devemos utilizar as matemáticas do tempo contínuo abordadas no Capítulo 2. Mas – como quase sempre em física –, devemos começar fazendo uma aproximação. Ela consiste em assimilar localmente o arco de círculo C, trajetória da massa do pêndulo quando ele oscila (Figura 4) a um segmento de reta X'OX tangente a C no ponto O, o ponto mais baixo da trajetória. Essa aproximação, evidentemente, só tem sentido para oscilações de muito pequena amplitude (as chamadas "pequenas oscilações"), e para as quais os deslocamentos x sobre esse segmento são proporcionais ao ângulo A do pêndulo com a vertical. Acrescentaremos a isso uma segunda aproximação, que desdenhe os atritos.

Façamos um cálculo mecânico simples, examinando primeiramente as forças que se exercem sobre a massa m do pêndulo. Ela está submetida a seu peso P, proporcional à sua massa m e à atração terrestre, representada pela "aceleração da gravidade" g. Portanto, P = m g é uma força dirigida verticalmente de alto a baixo, mas inteiramente compensada pela tensão R da haste de suspensão (dirigida para cima; vide Figura 4) quando esta é vertical. A resultante de P e de R, forças iguais e de sinais opostos, é nula: se não mudarmos nada, nenhum movimento se produz, e m permanece indefinidamente em O, ponto de repouso.

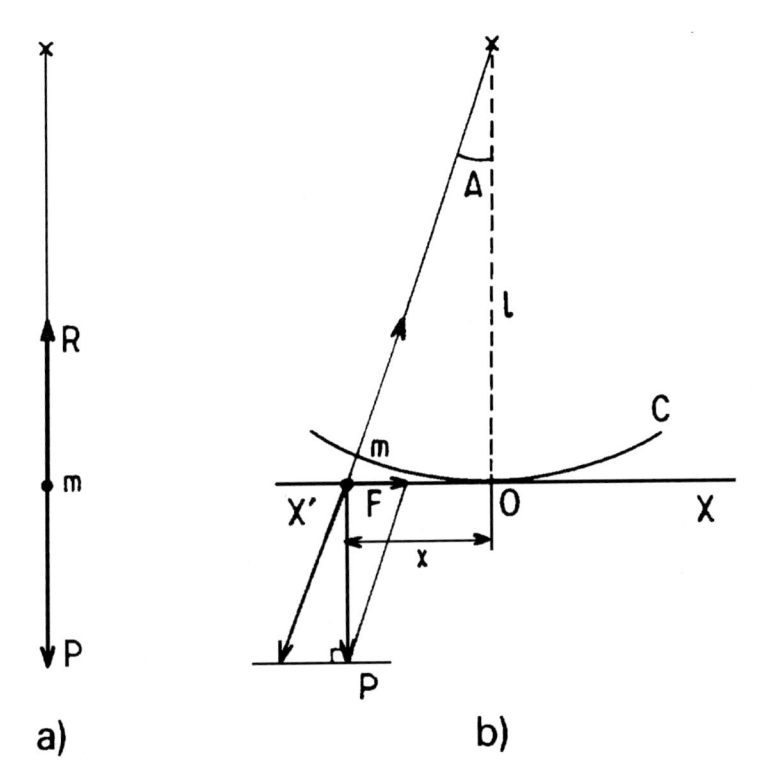

FIGURA 4 – Esquema das forças que se exercem sobre a massa m do pêndulo. a) O pêndulo está vertical e a tensão do "braço" se opõe exatamente ao peso P. b) O braço do pêndulo faz um certo ângulo com a vertical; peso e tensão do "braço" não estão mais alinhados. Na aproximação das oscilações muito pequenas, a componente ativa do peso, ou seja, aquela não compensada pelo braço, pode ser representada como a força F dirigida conforme a reta XX', de m para O.

Para provocarmos o movimento pendular, desloquemos a massa m do pêndulo de O para a esquerda, por exemplo (vide a Figura 4). O peso P passa a não estar mais equilibrado pela tensão da haste de suspensão, com a qual não está mais alinhado. Tão logo é solta a massa m, ela é submetida a uma força F dada pela componente ativa do peso ao longo de X'X e dirigida de m para O. Essa força de retorno é tanto maior quanto maior for o ângulo A de que o pêndulo foi afastado relativamente à vertical. Um raciocínio geométrico simples permite-nos obter o coeficiente de proporcionalidade que liga F a esse ângulo A e, portanto, à distância x da massa m ao ponto O (que é, não se esqueçam, proporcional a A na aproximação feita das pequenas oscilações). Temos, então:

$$F = -m \times g \times (x/l),$$

onde l é o comprimento da suspensão.

Com efeito, a relação x / l pode ser assimilada ao ângulo A, expresso em radianos, pois A é pequeno, conforme nossa hipótese de partida. Com isso, dizemos que "linearizamos" o problema do pêndulo (a influência das não linearidades será apresentada um pouco mais adiante).

Conhecendo a força e a massa, podemos aplicar o princípio de inércia (Capítulo 2), vinculando a variação da velocidade V, ou seja, a aceleração dV/dt, à força F, e escrever a equação do movimento pendular como:

$$dV/dT = F/m = -m \times g \times x / (l \times m) \tag{1}$$

Esta relação leva a um primeiro resultado não intuitivo: aparecendo no numerador e no denominador do membro da direita, a massa m se elimina e, pesado ou leve, o pêndulo terá o mesmo movimento. Sim, mas qual? O cálculo deve ser levado um pouco mais adiante... Sabendo que a velocidade V se exprime em função do deslocamento x por:

$$V = dx/dt \tag{2}$$

Somos tentados a substituir, na equação (1), V por sua expressão em função de x: obteremos assim uma relação direta da posição x em função do tempo t, e daí o movimento de m. Mas, para tanto, temos ainda de dar um passo em nossos conhecimentos das matemáticas.

Ao substituirmos, por assim dizer, abruptamente, (2) em (1), obtemos:

$$\frac{d(dx \, / \, dt)}{dt} = - g \times x \, / \, 1$$

O membro da esquerda é incomum: ele exprime a derivada relativamente ao tempo de uma quantidade que é já, ela própria, uma derivada relativamente ao tempo. Isto é chamado de "derivada segunda" (de x relativamente ao tempo, no presente caso), que escrevemos de maneira mais compacta e simbólica $d^2x \, / \, dt^2$, e a equação do movimento se torna (simplificando e reagrupando os termos):

$$d^2x/dt^2 = -(g/l) \times x \qquad\qquad (3)$$

Esta relação só comporta a variável x e o tempo t, com todos os outros termos constantes.

Dispor da equação do movimento que exprime a variação de x em função do tempo t é uma etapa capital; ainda é preciso poder encontrar a sua (ou as suas) solução (ou soluções).[3] Como A e x são proporcionais e como é o ângulo A a variável pertinente, esta solução se escreve, finalmente:

$$A = A0 \cos (2\pi \times t \, / \, T + \Phi),$$

sendo A0 e Φ determinados pelo ângulo inicial do pêndulo com a vertical, assim como sua velocidade no tempo de origem t = 0. Observar-se-á que, como os atritos foram desprezados, o movimento descrito é conservativo e depende, portanto, da condição inicial. A0 é a amplitude angular do movimento do pêndulo (no sentido da amplitude máxima), cos é o símbolo da função trigonométrica cosseno e T é o período do movimento que vale:

$$T = 2\pi \, (l/g)^{1/2}$$

Podemos ver na Figura 3 uma representação da variação periódica do ângulo A – ou amplitude do movimento – em função do tempo t; a curva assim representada chama-se senoide.

Quando entram em jogo as não linearidades

Na prática, o período T do movimento de um pêndulo só depende realmente da aceleração g e do comprimento l da suspensão? A resposta só é positiva quando a amplitude A0 permanece pequena; fala-se, então, do isocronismo das pequenas oscilações, descoberto por Galileu (a independência do período relativamente à massa m do pêndulo é, por seu lado, sempre verificada). De fato, a força de retorno F, que não é mais do que a componente ativa do peso do pêndulo, não é realmente proporcional ao ângulo A, mas dele depende como sen (a). Ora, a dependência em seno é uma função não linear que só é sensivelmente proporcional a A para os pequenos valores de A. Essa observação legitima a aproximação linear que fizemos anteriormente, limitando-a às pequenas amplitudes. Se não fizermos mais essa aproximação, será preciso substituir A por sen (A) (ou X por sen (X)) nas equações do movimento, que se tornam, então, difíceis de se resolver. As soluções não são mais perfeitamente senoidais[4] (de fato, elas são a soma de uma infinidade de senoides), e o movimento varia de maneira mais complexa com o tempo, embora permaneça periódico com um período T' que aumenta com a amplitude A0. No extremo limite, se Ao é igual a π, o período é, rigorosamente, infinito, pois a posição massa m no alto é uma solução de equilíbrio. Com efeito, a componente ativa do peso é nula (sen A0 = 0) numa posição em que a própria velocidade se anula; essa posição corresponde, porém, a um equilíbrio instável, pois a menor perturbação acarreta a "queda" do pêndulo. De um modo mais geral, se a elongação A0 não é muito grande, uma boa aproximação do valor do período T' é:

$$T' = T (1 + A0^2 / 16)$$ (A0 expresso em radiano).

T é o período de amplitudes muito pequenas calculado acima na aproximação linear. A variação do período real em função da amplitude máxima (fixada, em princípio, para um pêndulo dado) pode parecer pequena: se T é igual a 1 segundo, o período T' torna-se 1,000076... segundo para uma amplitude A0 de 2°, ou seja, um desvio relativo de 7,6 10^{-5} (76 milionésimos) relativamente ao período T de amplitude muito pequena. No entanto, este tipo de desvio assume certa importância quando o pêndulo (ou o relógio de pêndulo) considerado é submetido a flutuações em seu funcionamento (as causas podem ser diversas, como variação de temperatura, aumento do atrito etc.), pois, neste caso, as variações se adicionam e a medida do tempo é falseada.[5] Assim, uma variação de 5° a 6° sobre a amplitude de oscilação A0 acarreta um atraso da ordem de 20 segundos em 24 horas, ao passo que, se a flutuação for de 1° a 2°, esse atraso passará a ser de apenas cerca de 5 segundos, embora não seja desprezível para um instrumento destinado a fornecer uma medida rigorosa do tempo. Essas ordens de grandeza explicam melhor o interesse que levou os relojoeiros do século XVII a encontrarem condições de andamento com pequena batida do braço pendular e, portanto, o bom êxito do escape de âncora. (A variação do período com a amplitude máxima chama-se erro circular, exprimindo, assim, que a trajetória circular do peso do pêndulo não é isócrona, e isto de maneira sensível tão logo as amplitudes de oscilação são superiores a 1°.)

O período próprio do pêndulo não linear e sustentado depende, pois, da amplitude máxima de suas oscilações.[6] O que pode parecer um inconveniente para a medição do tempo vai, no entanto, permitir que "pêndulos" particulares se adaptem a condições dinâmicas diferentes, em particular quando forem acoplados a sistemas oscilantes. Como mostraram os exemplos de inversão do campo magnético terrestre e de evolução de populações animais, as não linearidades introduzem de maneira magistral certa complexidade, sem dúvida, mas também possibilidades de comportamentos totalmente variados, que um sistema dito linear jamais poderia ter. O adjetivo "não linear" não deve impressionar o leitor; por trás dessa palavra um tanto técnica se esconde uma propriedade que se encontra mais ou menos em toda parte, a saber, a dos sistemas para os quais os efeitos não são diretamente proporcionais à grandeza das causas. Se vocês comprarem um quilo de peras a um produtor, vão pagar-lhe um determinado preço, mas se lhe comprarem dez quilos para fazer doces, é possível que obtenham um desconto, tanto maior quanto mais considerável for a compra. Se vocês mesmos forem revendedores e comprarem, desta vez, duzentos quilos da fruta, certamente a pagarão ainda mais barato: o preço total pago, portanto, não será proporcional à quantidade, mas sim uma função complexa dessa quantidade, que ostenta o título de não linear. Através deste exemplo banal, podemos entrever as múltiplas potencialidades introduzidas pelas não linearidades: se o preço é fixado, independentemente da quantidade, vocês sabem o que vão pagar, sem nenhuma surpresa, mas assim que há uma variação com a quantidade, uma maleabilidade é introduzida no sistema e os preços poderão infletir-se em função da demanda, para satisfação ou decepção, talvez, de vocês.

A medição do tempo hoje

Voltemos à medição do tempo. O pêndulo, apropriadamente estimulado e gozando de contribuições técnicas sofisticadas, pode fornecer uma medida muito precisa do tempo. E no entanto, desde 1967, a referência da unidade de tempo internacional é dada por um relógio atômico.

Que se exige – pelo menos hoje em dia, num contexto científico muito elaborado – de uma referência de tempo? Que ela seja a mais estável e a mais precisa possível em durações extremamente longas, ou seja, uma perfeição praticamente absoluta por um tempo quase infinito. Isso poderia parecer estar fora das possibilidades humanas, mas as emissões de radiações eletromagnéticas, como a luz e as ondas radioelétricas, podem responder de maneira satisfatória a esses imperativos, pelo menos em certas condições. Não observou um físico, certa feita, que "só uma onda monocromática pode ter pretensões à eternidade"? As ondas, que, de certa maneira, podem ser consideradas como osciladores, são definidas por duas periodicidades, a periodicidade espacial, ou comprimento de onda LA, e a periodicidade temporal, ou período T, inverso da frequência. Essas duas grandezas estão ligadas entre si pela relação LA = cT, onde c é uma velocidade, velocidade da luz no caso das ondas eletromagnéticas que se deslocam no vácuo, que é, aliás, uma constante universal. Uma onda monocromática comporta apenas, como indica o seu nome, um único comprimento de onda ou pelo menos uma repartição (sempre existe uma) em comprimentos de onda (ou em frequências) muita estreita; é o que se passa nos *lasers*, onde uma única "cor" é emitida, sendo a cor a marca visível do comprimento de onda.

A referência de tempo, a segunda do sistema internacional de unidades, é, portanto, dada agora pela duração S correspondente a 9.192.631.770 períodos da radiação de frequência perfeitamente definida emitida por um átomo de césio (isótopo 133) quando ele se desexcita entre dois estados de energia bem determinados[7] (lembremo-nos de que a diferença de energia E entre dois níveis – ou estados de energia – determina de maneira única a frequência ν da radiação emitida, de acordo com a relação de Einstein-Planck E = hν, onde h é uma constante universal chamada constante de Planck). A duração S é a que está mais próxima do segundo de tempo das efemérides. Esta fora definida como 1/86.400 do comprimento do dia médio[8] e representava antigamente a unidade de referência do tempo, particularmente na França. Como os relógios pendulares, o relógio atômico comporta um oscilador – neste caso, será um conjunto de osciladores idênticos, os átomos de césio –, um aporte de energia sob a forma de excitação dos átomos, uma cavidade ressonante que desempenha mais ou menos o papel do escape e que é pilotada pela vibração emitida pelos átomos e, finalmente, um metro de frequência ou contador de tempo. O todo representa uma montagem complexa, que recorre às técnicas mais modernas, tanto no domínio da física atômica como no da eletrônica. O resultado é que o relógio em questão é de uma enorme estabilidade, com alguns números propondo uma ordem de grandeza de um segundo em um milhão de anos (em valor relativo, isso equivale a uma precisão da ordem de $3 \cdot 10^{-14}$!).

Esse tipo de relógio se encontra, evidentemente, em laboratórios especializados, mas, como diz o adágio popular, "não se para o progresso", e hoje é possível ter em casa essa precisão na medida do tempo! A hora dada por um relógio atômico de césio, situado no Instituto Federal de Física de Braunschweig, é transmitida em toda a Europa por grandes ondas de rádio. Relógios de pulso e despertadores, equipados com uma antena apropriada, podem receber e "ler" esses sinais horários que um microprocessador integrado compara com a hora indicada pelo cronômetro do receptor. O ajuste com a hora dada pelo relógio atômico faz-se, em seguida, automaticamente. Para os relógios de pulso, esse ajuste acontece uma vez por dia, precisamente às duas horas da manhã.

Isto só é possível porque a grande maioria dos relógios de pulso já não são mecânicos. A espiral com pêndulo foi substituída por um cristal de quartzo, cujas vibrações fornecem a referência de tempo. O mecanismo físico gerador dessas vibrações está ligado ao fenômeno de piezoeletricidade, descoberto por R. Curie em 1880, e que faz com que o quartzo desempenhe o papel de oscilador: quando um cristal de quartzo é submetido a uma tensão elétrica alternativa, ele vibra na frequência imposta, mas quando esta se aproxima de um certo valor que corresponde à frequência própria do cristal, este entra em ressonância. Essa frequência depende da dimensão e da forma do cristal; ela se estende de algumas dezenas de milhares de hertz (ou número de oscilações por segundo) a um milhão ou mais (megahertz). Em seguida, ela é dividida por um dispositivo eletrônico que fornece, numa última etapa, uma oscilação por segundo. Esta nova medida do tempo, tornada possível graças à miniaturização dos circuitos eletrônicos, deixou poucas chances de sobrevivência, ou mesmo nenhuma, aos relógios de pulso mecânicos, muito menos precisos, apesar de serem tesouros de engenhosidade.

Mais uma vez, é interessante notar o caminho do progresso técnico. Os relógios de quartzo, tornados rentáveis pela qualidade de seus desempenhos, devem-se, de fato, a uma atividade completamente independente da medição do tempo, no caso o avanço das emissões de rádio. Com efeito, os cristais de quartzo serviram, pouco depois da descoberta de suas condições de oscilação, como ressonadores e controladores de frequência nas primeiras emissões de radiodifusão. A estabilidade não era boa, mas havia poucas estações emissoras e a deriva de potência não incomodava. Em contrapartida, a partir da década de 1920, o número de estações começou a crescer e as emissões, de frequência instável e podendo se sobrepor de uma estação para outra, tornavam-se problemáticas. Os engenheiros procuraram, portanto, melhores condições de estabilidade, em particular jogando com a forma e o tamanho dos cristais de quartzo. E essa pesquisa, orientada inicialmente para uma difusão mais rica e mais estável de ondas de rádio, proporcionou, em segundo lugar, a elaboração de medidores de tempo de ótimos desempenhos.

"Tudo é vibração", lemos nos textos hinduístas. Os cientistas não renegam essa afirmação, mas como vincular a ela o fenômeno da periodicidade, essa periodicidade que está na própria base da medição científica do tempo? A questão será colocada mais adiante (vide o Capítulo 8), no que diz respeito ao movimento dos astros, primeiros pontos de referência na contagem do tempo, mas interroguemo-nos já sobre os contadores de tempo fabricados pelos homens. Das clepsidras aos relógios atômicos, as referências temporais sofisticaram-se e tornaram-se ao mesmo tempo mais precisas e mais estáveis em fabulosas ordens de grandeza (lembremo-nos de que, em alguns séculos, a diferença passou de um quarto de hora por dia, no caso dos relógios mecânicos, a um segundo por milhão de anos, no caso do relógio atômico), mas a periodicidade rigorosa nunca é intrínseca. Esse fenômeno decorre de dois fatos, que, aliás, não são completamente independentes: um oscilador físico possui sempre um campo de ressonância, ainda que muito estreito; todo sistema oscilante deve ser sustentado e, de certa maneira, sua dinâmica vai depender da sustentação.

Assim, os progressos se deram em dois planos e as etapas principais só puderam ser realizadas mudando completamente de sistema físico, em particular recorrendo a relógios que trabalham a frequências cada vez mais altas. Ao final do percurso, o fenômeno de periodicidade saiu fortalecido, mas veremos, na realidade, que não é preciso trazer-lhe muitas complicações exteriores, como acoplá-lo a um outro comportamento periódico diferente do seu ou solicitá-lo com uma frequência "perigosa", para que sua dinâmica puríssima se torne muito complexa, ou até caótica.

Notas

1 A. Pacault, Ch. Vidal, *À chacun son temps*, Paris, Flammarion, 1975.

2 David S. Landes, *L'heure qu'il est*, Paris, Gallimard, 1987.

3 Trata-se aqui de uma equação diferencial dita de "segunda ordem", uma vez que se vale de uma derivada segunda. Mesmo não conhecendo os métodos de integração das equações diferenciais, a pesquisa de soluções pode efetuar-se por tentativa. Com efeito, se a integração é, em geral, uma operação complicada, às vezes impossível, a operação inversa de derivação, por sua vez, é sempre praticável e obedece a regras mais simples. Aqui, a tentativa consistirá em encontrar uma função do tempo x(t) tal que, derivando-a duas vezes (relativamente ao tempo), tornamos a encontrar a mesma função, com a diferença de um coeficiente multiplicativo. Tais funções existem: por exemplo, a função exponencial $x = e^{at}$ e a função periódica $x = $ sen (at) (em ambos os casos, a é uma constante).

Façamos a tentativa com a função periódica $x = B$ sen (at) (temos, *a priori* uma ideia do resultado). Neste caso, B representa a amplitude da oscilação.

A derivada primeira vale:

$$dx/dt = a . B \cos (at)$$

e, derivando uma segunda vez, obtemos a derivada segunda:

$$d^2x/dt^2 = -a^2 . B \text{ sen (at)} \qquad (1)$$

o que também pode ser reescrito

$$d^2x/dt^2 = -a^2 . x \qquad (2)$$

Tornamos a encontrar a função x inicial, com a diferença do coeficiente $-a^2$. A equação a integrar do pêndulo:

$$d^2 x/dt^2 = -(g/l) . x \qquad (3)$$

é da mesma natureza, e a função de tentativa B sen (at) é a sua solução, com a única condição de fazer

$$-a^2 = -(g/l) \qquad (4)$$

Na expressão x = B sen (at), a constante a escreve-se geralmente a = 2π / T, onde T é o período do movimento ou (intervalo de) tempo que separa duas passagens sucessivas do pêndulo pelo mesmo ponto, com o mesmo sentido da velocidade. Transportando essa expressão de a para (4), deduzimos, então, a muito clássica expressão do período do pêndulo simples:

$$T = 2 \pi (l/g)^{1/2}$$

No que diz respeito à amplitude de oscilação do pêndulo não dissipativo – o único concernido nas matemáticas descritas acima –, ela depende das condições iniciais de lançamento, como em todo cálculo de movimento para o qual as condições iniciais são determinantes. Conhecendo o par de valores X_i e V_i num instante dado (tomado como instante inicial), determinamos inteiramente o movimento do pêndulo em qualquer instante futuro:

$$x = x0 \text{ sen } (2 \pi t / T + \Phi)$$

ou ainda, já que, na aproximação linear feita, x é proporcional a A:

$$A = A0 \text{ sen } (2 \pi t / T + \Phi)$$

sendo A0 e Φ determinadas pelos valores iniciais X_i e V_i.

4 Toda variação periódica de uma grandeza – ângulo do pêndulo com a vertical, emissão de luz por um farol, nota emitida por um instrumento musical etc. – pode ser obtida, seja qual for a sua "forma", pela superposição de sinais periódicos senoidais, cujas frequências são múltiplos, ou harmônicos, da frequência de base;

na linguagem dos físicos, essa decomposição é chamada de transformada de Fourier, do nome do matemático e físico francês Joseph Fourier, que foi professor na Escola Politécnica já em sua criação, em 1795, e estudou o fenômeno da difusão do calor. As não linearidades presentes num sistema dinâmico desempenham justamente esse papel de introdução de frequências harmônicas, portanto elevadas. Um exemplo interessante é o de emissão de sons, quer pela voz, quer por intermédio de instrumentos musicais. Poderíamos pensar que quando é tocada uma nota, um som puríssimo é emitido, com uma única frequência (por exemplo, 261 Hz, ou seja, 261 vibrações por segundo para a nota dó do meio do teclado). Mas, de fato, só o diapasão emite um som tão puro, que comporta apenas uma única frequência, ao passo que as notas emitidas pelos instrumentos musicais apresentam toda uma riqueza harmônica que o ouvido, aliás, é muito bem capaz de perceber; analisado em pormenor, o som emitido revela que não há uma variação puramente senoidal no tempo (vide figura adiante), embora ele seja periódico na frequência fundamental da nota tocada, mas compreende também uma parte de frequências múltiplas desta última. Assim, a nota *dó* que é tocada no meio do teclado de um piano emite um som com a frequência fo de 261 Hz, que é a mais intensa e à qual se somam os harmônicos 2fo, 3fo, 4fo etc. A frequência 2fo é a do *dó* da oitava superior, 3fo é aproximadamente a da nota *sol* acima desse *dó* etc. A presença desses harmônicos, cujo índice é variável de um instrumento para outro, é responsável pela riqueza de seu som ou timbre.

As não linearidades são introduzidas pela física própria de cada instrumento musical; no caso da clarineta, por exemplo, elas estão ligadas à vibração da palheta e à forma da onda sonora que se propaga pelo tubo. A construção dos instrumentos é, por isso, muito delicada, e o *know-how* do construtor é crucial na fabricação de instrumentos fáceis de se tocar e de boa sonoridade. No que diz respeito à presença dos harmônicos, quando a sua sucessão é perfeita, ou seja, quando as frequências fo, 2fo, 3fo etc. são realmente excitadas, diz-se que as ressonâncias estão bem alinhadas. Mas esta propriedade não raro resulta de compromissos que o fabricante de instrumentos deve assumir (ela é, portanto, variável de instrumento para instrumento), e não é igualmente eficaz para todas as notas e para todas as potências de execução. Assim, no caso da clarineta, o instrumentista pode encontrar condições para as quais o alinhamento das ressonâncias não é bom; duas notas diferentes podem, então, ser emitidas nas mesmas condições e, com um certo treino, estabilizadas simultaneamente. Esse tipo de som multifônico é agora utilizado pelos compositores contemporâneos.

(Poderão ser encontradas informações no artigo de S. e F. Laloë, La clarinette, *Pour la science*, maio 1985, de onde foi tirada a figura adiante.)

Os mecanismos de emissão da voz pelas duas cordas vocais não são muito diferentes daqueles dos instrumentos musicais com palheta. As vogais correspondem cada uma a certa frequência de vibração com um certo número de harmônicos, sendo a frequência de base variável de pessoa para pessoa, embora permanecendo na área de algumas centenas de hertz. As consoantes, por seu lado, são emitidas unicamente por transitórios, o que explica o fato de elas não poderem ser sustentadas, com exceção das consoantes "sibiladas", como sssss.

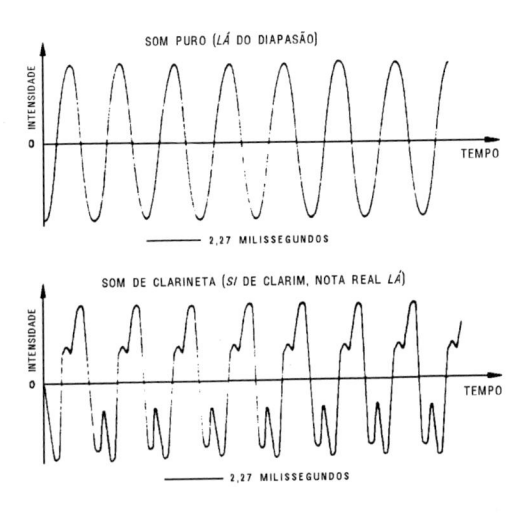

5 Qual é o papel do ruído nos sistemas auto-oscilantes?

A teoria matemática dos sistemas auto-oscilantes, que descrevem, portanto, os relógios – entre outras coisas –, tem como consequência aparente o fato de que, uma vez desencadeadas as oscilações, sua periodicidade se torna absolutamente perfeita. Evidentemente, isto é apenas um efeito da idealização matemática e não acontece na realidade. Os sistemas auto-oscilantes reais só são representados imperfeitamente pelas equações, e sua periodicidade, portanto, não é absolutamente regular: todo relógio, por mais alta que seja a sua qualidade, acaba atrasando ou adiantando. Uma primeira fonte de irregularidades que nos ocorre é a variação descontrolada dos parâmetros do oscilador: se ele estiver regulado para um pêndulo, o comprimento deste último pode variar de acordo com as flutuações em seu meio ambiente (temperatura, pressão etc.). Podemos dar conta dessas irregularidades (ou seja, corrigi-las) com a ajuda das tábuas corretoras, como antigamente na Marinha. Uma vez feitas essas correções (o que se faz automaticamente nos relógios modernos, para as flutuações de temperatura), restam efeitos incontroláveis, que podemos vincular globalmente à presença de um ruído. Uma idealização matemática bastante cômoda, embora um pouco simplificadora, reduz, então, todas as fontes de flutuações descontroladas a uma única "temperatura" de ruído. Esta noção de temperatura lembra que a fonte última de ruído reside nos movimentos desordenados das moléculas, que são precisamente descritos por conceitos termodinâmicos, portanto por uma temperatura: à temperatura zero, o ruído termodinâmico é zero, pois ele aumenta com a temperatura (o que faz que se procure resfriar os átomos nos relógios atômicos mais precisos que existem, a ponto de esses átomos ficarem praticamente imóveis). Sem entrar em detalhes demais, podemos dizer que o efeito principal do ruído sobre um oscilador é a "difusão de fase". Consideremos, com efeito, um sistema num regime de ciclo limite: uma flutuação terá como efeito fazer avançar ou recuar, ao acaso, o ponto de funcionamento sobre a órbita fechada do espaço das fases. Este atraso ou este avanço nunca serão recuperados, pois eles equivalem a uma mudança de origem do tempo, que é indiferente ao sistema. Ao final de certo tempo, a posição do ponto representativo sobre a órbita do ciclo limite terá sofrido os efeitos conjugados de numerosas adições ou subtrações de fase, que representam esses atrasos ou esses avanços aleatórios. O resultado final assemelha-se muito ao movimento browniano: uma partícula em um fluido sofre choques aleatórios que a deslocam de maneira errática, numa pequena quantidade, numa ou noutra direção. Ao final de um tempo suficientemente longo, a adição desses pequenos deslocamentos se traduz fisicamente pela difusão da partícula, ou seja, pelo fato de que essa partícula se afasta de sua posição inicial por uma distância que cresce em média como a raiz quadrada do tempo (segundo uma teoria de autoria de Einstein). O movimento do ponto representativo sobre o ciclo terá, evidentemente, uma fase que, quanto à sua parte determinista, crescerá linearmente com o tempo (é o movimento periódico, regular na ausência de ruído). Mas sua parte dependente do ruído, maior ou menor conforme os casos e resultante, portanto, da adição e da subtração dos atrasos aleatórios, se difundirá num ângulo que cresce como a raiz quadrada do tempo. Este conceito de difusão de fase é de autoria do físico russo Stratonovich, que o desenvolveu para dar conta do ruído nos osciladores radiotécnicos.

6   Y. Rocard, *Dynamique générale des vibrations*, Paris, Masson, 1971.

7   Um átomo isolado pode encontrar-se em estados de energia diferentes de acordo com as interações a que estiver submetido. A mecânica quântica ensina-nos que esses estados são discretos, ou seja, só são permitidos certos valores bem definidos de energia. Esses valores obedecem a leis precisas, que definem os estados ou níveis possíveis correspondentes. Quando um átomo se desexcita de um nível superior a um nível inferior geralmente emite uma radiação eletromagnética cuja frequência é determinada pela diferença de energia entre esses dois níveis. No caso dos relógios atômicos, que hoje fornecem a referência da unidade de tempo, a transição escolhida se dá entre dois níveis hiperfinos do átomo de césio 133 em seu estado fundamental, ou seja, $F = 4$, $m_F = 0$ para o nível superior e $F = 3$, $m_F = 0$ para o nível inferior. A radiação correspondente, de comprimento de onda centimétrico (3,26 cm), situa-se na área das hiperfrequências (frequências radar). Ela é de largura espectral muito fina, o que garante uma ótima definição da frequência e praticamente independe das condições exteriores. Os relógios a jato de césio foram mantidos por sua grande estabilidade e pela boa reprodutibilidade do valor da frequência emitida quando se passa de um relógio a outro. Os relógios atômicos são muito utilizados hoje. Além da medida ultraprecisa do tempo, eles servem também na radionavegação a longa distância (aviões, satélites), em dispositivos anticolisão para aviões etc.

8   A palavra segundo vem da expressão latina "*minuta secunda*", que, na Idade Média, fora dada à segunda subdivisão da hora, sendo a primeira o minuto.

CAPÍTULO 6

OS RELÓGIOS EM COMPETIÇÃO: O TEMPO DESVIADO

> "Quando o escravo encontra uma oportunidade de se tornar tirano, ele não a perde."
>
> *Henri Duvernois*

Os atritos tornam inevitável a sustentação, portanto o aporte de energia externa, para todo sistema onde haja movimento permanente. Para que os relógios de pêndulo ou os relógios de pulso mecânicos conservem a estabilidade de seu movimento, é dado um impulso, num ritmo diretamente comandado pelo movimento oscilante do pêndulo ou da espiral, mas a própria sustentação é, portanto, aperiódica e neutra relativamente à referência de tempo. O que acontece se, pelo contrário, o estímulo for ele próprio periódico, com uma frequência que lhe seja própria? Falaremos, então, de "forçagem", para bem dar conta do caráter imposto à dinâmica do oscilador estimulado, pêndulo ou outro. Muitos comportamentos que resultam dessa "forçagem" são de grande riqueza; alguns só foram descobertos muito recentemente, por volta dos anos 1980, e provocaram entusiasmo nos pesquisadores por sua natureza universal e, não raro, por seu aspecto fascinante.

O incensório de Santiago de Compostella: um pêndulo estimulado

Retomemos, por alguns instantes, a imagem do pêndulo. Se o forçarmos com um período muito próximo do seu próprio, entra em jogo o muito conhecido fenômeno da ressonância, e o pêndulo oscila na frequência imposta, com uma amplitude tanto maior quanto mais próxima da sua for essa frequência.

Mas existe uma outra frequência muito eficiente, descoberta empiricamente há muito tempo, como conta a história do grande incensório desse importante lugar da cristandade[1] que é a catedral de Santiago de Compostella (Figura 1). Esse célebre incensório também se chama *botafumeiro*, ou botafogo, em galego, língua falada no extremo noroeste da Espanha. Esse incensório, que cheio de brasas e de incenso pesa mais de cinquenta quilos, é animado durante as festas religiosas com um espetacular movimento de oscilação que o arrasta praticamente até a abóbada, à altura de mais de vinte metros. A movimentação do incensório com tais amplitudes não é de modo algum evidente, mas é provável que o método utilizado tenha sido descoberto um pouco por acaso, um pouco por intuição. Há séculos, ela se faz da mesma maneira. De fato, arquivos e textos antigos permitem pensar que esse dispositivo foi elaborado já no século XIII. Para impulsionar o incensório e dar-lhe progressivamente uma amplitude de oscilação considerável e, em seguida, sustentar o seu movimento, sete oficiantes, dispostos em círculo, agem simultaneamente sobre cordas amarradas a um cabo central, o qual, por intermédio de um engenhoso sistema de roldanas, permite fazer variar o comprimento da corda a que está suspenso o incensório. A tração dos oficiantes – portanto a variação de comprimento da suspensão – evidentemente não se dá de qualquer jeito, nem a qualquer momento. O comprimento da corda de suspensão é encurtado quando o incensório está em posição baixa, ao passo que a corda é solta quando está no ponto mais alto de seu curso. A precisão de uma tal manobra requer muita técnica e se realiza sob a direção de um "mestre de execução".[2]

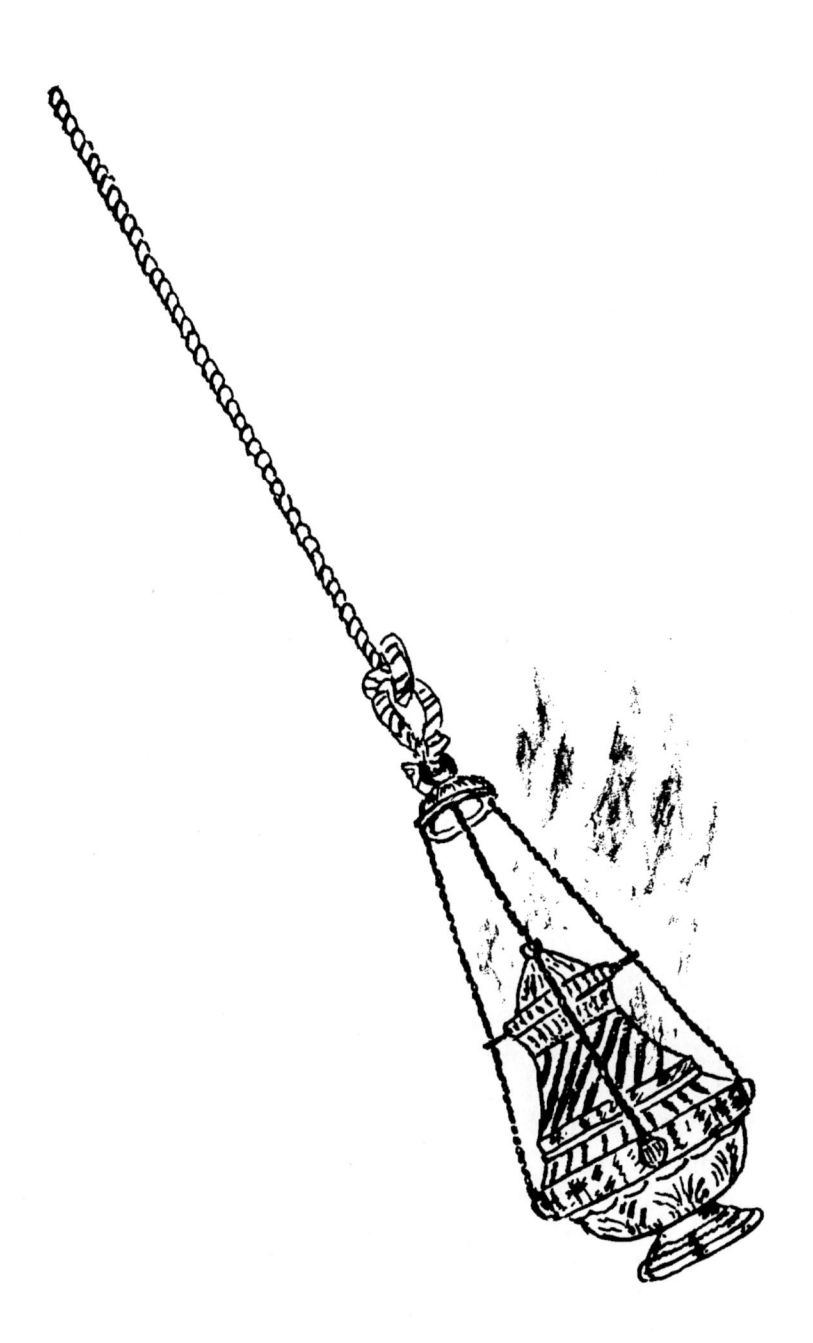

FIGURA 1a – Desenho do grande incensório da catedral de Santiago de Compostella.

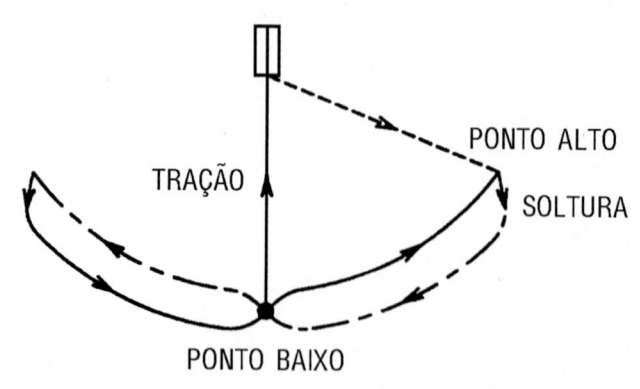

FIGURA 1b – Trajetória percorrida pelo incensório ao longo de um ciclo completo: quando ele está em sua parte mais baixa, os oficiantes o puxam para cima; quando está no ponto mais alto, eles o soltam, de tal forma que a corda de suspensão readquire o seu comprimento anterior, e o mesmo ocorre no semiciclo seguinte.

Por que encurtar a corda e, portanto, subir o incensório quando ele passa pela posição baixa?[3] Simplesmente porque nessa posição a velocidade, portanto a força centrífuga, está em seu valor máximo. Os oficiantes, ao puxarem o cabo, produzem um trabalho contra essa força e, com isso, levam ao sistema energia, que é transformada em energia cinética: a velocidade do incensório aumenta. Em compensação, ao soltarem a corda na posição alta do incensório, nenhuma energia é perdida pelo sistema, pois a velocidade – portanto a força centrífuga – é, naquele momento, praticamente nula. A observação mostra que a velocidade máxima notada no ponto mais baixo do curso pode atingir cerca de 70 km/h, quando as oscilações estão em sua amplitude máxima, ou seja, quando o incensório torna a subir, em seguida, a menos de um metro da abóbada. Podemos facilmente imaginar a fortíssima impressão produzida nos fiéis por um tal movimento, acompanhado de um forte zumbido. Os autores deste livro tiveram uma experiência pessoal disso.

Como o incensório passa duas vezes por período pelas posições baixa e alta, a frequência de estímulo mais apropriada é o dobro da do próprio incensório (ou metade do período) (Figura 1b). Se o empirismo esteve na origem da descoberta deste processo, a teoria hoje explica muito bem a razão de sua eficiência. Estamos diante de uma das chamadas instabilidades "paramétricas", pois se faz variar de maneira periódica um dos parâmetros do incensório, sendo esse parâmetro, no caso, o comprimento da corda de suspensão, portanto do braço oscilador. Ora, sabe-se que, nesse caso de instabilidade, o estímulo a uma frequência o dobro da do sistema (metade do período) também provoca um efeito de amplificação do movimento. É o que também a criança, inconscientemente, utiliza em seu balanço, quando se levanta e dá um impulso a cada inversão do sentido da velocidade.

Harmonia ou rivalidade entre dois pêndulos

Quando um pêndulo é estimulado com uma frequência muito próxima – ou o dobro – da sua, isso lhe convém perfeitamente e ele tira daí a energia necessária para oscilar sem descanso, como o *botafumeiro*. Mas que acontece se a estimulação ocorre com uma frequência qualquer? A resposta não é única e vários comportamentos podem ser observados. Os pêndulos, ou, mais geralmente, todo sistema oscilante, são mais ou menos como os humanos: se o que lhes propõem lhes convém do ponto de vista de sua dinâmica, eles se associam e podem até se unir totalmente ao movimento de estimulação. Mas, se a coação for muito forte, pode provocar a rebelião e o caos, a menos que eles não tenham a força necessária para resistirem, e neste caso se tornam escravos.

Duas situações, aliás, devem ser consideradas. O caso mais simples é o evocado anteriormente: um oscilador é forçado por um sistema periódico estável e potente, sobre o qual ele não pode retroagir. As únicas interrogações concernem, então, ao oscilador forçado, cujo comportamento vai depender das características da "forçagem" (frequência e amplitude). O outro caso é o de dois osciladores que se influenciam reciprocamente (o comportamento de cada um deles age sobre o outro), como, por exemplo, dois pêndulos diferentes, cujo movimento das hastes estaria fortemente acoplado (Figura 2). A situação é um pouco mais complexa do que no primeiro caso, mas os dois tipos de sistema apresentam analogias em suas respectivas dinâmicas.

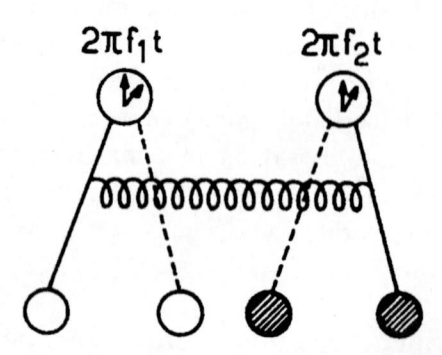

$2\pi f_1 t$ $2\pi f_2 t$

FIGURA 2 – Esquema simplificado ao extremo que ilustra genericamente todo sistema de dois osciladores acoplados. O acoplamento é aqui representado por uma mola. $2\pi f_1 t$ e $2\pi f_2 t$ representam as fases mostradas pelos pêndulos, cada um de frequência própria f_1 e f_2 na ausência de acoplamento.

Uma independência relativa: o biperiodismo

Quando um oscilador – um pêndulo – é forçado levemente, ele conserva a maior parte de sua individualidade, ligeiramente modificada, porém, pela presença da "forçagem". Assim, sua frequência é algo diferente do que seria sem estimulação exterior e sua amplitude é modulada no tempo: diz-se que o regime é biperiódico, ou seja, que nele tornamos a encontrar a presença "superposta" das frequências do oscilador e da "forçagem".[4]

Um sino pode ter esse comportamento de duas frequências, uma correspondente à do badalo no sino imóvel, outra à frequência própria do sino ao redor de seu eixo de rotação. O sino desempenha, então, o papel do sistema de "forçagem", pois seu balanço é, no mais das vezes, sustentado (elétrica ou manualmente, com o auxílio de uma longa corda), e podemos supor, numa primeira aproximação, que seu movimento é ou pouco ou nada influenciado pelo do badalo. Se você for passear no campo e ouvir tocarem os sinos da igreja da aldeia vizinha, vai perceber, sem dúvida, um som regular, pois, nesse caso, a sustentação do movimento é suficientemente forte para que o badalo acompanhe o ritmo da sustentação, ou ainda o período do sino. Mas se você tiver um sininho, divirta-se deixando-o balançar-se livremente com uma amplitude não muito grande; você poderá, então, observar um belíssimo fenômeno de "batimento", revelador da interação entre as duas frequências presentes; assim, o badalo oscila em sua frequência própria, mas com uma amplitude que varia no tempo (Figura 3). Ele parece bater com força, depois se acalma e poderia quase que se deter antes de tornar a partir; essa modulação da amplitude geralmente se faz muito lentamente, pois se estende por um período dado pela diferença das frequências de estimulação (a do sino) e de oscilação do badalo.[5]

Assim como o movimento do pêndulo pode ser representado por uma trajetória dinâmica em seu espaço de representação ou espaço das fases, o comportamento de duas frequências tem, também ele, sua própria trajetória. No caso mais simples, o do pêndulo forçado por um dispositivo de periodicidade imutável, as variáveis pertinentes são três: amplitude (ou ângulo, no caso do pêndulo) e "velocidade", que definem o estado do pêndulo oscilante em cada instante, e a fase (ou a amplitude instantânea) da "forçagem". O espaço das fases tem, portanto, três dimensões e o ponto representativo se desloca sobre uma trajetória que se enrola pela superfície de uma "câmara de ar" ou toro (Figura 4). Os dois períodos característicos reencontram-se nessa figura. Com efeito, façamos um corte nesse toro, por um plano definido por um valor dado da fase ou da amplitude da estimulação. Os pontos em que a trajetória corta esse plano se colocam de acordo com um círculo (ou uma elipse) representativo do comportamento do pêndulo estimulado e descrito com sua própria frequência. Um corte num plano perpendicular é igualmente análogo a um círculo, mas desta vez descrito com a frequência da estimulação. De fato, o toro "liso" como uma câmara de ar, sem nenhuma estrutura em sua superfície e percorrido de maneira homogênea, só representa, em todo rigor, uma dinâmica relativamente simples, para a qual as não linearidades e as interações entre os dois osciladores são muito fracas. Quando estas se tornam consideráveis, a dinâmica biperiódica perde a sua regularidade e pode apresentar "acidentes", que se traduzem por uma deformação do toro. Certas zonas de sua superfície também podem tornar-se privilegiadas e mais visitadas do que outras, em particular nas proximidades do fenômeno de sincronização (vide mais adiante).

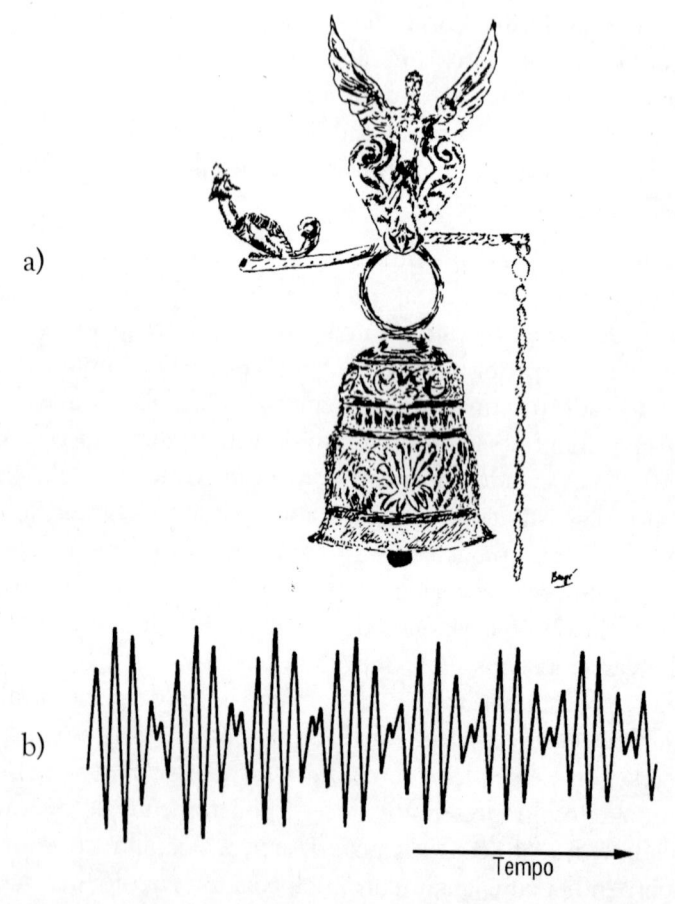

FIGURA 3 – a) Desenho de um sino antigo, de bronze, que pode ter servido numa sacristia. b) Amplitude do movimento do badalo em regime biperiódico.

Note-se que, no caso de dois osciladores em interação recíproca, portanto influenciando-se mutuamente – muito diferente da situação da "forçagem", pela qual a estimulação é imutável –, cada oscilador traz dois graus de liberdade ao sistema; o espaço das variáveis é, portanto, de quatro dimensões. Entretanto, enquanto a dinâmica permanece biperiódica, o atrator continua sendo descrito por um toro que se desenvolve nesse espaço.

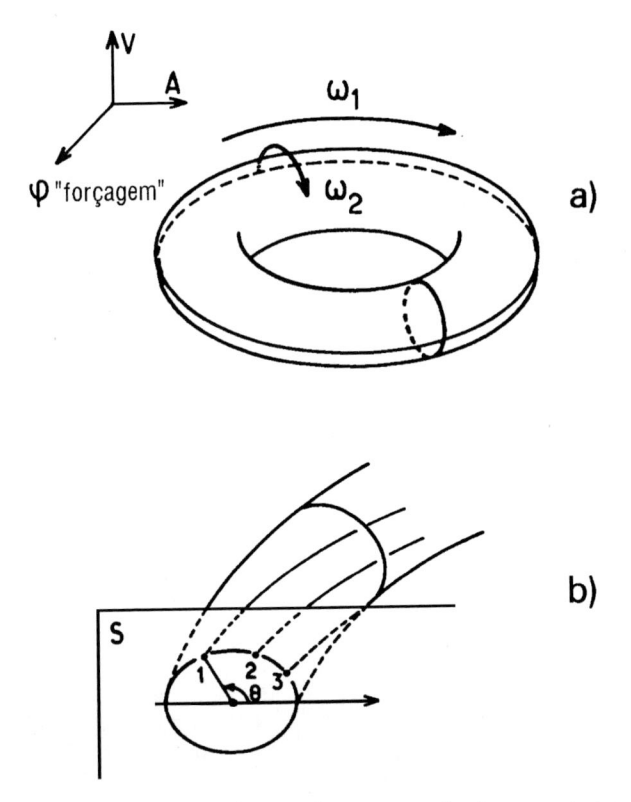

FIGURA 4 – a) Toro sobre o qual se enrola no espaço das fases a trajetória de um regime biperiódico, com as frequências f_1 e f_2. Se não houver sincronização das duas frequências, a trajetória percorre o toro de maneira densa, ou seja, todo ponto do toro, definido por um valor preciso para cada variável, ângulo, velocidade e fase da "forçagem", representa o estado do pêndulo forçado num instante dado ($\omega_1 = 2\pi f_1$, $\omega 2 = 2\pi f_2$). b) Vista ampliada parcial do toro com uma parte de trajetória. Esta recorta o plano de seção S em pontos sucessivos 1, 2, 3 etc., que se colocam sobre uma elipse.

Biperiodismo das marés

Para os habitantes das margens do oceano, as marés apresentam, numa primeira aproximação, uma dupla periodicidade, já que elas se devem principalmente à atração lunar e, em menor medida, à atração solar, que se soma ou se subtrai à influência da Lua. Devemos, portanto, tornar a encontrar no comportamento das marés os dois períodos de rotação, o de rotação da Terra sobre si mesma visto da Lua (portanto, de um pouco mais de 24 horas, exatamente 24h 50, já que a Lua gira lentamente ao redor da Terra e no mesmo sentido que ela, o que alonga o período aparente) e o da rotação da Lua ao redor da Terra, de cerca de 29 dias. Neste caso, o que intervém são as posições relativas da Lua e do Sol com relação à Terra. Ora, para quem frequenta as costas oceânicas, é bem sabido (em certos casos, podemos aprender isto às nossas próprias custas) que marés altas e marés baixas se sucedem a intervalos de cerca de 12h 30 e que as grandes marés ocorrem a cada 15 dias, aproximadamente. Reencontramos ali períodos que são a metade dos mencionados.

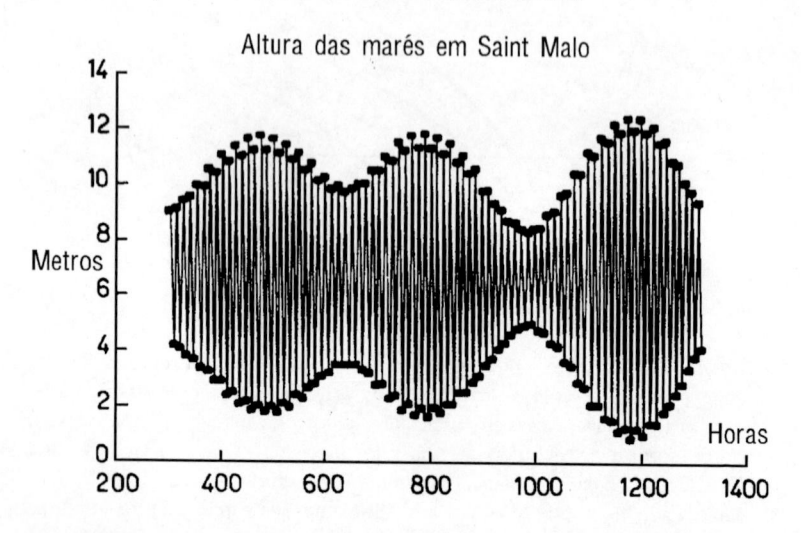

FIGURA 5 – Altura da água no porto de Saint-Malo nas marés altas e baixas de 1º de julho a meados de agosto de 1985.

A periodicidade mais longa explica-se pela ação conjugada da Lua e do Sol, ação que atinge seu máximo quando os dois astros estão praticamente alinhados com a Terra, portanto perto da lua nova e da lua cheia, ou seja, duas vezes por mês lunar: são as épocas de águas vivas. Inversamente, quando as direções Lua–Terra e Sol–Terra estão a 90° uma da outra, as ações não se somam e os coeficientes das marés são pequenos (águas mortas). O período curto de meio dia também é muito bem explicado, mas não está presente em todos os litorais, pois a configuração local desempenha um papel importante, através dos fenômenos de ressonância; assim, nas costas mexicanas, há apenas uma única maré alta (e baixa) por dia. Por outro lado, a amplitude das marés não reaparece idêntica a si mesma a cada 15 dias, pois outros parâmetros também intervêm (Figura 5).

Quando a união é forte: a sincronização

A Lua nos reserva uma outra surpresa. Talvez o leitor se tenha perguntado por que ela sempre nos mostra a mesma face ou, o que é o mesmo, por que existe uma "face oculta" da Lua. A Lua gira ao redor da Terra, mas se não girasse, também, sobre si mesma, ela nos mostraria, sucessivamente, cada dia uma parte nova (tudo se passaria como se nós, terráqueos, girássemos ao redor dela em 29 dias, para melhor contemplá-la). Para que ela nos mostre sempre a mesma face, é preciso que a Lua gire sobre si mesma, e isto com um período idêntico ao de sua rotação ao redor da Terra. Poderíamos acreditar que se trata de uma feliz (?) coincidência entre os valores dos dois períodos, o da rotação sobre a órbita e o da rotação sobre si mesma, também chamado "spin". Além do fato de que uma tal coincidência seria muito improvável, ela não poderia ser rigorosamente perfeita e necessariamente existiria um desvio, mesmo mínimo, entre os dois períodos. Suponhamos, por exemplo, que o desvio relativo seja de um milésimo, o que, em si, já seria de uma pequenez espantosa. A consequência disso seria, porém, espetacular: com efeito, ao cabo de mil períodos de rotação da Lua ao redor da Terra, a Lua só teria girado 999 vezes sobre si mesma. Assim, ela teria adquirido – progressivamente e em mil vezes 29 dias, ou seja, cerca de oitenta anos – uma volta sobre si mesma de atraso relativamente à sua rotação ao redor da Terra. Portanto, a cada quarenta anos, a meia volta de atraso faria com que a Lua nos mostrasse, então, exatamente a face invisível quarenta anos antes... Esse raciocínio, um pouco trabalhoso, tem o mérito de nos fazer tocar com o dedo um fato capital. Para que a Lua teime em nos mostrar sempre a mesma face, é preciso que os dois períodos sejam absolutamente idênticos. Esta propriedade não pode dever-se ao acaso, e não é nem trivial nem natural. Ela implica um acoplamento sutil entre os dois tipos de movimento da Lua, através de um fenômeno de marés de tipo "telúrico".[6] Esse acoplamento faz que os dois períodos *a priori* diferentes (mas, neste caso, vizinhos) tenham se tornado idênticos ao longo das eras, por sincronização de frequência dos dois movimentos. Parece que essa particularidade do movimento lunar não seja única e que satélites de outros planetas apresentem esse fenômeno de sincronização dos períodos "spin-órbita".

O fenômeno de sincronização é muito difundido e pode manifestar-se em todo sistema cujo comportamento é descrito com o auxílio de duas frequências (ou mais) com acoplamento entre as dinâmicas. Isto pode acontecer nos dispositivos mecânicos: o próprio C. Huygens teria observado que os pêndulos de dois relógios situados na vizinhança um do outro, por exemplo numa mesma prateleira, tendiam a sincronizar-se. Na eletrônica, o fenômeno de sincronização é muito utilizado, mas às vezes pode ser um problema, quando se deseja escutar uma outra estação de rádio e a antiga persiste, apesar da mudança de sintonia, e isto até a completa dessincronização. A sincronização de ritmos existe também no mundo vivo, onde ela pode desempenhar um papel fundamental na estabilidade de certas periodicidades vitais, como a do coração (vide Capítulo 10).

À sua maneira, os homens experimentam uma ou outra vez essa "escravidão" dinâmica, às vezes de maneira dramática, como o trabalhador interpretado por Charlie Chaplin no famoso filme *Tempos modernos*, trabalhador que deve dobrar-se a todo custo ao ritmo da correia que lhe traz continuamente novas peças em que deve trabalhar. Menos coercitiva mas mesmo assim muito dura, a debulha do trigo com mangual exigia uma ótima sincronização dos participantes. Os velhos de certas aldeias ainda contam como a faziam. Eles se colocavam em três ou quatro ao redor dos feixes de trigo e cada um baixava o seu mangual alternadamente; o ritmo tinha de se manter bastante rápido para ser eficaz, e se um dos batedores rompesse o ritmo, se dava mal: os movimentos desordenavam-se, os manguais entrechocavam-se e se seguia um breve momento de "caos". Podemos interrogar-nos sobre os mecanismos de acoplamento que levam à sincronização desses gestos: certamente o ruído dos manguais chocando-se com os feixes no nível do chão, somado a uma percepção global dos movimentos de cada um.

As sincronizações descritas até aqui ilustram as que se realizam na razão 1/1 das frequências, ou seja, quando há identidade dos dois períodos em presença. A sincronização pode realizar-se em razões não inteiras. Assim, Mercúrio, que é o planeta mais próximo do Sol, apresenta uma razão de sincronização de 2/3 entre seu período orbital ao redor do Sol e o de sua rotação sobre si mesmo. O fenômeno de sincronização de frequência é muito geral; é, até, o estado mais provável quando se torna considerável o acoplamento entre dois osciladores. Para realizá-lo, cada oscilador (ou um deles) modifica ligeiramente a sua frequência própria, como cada debulhador com mangual podia fazê-lo relativamente a seu próprio ritmo, de tal maneira que a frequência modificada coincida com um harmônico (um múltiplo) ou um sub-harmônico (um submúltiplo) da frequência do oscilador a que está acoplado. Os especialistas em mecânica têm essa experiência todos os dias, e alguns profissionais da hidrodinâmica também, quando instabilidades periódicas de escoamento de fluidos se acoplam entre si e se sincronizam em razões p/q das frequências, onde p e q são inteiros.

É preciso ressaltar que a sincronização de dois fenômenos periódicos traz uma simplificação aparente à dinâmica global, já que o conjunto se comporta como se só tivesse uma única frequência característica (com um certo número de suas frequências harmônicas). Essa aparência, porém, é enganadora, pois mascara o número de osciladores realmente em ação e, portanto, o número de variáveis pertinentes necessárias para descrever o sistema de maneira completa. A natureza monoperiódica convidaria a concluir que esse número é igual a dois, como no caso de um oscilador único, mas, de fato, ele é sempre mais alto, três no mínimo, se for o caso de um oscilador forçado, como o *botafumeiro*. Por isso, a dessincronização, que pode resultar de mudanças menores no acoplamento ou nos valores das frequências (vide, por exemplo, a Figura 6), revelará então – às vezes de maneira surpreendente – a verdadeira natureza da dinâmica observada e talvez o número real de osciladores em interação.

O fenômeno de sincronização não se restringe a dois osciladores, mas pode também manifestar-se para um número muito grande deles, o que leva, às vezes, a comportamentos coletivos surpreendentes. É esse "mecanismo" que os instrumentistas de uma orquestra utilizam um pouco antes de começarem a tocar, afinando seus instrumentos de tal maneira que todos tenham a mesma frequência para uma dada nota (vide o Capítulo 5, nota 4, sobre os sons dos instrumentos musicais). De maneira natural, vários osciladores mecânicos ou hidrodinâmicos podem oscilar na mesma frequência; na biologia, todo um conjunto de células pode sincronizar-se. Os seres vivos, humanos ou animais, podem igualmente experimentá-lo: a tropa que marcha, a multidão que grita o mesmo *slogan* a uma só voz, os pirilampos (ou as cigarras) que, numa mesma árvore, emitem em fase sua luzinha (ou seus chiados). Os exemplos são muitos, mas todos demonstrariam, também neste caso, que, tão logo a "estimulação" de sincronização desaparece, uma certa desorganização pode aparecer com a ressurgência de cada individualidade.

Quando a luta se instaura: o caos

Nada há mais próximo do amor do que o ódio, dizem, pois esses dois sentimentos têm em comum uma sensibilização apaixonada ao outro e se poderia dizer que só trocam de "sinal", no sentido algébrico do termo. O mesmo acontece com os sistemas oscilantes. Quanto mais intenso é o acoplamento, quanto mais fortes são as não linearidades, mais dois osciladores têm tendência a se sincronizarem na relação racional de suas frequências (por exemplo 1/2, 4/5, 11/23 etc.) que estiver mais próxima de sua relação natural. Mas se as condições de sincronização não forem exatamente preenchidas, eles têm também uma forte probabilidade de ser caóticos (Figura 6). Por exemplo, as oscilações de um pêndulo estimulado com certas "frequências perigosas" poderão perder sua bela regularidade e a continuação do movimento poderá acontecer erraticamente, portanto de maneira impredizível.

Esse comportamento errático nada tem de teórico, ainda que a questão de sua existência física se tenha colocado, há cerca de vinte anos. Com efeito, as primeiras evidências de comportamentos caóticos se revelaram com base em modelos numéricos simples, de muito poucas variáveis, como o modelo de Rikitake para a inversão do campo magnético terrestre, a aplicação logística das evoluções de população ou o célebre modelo de Lorenz para a meteorologia. Estudos teóricos também haviam confirmado a existência desse tipo de caos, mas, como todos sabem, teoria e realidades nem sempre apresentam o mesmo rosto. Na linguagem usual, não se diz que certos conceitos são "teóricos", no sentido de que temos pouca possibilidade de vê-los realizados "na prática"?

Era mais ou menos essa a ideia que prevalecia em meados dos anos 70, diante da questão fundamental que então se colocava sobre a existência real ou não de comportamentos caóticos deterministas. Estariam eles ligados a puros jogos matemáticos ou poderiam manifestar-se também no mundo físico? Essa questão era um verdadeiro desafio lançado aos físicos, e estes queriam apenas uma coisa: responder a ele. Não raro persistentes e tenazes, eles usaram de todo seu *know-how* para alcançarem seu objetivo. Hoje, não há mais nenhuma dúvida sobre a existência física desses comportamentos caóticos, mas eles não se manifestam de maneira evidente ao nosso redor. Foi preciso, portanto – o procedimento é clássico na pesquisa –, interrogar-se sobre as condições mais favoráveis para se observarem suas dinâmicas particulares.

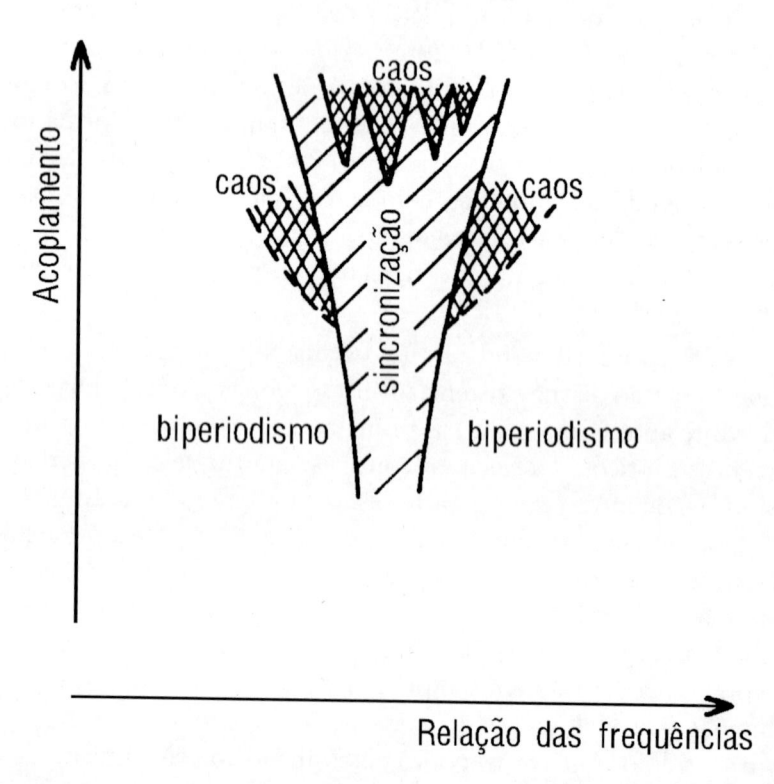

FIGURA 6 – Esquema que mostra a imbricação de diferentes estados dinâmicos em função do acoplamento (e das não linearidades) entre dois osciladores e da relação de sua frequência natural. Os estados mais importantes são a coexistência das duas frequências (biperiodismo), a sincronização de frequência e os comportamentos caóticos, que aparecem no meio da faixa de sincronização e de ambos os lados dela.

Com efeito, trata-se realmente de dinâmica, dada pela interação de um minúsculo número de variáveis, se nos referirmos aos modelos matemáticos de base. A condição "pequeno número" não foi fácil, inicialmente, de se satisfazer, e os físicos tiveram, pelo menos no começo, de pressionar, às vezes muito severamente, seu sistema físico, jogando com a geometria, por exemplo. Aliás, é divertido notar que, pelo fato de a "natureza" sempre conservar, evidentemente, até suas leis ocultas ou desconhecidas, esta busca de um melhor domínio físico de certas situações por vezes acarreta, através das modificações das condições das experiências, a observação de comportamentos muito distantes dos esperados. Assim, a abordagem muitas vezes se fez em várias etapas sucessivas, trazendo cada uma um progresso na adequação entre a situação experimental e o problema proposto.

Os dispositivos mecânicos oscilantes foram, desde o início, ótimos candidatos, pois, em princípio, suas variáveis são bem conhecidas e controladas. Por outro lado, se o caos se desenvolve, ele é, em geral, muito visual e demonstrativo. Os fabricantes de móveis caóticos (Figura 7) que podemos encontrar em certas lojas compreenderam e fizeram bom uso disso: ficamos fascinados pelas oscilações irregulares dos eixos que carregam bolas, movimento sempre renovado e inesperado. Para melhor entendermos, tomemos um exemplo muito mais simples, o da bússola que não mais encontra o norte. Se colocarmos a agulha imantada de uma bússola num certo ângulo relativamente à orientação do campo magnético terrestre, a agulha oscilará ao redor do campo, com um período que é da ordem de um segundo, mas que vai amortecendo-se para, enfim, deter-se e indicar a direção do norte magnético. Se essa bússola for colocada, além disso, num campo magnético cuja direção gire regularmente, sua agulha imantada não mais saberá o que fazer quando a competição entre os dois campos presentes – campo terrestre e campo giratório – for muito grande. Com isso, para certos valores da frequência e da amplitude do campo giratório, o comportamento da agulha torna-se espetacularmente caótico: ela acompanha o campo giratório, detém-se, torna a partir no sentido contrário, oscila muito, parece reencontrar o norte etc.[7] E, no entanto, sabemos que, nessa situação bem controlada, o número de graus de liberdade evocado pelo pêndulo é apenas três: ângulo da agulha com uma direção de referência, velocidade da agulha e ângulo que forma a cada instante o campo terrestre com o campo giratório. O caos observado é realmente de tipo determinista, com um número pequeno de graus de liberdade.

FIGURA 7 – Móvel caótico onde vários braços oscilantes estão em interação.

Este caos existe também nos movimentos dos fluidos. Se um fluido, como a água, é colocado entre dois cilindros coaxiais, com rotação do cilindro interior, são gerados turbilhões para além de certa velocidade, e eles se organizam uns acima dos outros, paralelamente ao eixo dos cilindros: é a chamada instabilidade de Taylor-Couette (Figura 8). Essa configuração pode ser encontrada em dispositivos industriais – de lubrificação, por exemplo – e, se substituirmos esses cilindros por esferas, isso também pode ser considerado uma visão simplificada da atmosfera terrestre ou do oceano, arrastados pela rotação da Terra para o vácuo intersideral (com, porém, condições de limites diferentes). Quando aumenta a velocidade do cilindro interno, os turbilhões oscilam ao redor de sua posição média, mais ou menos como múltiplos pêndulos, e se a velocidade for mais uma vez aumentada, podem aparecer comportamentos caóticos, em consequência da competição entre dois tipos de oscilação: a velocidade do fluido varia de maneira desordenada e imprevisível no tempo, embora os turbilhões conservem sua individualidade (Figura 8c). Uma experiência deste tipo, realizada nos Estados Unidos, em 1975,[8] sugerira pela primeira vez, e isso foi confirmado mais tarde, que os comportamentos caóticos de pequeno número de variáveis podiam estar presentes num escoamento hidrodinâmico, ou seja, num sistema físico real, cujas variáveis dinâmicas eficazes não eram conhecidas *a priori*. Na mesma época, eram realizados estudos, também na França, sobre reações químicas oscilantes (vide o Capítulo 4) e sobre escoamentos hidrodinâmicos ligados ao fenômeno de convecção, dito de Rayleigh-Bénard. Neste último caso, são gerados turbilhões por um gradiente de temperatura, como no núcleo ou no manto terrestre, mas, em laboratório, os líquidos utilizados são menos viscosos e as geometrias mais simples! Todos esses estudos[9,10] levaram rapidamente a evidências sobre a realidade física dos comportamentos caóticos (Figura 9), embora, na época, o fato de que um comportamento turbulento pudesse ser atribuído a um caos de poucas variáveis chocasse muitos especialistas em mecânica de fluidos!

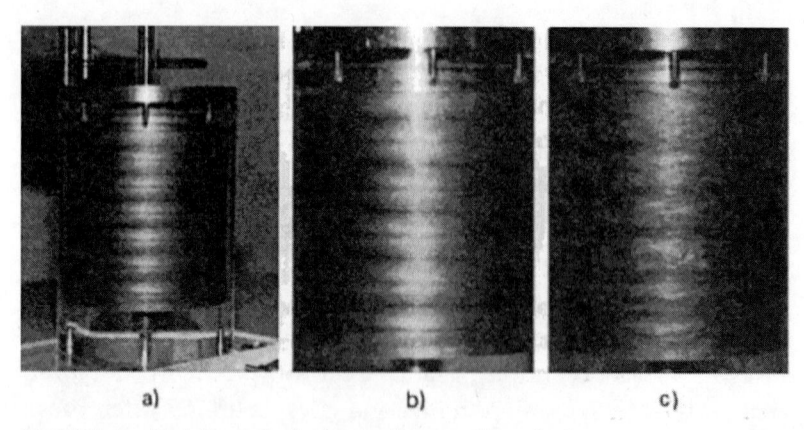

a)   b)   c)

FIGURA 8 – Turbilhões de fluido gerados entre dois cilindros coaxiais com rotação do cilindro interno. Quando a velocidade de rotação é aumentada, são observados diferentes estados: a) turbilhões estacionários; b) ondulação periódica dos turbilhões, que se propaga ao longo do eixo destes últimos; c) comportamento caótico.

Esses resultados de laboratório serviram de teste e de ponto de partida para a compreensão dos fenômenos caóticos "genéricos". Por um lado, demonstraram que o caos com pequeno número de "parceiros" podia existir, mas também que existem propriedades específicas e que ele não ocorre de qualquer maneira. No mais das vezes, o surgimento de comportamentos caóticos é anunciado por "roteiros" bem repertoriados.[11] Esses roteiros, em número de três, descrevem de modo preciso como o comportamento temporal vai se complicando à medida que o vínculo aplicado aumenta, por exemplo a velocidade de um cilindro ou o gradiente de temperatura das situações descritas anteriormente. Um desses roteiros é a sequência de duplicação do período, tal como acontece no modelo simples da evolução das populações animais (descrito no Capítulo 4). Essa complicação na dinâmica se realiza a partir de comportamentos regulares, não caóticos, com o caos representando a sua etapa última. Além disso, quando esse caos está presente, sua natureza ligada à sensibilidade às condições iniciais (SCI) deixa, porém, persistir uma correlação a curtíssimo prazo entre os acontecimentos. Esse fato está em oposição à sequência completamente aleatória dos acontecimentos devidos ao puro acaso: se você ganhar o primeiro prêmio na loteria, não só nada fez que você pressagiasse essa feliz surpresa, como também isso em nada muda a sua probabilidade de ganhá-lo de novo da próxima vez.

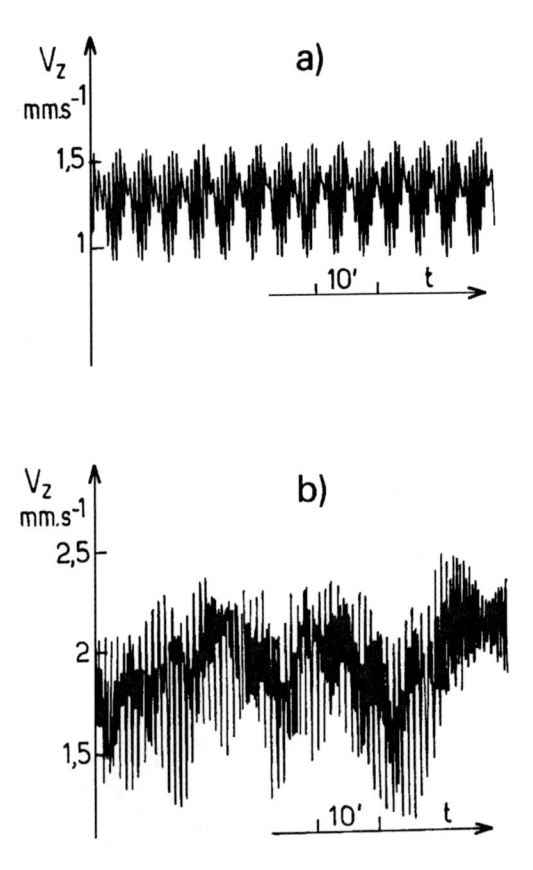

FIGURA 9 – Um fluido pode ser posto em movimento por uma diferença vertical de temperatura. Para além de certo valor dessa diferença, a velocidade local – aqui, V_z – pode variar no tempo. Em a, a velocidade varia de maneira biperiódica: podemos notar uma variação rápida, cuja amplitude é modulada por um período mais longo (fenômeno de batimento). Em b, as condições são idênticas às de a, exceto pelo fato de que a diferença de temperatura foi ligeiramente aumentada. A variação da velocidade local tornou-se caótica; as amplitudes das oscilações, elas próprias irregulares, assumem valores muito diferentes no tempo, embora possamos reconhecer a presença subjacente de uma periodicidade.

A partir de todas as informações apaixonadamente buscadas pelos pesquisadores – com os teóricos e os da experimentação conduzindo seus trabalhos paralelamente, de maneira muito frutuosa –, a aplicação pôde ser conduzida a sistemas mais complexos ou mesmo desconhecidos quanto aos pormenores de sua dinâmica. No entanto, essa aplicação nem sempre é feita com todo o senso crítico necessário, como foi o caso, pelo menos no início, de certos trabalhos acerca da climatologia ou da economia.

Notas

1 Pode-se ler uma narrativa interessante e bem documentada na obra de Barret e Gurgand, *Priez pour nous à Compostelle*, Hachette, 1978. Os autores realizaram eles próprios, em 1977, a viagem de Vézelay a Santiago de Compostella.

2 J. Sanmartin Losada, La physique de l'encensoir, *Pour la science*, set. 1990.

3 Nos termos mais rigorosos da mecânica, convém notar que, no movimento de rotação do incensório, uma grandeza considerável é o momento cinético $mV\ell$, sendo m e V respectivamente a massa e a velocidade do incensório e ℓ o comprimento da corda de suspensão. Por ação sobre a corda, nenhum elemento é aplicado ao sistema: esse momento cinético deve permanecer constante, independentemente do comprimento da corda. A velocidade V deve, portanto, aumentar quando ℓ é encurtado, para que o produto $mV\ell$ permaneça constante. Observe-se que quando se alonga a corda no ponto alto do curso do incensório, o momento cinético é, então, nulo, já que a velocidade ali se anula antes de mudar de sinal: a soltura não tem nenhum efeito sobre o movimento.

4 Se não há acoplamento entre dois pêndulos ou osciladores, de frequência respectiva f_1 e f_2, o espectro que representa a dinâmica do sistema global compreende as duas frequências f_1 e f_2 (e seus múltiplos ou harmônicos). Mas, tão logo há acoplamento, a influência de um oscilador sobre o outro torna o comportamento temporal mais complexo. Isto se manifesta no espectro de frequência (ou espectro de Fourier; vide nota 4, Capítulo 5), pelo aparecimento de frequências cujo valor é dado pelas combinações $nf'1 \pm mf'2$, onde n e m são inteiros e $f'1$, $f'2$ são frequências ligeiramente diferentes das frequências próprias dos dois osciladores. À medida que o acoplamento – e os termos não lineares – vai crescendo, o número de frequências presentes na dinâmica, portanto no espectro, aumenta, e as primeiras a aparecer são aquelas dadas por n e m pequenos (ou seja, 1, depois 2, 3 etc.). Em particular, a chamada frequência de batimento entre f_1 e f_2 é igual a $f_1 - f_2$ (n = m = 1). Se f_1 e f_2 têm valores muito próximos, o valor de seus batimentos é muito pequeno e haverá, portanto, uma modulação de período muito longo no comportamento temporal.

Independentemente desse fenômeno de batimento, ao longo do aparecimento de novas raias $nf_1 \pm mf_2$ (com n e m crescentes), algumas dessas raias vêm habitar a parte de baixa frequência do espectro, inferior a f_1 e a f_2. Esse enriquecimento em baixas frequências pode ser o signo precursor de um comportamento caótico, para o qual sempre há uma raia larga ao redor da frequência zero.

5 Cf. nota 4.

6 A explicação pormenorizada do mecanismo de sincronização entre a rotação da Lua ao redor da Terra e sua rotação ao redor de seu eixo é bastante complicada. Em compensação, o efeito final dessa sincronização é particularmente simples de se descrever, já que ele desemboca no fato de que o astro da noite nos mostra sempre o mesmo lado (lembremo-nos de que a Lua é esférica, e essa "face", portanto, é antes um semihemisfério projetado sobre a superfície focalizada, como facilmente percebemos no binóculo, pelo alongamento das sombras do relevo lunar à borda do disco aparente). A sincronização de dois movimentos periódicos exige dois ingredientes fundamentais: o acoplamento entre os dois movimentos e o amortecimento. O acoplamento em questão é muito fraco. A distribuição das massas na Lua não é exatamente de simetria esférica. Isto é necessário para explicar o acoplamento em questão, senão não haveria nenhuma razão para que a Lua voltasse para a Terra uma face ao invés da outra, uma vez que a ação de um campo de gravidade exterior sobre as massas lunares seria independente da orientação, se estas estivessem distribuídas simetricamente. A distribuição das massas, que formam um conjunto sólido no interior da Lua, gira, evidentemente, como o próprio astro. O acoplamento com o movimento orbital da Lua ao redor da Terra se dá através da perturbação do campo de gravidade da Terra sobre a Lua, devida às marés terrestres: essas marés são síncronas do movimento orbital da Lua e modificam a repartição de massa sobre a Terra à medida que a Lua gira. Como essas marés são amortecidas por numerosos fenômenos dissipativos que ocorrem nos oceanos, esse acoplamento introduz também uma parte dissipativa, necessária para que a sincronização se realize.

No caso da sincronização entre a rotação de Mercúrio sobre si mesmo e a rotação sobre sua órbita ao redor do Sol, o análogo das marés terrestres é representado pelas marés solares criadas por Mercúrio sobre o Sol, cuja massa é fluida, pelo menos em parte (essas marés são totalmente invisíveis, porque fracas demais, dada a pequena massa de Mercúrio).

7 V. Croquette, Déterminisme et chaos, *Pour la science*, dez. 1982.

8 J. P. Gollub, H. L. Swinney, Onset of turbulence in a rotating fluid, *Physical Review Letters*, 6 out. 1975.

9 P. Bergé, Y. Pomeau, La turbulence, *La Recherche*, abr. 1980.

10 C. Vidal, J. C. Roux, Comment naît la turbulence, *Pour la science*, jan. 1981.

11 P. Bergé, Y. Pomeau, C. Vidal, *L'ordre dans le chaos*, Paris, Hermann, 1984.

CAPÍTULO 7

CAOS E ATRATORES ESTRANHOS

"A estranheza é condimento necessário
de toda beleza."

Baudelaire

Em 1971, o nome de atrator estranho foi dado por D. Ruelle e F. Takens a certos objetos de caráter geométrico que apareciam no mundo do caos. De que se trata? Que leis regem seu nascimento? Vamos tentar acompanhá-los passo a passo. Para além de suas formas, de suas topologias, sempre notáveis, não raro magníficas, um tanto semelhantes às das soberbas e delicadas inflorescências da geada no campo invernal, esses objetos "estranhos" fascinaram os pesquisadores que se lançaram à sua descoberta. Embora ela tenha inicialmente sido numérica – ou seja, elaborada no âmbito de modelos matemáticos e com o auxílio de cálculos em computadores –, sua evidenciação a partir de situações físicas reais não foi simples, mas, com isso, os resultados positivos provocaram um entusiasmo ainda maior.

Podemos confiar nos pêndulos?

Já deparamos com osciladores forçados (do tipo pêndulo paramétrico, como o *botafumeiro*) e constatamos que eles podiam tornar-se caóticos e, portanto, apresentar a sensibilidade às condições iniciais, ou SCI. Tentemos compreender por que – pelo contrário – um pêndulo apenas sustentado como o de um relógio (onde a força de sustentação não tem periodicidade própria) não pode tornar-se caótico. Façamos uma experiência: soltemos o pêndulo a partir de um ângulo bem determinado Θi e fotografemos – depois de tê-lo deixado oscilar por certo tempo – algumas de suas posições instantâneas sucessivas $\Theta 1$, $\Theta 2$, $\Theta 3$... nos tempos T1, T2, T3... Recomecemos a mesma experiência, mas soltando o pêndulo de uma posição muito ligeiramente diferente de Θi. Se o pêndulo estivesse num regime caótico – portanto, dotado de SCI –, o que constataríamos ao cabo do mesmo lapso de tempo que o da primeira experiência? O pêndulo, em vez de se encontrar, como seria de esperar, numa posição muito pouco diferente de $\Theta 1$ no tempo T1, de $\Theta 2$ no tempo T2 etc., encontrar-se-ia em posições sem mais nada a ver com estas últimas (Figura 1). A previsão que teríamos podido tentar fazer, baseando-nos no resultado da primeira experiência, estaria totalmente errada, pelo simples fato da pequeníssima diferença de condição inicial. O sistema (caótico) seria impredizível, em razão do crescimento rápido do erro inicialmente desprezível. Mas pode o mesmo ocorrer com o pêndulo isolado?

A perda de semelhança na evolução a partir de dois estados inicialmente muito próximos deve naturalmente manifestar-se por um afastamento rápido – uma divergência – das trajetórias do espaço das fases, originadas de duas condições iniciais muito próximas (logo, de dois pontos muito próximos). Nesse espaço, uma propriedade fundamental das trajetórias, ligada ao determinismo, implica também que o conhecimento rigoroso do estado de um sistema num instante permite determiná-lo sem ambiguidade num instante imediatamente ulterior. Isto implica que as trajetórias não podem cortar-se no espaço das fases. Com efeito, se elas o fizessem, no ponto de intersecção – correspondente a valores bem determinados das variáveis do sistema – este último poderia "escolher" entre duas evoluções radicalmente diferentes, escolha esta perfeitamente contrária ao princípio de determinismo. A partir daí, um raciocínio familiar aos matemáticos e chamado "raciocínio por absurdo" vai permitir-nos excluir que, partindo de duas condições iniciais próximas, as evoluções – portanto, as trajetórias – do pêndulo possam afastar-se uma da outra para divergirem. Com efeito, como o espaço das fases do pêndulo tem duas dimensões, as trajetórias são confinadas a um plano. Nestas condições, se duas trajetórias vizinhas tendessem a divergir, o caráter limitado dos valores assumidos pelas variáveis (vide mais adiante) levaria inevitavelmente essas trajetórias a se desviarem para tornarem a passar nas proximidades uma da outra e, portanto, a se cruzarem (uma vez que evoluem sobre um plano; vide Figura 2a), o que não é permitido. Assim, no caso do pêndulo sustentado, duas trajetórias originadas de pontos vizinhos não podem divergir; como já ressaltamos, elas convergem para o atrator ciclo limite (Figura 2b).

Daí a conclusão importante: um pêndulo sustentado (isolado) não pode tornar-se caótico. Evidentemente, isso supõe que não o submetamos a perturbações muito consideráveis.[1] Esta é a razão pela qual, há séculos, se tem confiado nos relógios mecânicos: ao abrigo das perturbações, eles não podem "descarrilhar": ainda que acertemos um relógio pendular (que funcione corretamente) com um (inevitável) pequeno erro, esse erro não se agravará dramaticamente ao longo do tempo. Vários dias depois, saberemos a hora com um pequeno erro, da mesma ordem de grandeza que o erro inicial. Podemos generalizar o que acaba de ser dito, num teorema importantíssimo para os sistemas dinâmicos: todo sistema com apenas dois graus de liberdade (ou duas variáveis) nunca é caótico.[2]

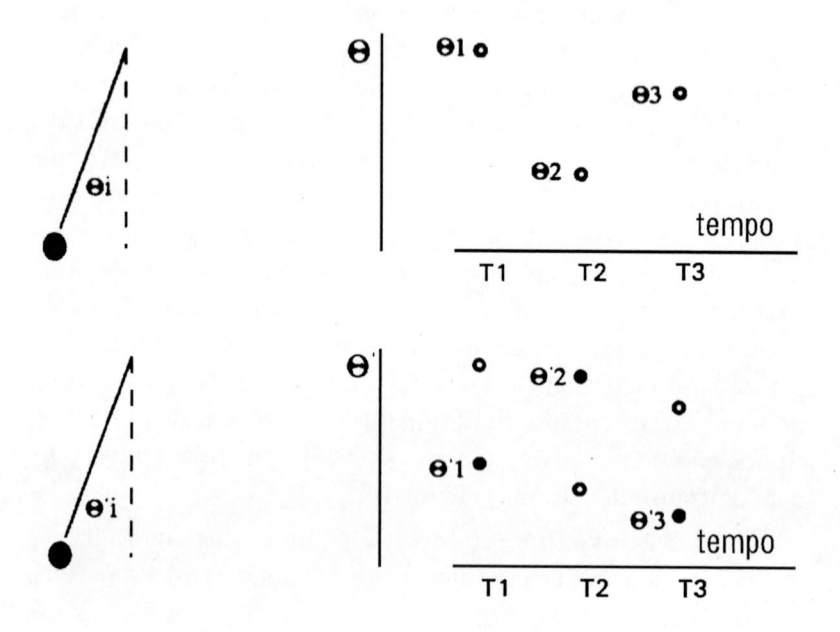

FIGURA 1 - Ângulos Θ com a vertical assumidos sucessivamente pelo pêndulo depois de duas solturas com ângulos iniciais muito próximos Θi e $\Theta' i$. Se o pêndulo estivesse num regime caótico, os ângulos sucessivos à segunda soltura ($\bullet$) não teriam relação com os da primeira soltura (o) para tempos T1, T2, T3 etc., suficientemente afastados do instante inicial.

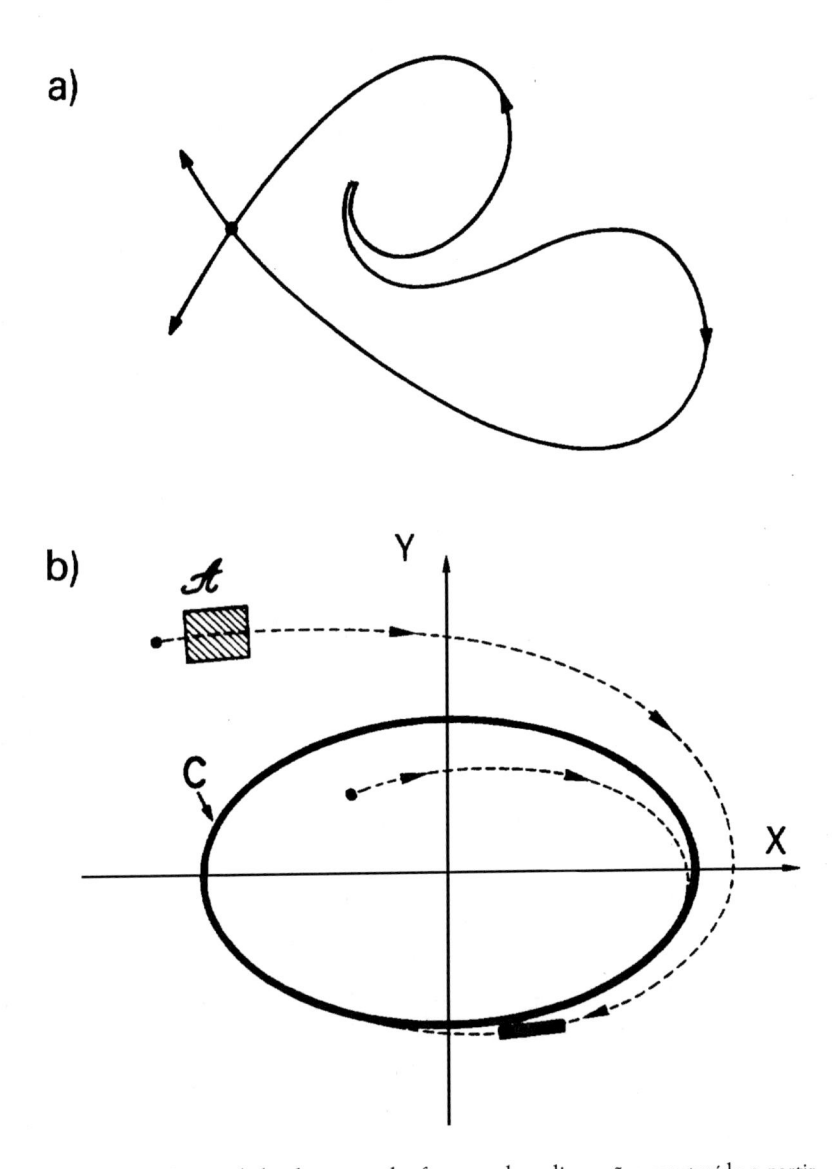

FIGURA 2 – Propriedades do espaço das fases em duas dimensões construído a partir de duas variáveis X e Y. a) Na hipótese da divergência de trajetórias vizinhas, o confinamento do espaço das fases levaria inelutavelmente as trajetórias a se enroscar, portanto a se cortar. b) O efeito de atração das trajetórias rumo ao ciclo limite C leva até lá, em particular, todas aquelas que saíram dos pontos situados no retângulo A. Isso acarreta a contração das áreas no espaço das fases de todo sistema dissipativo.

Retorno a Santiago de Compostella

Que configuração espacial (no espaço das fases) deveriam as trajetórias adotar para evoluírem livremente, ou seja, para poderem divergir sem se cortarem? A resposta foi encontrada há muito tempo, em matéria de vias de comunicação: basta abandonar a superfície terrestre e utilizar a terceira dimensão, a altura. Assim, estradas e ferrovias podem cruzar-se sem problemas, passando umas sobre (ou sob) as outras. Da mesma forma, se fizermos nossas trajetórias evoluírem não mais em dois, mas em três dimensões (do espaço das fases, sem laços diretos, não se esqueçam, com o espaço real), trajetórias vizinhas terão a possibilidade de se afastarem uma da outra, e depois voltarem (em razão do confinamento do espaço) sem nunca se cortarem. A SCI torna-se, então, possível, e o sistema correspondente pode ser caótico, mas é preciso que seja um sistema de pelo menos três variáveis. Retomando o exemplo do pêndulo, devemos acrescentar-lhe uma variável para que ele possa tornar-se caótico; devemos, portanto, complicá-lo um pouco. Um tal pêndulo já foi encontrado, com o incensório de Santiago de Compostella. Os oficiantes, puxando compassadamente a corda do *botafumeiro* – o gigantesco incensório –, fazem variar o comprimento do "pêndulo", modificando assim uma de suas características essenciais. Com isso, eles aumentam em uma unidade o número de variáveis do pêndulo-incensório: com efeito, para caracterizar seu estado dinâmico, já não basta conhecer, num instante dado, a sua posição e a sua velocidade, como no caso do pêndulo simples. É necessário especificar, além disso, o comprimento do pêndulo nesse mesmo instante... daí a terceira variável.

Que acontece, então, com a representação do movimento no espaço das fases, tornado, agora, tridimensional com as coordenadas posição, velocidade, comprimento do pêndulo? Notemos que, ainda que as evoluções possam ser mais complexas no espaço de três dimensões, essas três variáveis conservam valores limitados, dados pelos vínculos físicos (altura máxima do incensório, que jamais subirá mais alto do que a abóbada..., comprimento máximo da suspensão etc.). Por isso, assim como no caso do pêndulo simples, o espaço visitado pelas trajetórias – que materializam a evolução dessas variáveis – é ele próprio restrito. No caso de um regime caótico, a divergência das trajetórias vizinhas e seu confinamento no interior de um volume restrito acarretam sérios vínculos topológicos.

Un bel imbroglio

Os atratores dos regimes estacionário (ponto fixo) e periódico (ciclo limite) são tais que as trajetórias neles convergem de maneira monótona. Tentemos, agora, imaginar a geometria de um atrator correspondente a um regime caótico. Para tanto, acompanhemos a maneira como as trajetórias oriundas de diferentes pontos do espaço das fases ali convergem. Estas últimas estão submetidas a vínculos à primeira vista contraditórios. A SCI, indefectivelmente ligada à existência do caos, implica uma divergência de trajetórias vizinhas, divergência que lhes confere rapidamente evoluções independentes (isto é, não correlatas, ou ainda dessemelhantes). Por outro lado, como o sistema é dissipativo, todas as trajetórias devem convergir para o atrator que procuramos imaginar. Existe uma única maneira de conciliar essas duas exigências aparentemente contraditórias: a divergência deve realizar-se numa direção do espaço das fases e a convergência numa outra! Para apreender a geometria do atrator, consideremos a evolução de um conjunto de condições iniciais (posições, velocidades) situadas no interior de um retângulo. No caso do pêndulo simples oscilante e de seu atrator ciclo limite, o retângulo vai contraindo-se *pari passu* com a evolução (tradução geométrica da dissipação), até tornar-se um segmento – mais precisamente, um arco de elipse – quando alcança praticamente o atrator (Figura 2b).

Acrescentemos uma variável ao sistema; estamos, então, no caso do *botafumeiro* de Santiago de Compostella; supomos que o fervor dos oficiantes o tenha levado a um regime caótico. Podemos suspeitar que restará uma recordação do balanço regular, mesmo se o movimento tiver se tornado impredizível. No espaço das fases tridimensional, a trajetória será, sem dúvida, errática, mas conservará, por assim dizer, uma recordação do ciclo limite "fantasma". Errando de maneira complexa, mas na vizinhança desse ciclo limite, a trajetória continuará, em média, a "funcionar".

Como no caso do atrator do regime periódico, consideremos um conjunto de condições iniciais situadas num retângulo do espaço das fases. Agora, convergência para o atrator (devida à dissipação que acarreta uma contração das áreas) e divergência das trajetórias (SCI) devem coexistir. O retângulo vai ser esticado numa direção (SCI) e achatado (contração) na outra. Não nos esqueçamos, por outro lado, de que o volume que contém as trajetórias deve permanecer limitado. O necessário alongamento do retângulo, portanto, não pode realizar-se sem que haja simultaneamente um dobramento para permanecer nesse volume limitado. Com isso, ao final de uma volta, o retângulo ter-se-á transformado numa ferradura (Figura 3a) e, como a tripla operação de alongamento, dobramento e contração continua a se realizar, na segunda volta, essa ferradura será o corte de um objeto complexo, o atrator caótico, constituído de uma infinidade de folhas; vide a Figura 3, assim como explicações mais pormenorizadas.[3] Existe, sem dúvida, uma direção neutra (nem contração nem dilatação) que é a do desenrolar-se da trajetória. Note-se que, se o regime do pêndulo forçado que consideramos acima fosse periódico (o pêndulo oscilaria, então, exatamente na frequência da "forçagem" ou em metade dela, como no caso do *botafumeiro* em regime regular ou normal), haveria contração em todas as direções do retângulo ABCD.

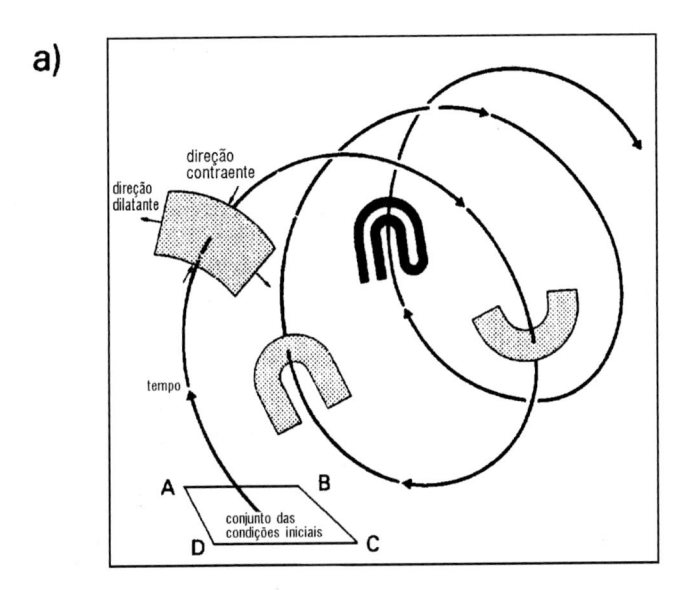

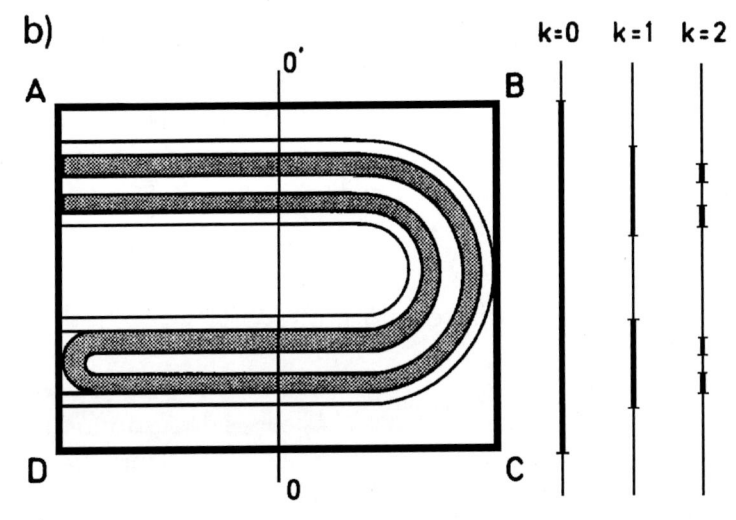

FIGURA 3 – Princípio de formação de um atrator estranho. a) Os pontos iniciais estão contidos no retângulo ABCD. Durante a evolução, essa superfície que contém os pontos é alongada, dobrada, realongada e redobrada até formar um conjunto folheado muito complexo. b) Primeiras etapas da evolução do retângulo cujo corte é representado à direita. É manifesta a semelhança com as etapas da construção de um conjunto de Cantor (vide a Figura 4).

É muito difícil representar o atrator caótico, dada a incrível complexidade da trajetória; qualquer vista em perspectiva daria apenas a sensação de um emaranhado, sem que nenhuma informação sobre a estrutura do atrator pudesse ser deduzida dali. É nesse nível que intervém uma ideia importante, de autoria de Poincaré (mais uma!). Em vez de representar (e, em seguida, estudar) a dinâmica traçando continuamente a trajetória, com o auxílio das três variáveis do sistema (posição, velocidade, comprimento da suspensão), podemos conservar apenas os pontos dessa trajetória definidos pelos valores de duas das variáveis quando a terceira atinge um valor dado. Com isso, traçamos um corte da trajetória por um plano e obtemos, assim, uma rede de pontos que revelará claramente a estrutura do atrator (não esqueçamos que estamos num espaço das fases de três dimensões). No caso particular do pêndulo forçado, como o nosso *botafumeiro*, é natural traçar os pontos que correspondem às coordenadas (ângulo, velocidade) cada vez que o comprimento da suspensão atinge, por exemplo, o valor máximo Lmáx. Obteremos, então, um corte do atrator (chamado de corte de Poincaré) pelo plano L = Lmáx e, se o pêndulo estiver no regime caótico, esse corte revelará uma estrutura folheada e dobrada.

Uma receita famosa...

O leitor mais ou menos sensível às coisas da gastronomia há de ter observado a analogia entre o processo de "fabricação" do atrator caótico e o da massa folheada. Essa especialidade culinária – provavelmente conhecida dos gregos, mencionada já na Idade Média e amplamente praticada já no século XVII – requer, também ela, uma série de alongamentos e de dobramentos sucessivos.

Não é de espantar que, em ambos os casos, se chegue à formação de uma grande quantidade de folhas. Entre a receita de cozinha e a evolução das trajetórias existe, porém, uma diferença considerável: a massa conserva seu volume, ao passo que a evolução em ferradura se faz com uma contração permanente. No espaço das fases, haverá um vácuo entre as folhas, enquanto, no caso da massa folheada, as diferentes folhas se tocam (pelo menos antes do cozimento). Assinalemos, também, certas diferenças de detalhe: na prática, "rebaixa-se" (ou se achata para esticar) a massa, e depois ela é dobrada de preferência em três, e não em dois, para economizar o número das operações chamadas de *tourage* na culinária francesa.[4]

Assim, nessa maneira de fazer, a cada *tourage* o número de folhas é multiplicado por três; partindo de três folhas no primeiro *tourage*, seu número será, no segundo, de $3 \times 3 = 9$, e assim por diante. Obtém-se, então, um crescimento exponencial (ou em série geométrica) do número de folhas, que atinge, ao final do sétimo *tourage*, 3^7, ou 2.187 folhas... Esse grande número, consequência do vertiginoso crescimento da função exponencial 3^N, vai permitir-nos tocar com o dedo um fenômeno que desempenha um papel igualmente capital na qualidade da massa e nas propriedades do caos: trata-se da propriedade de mistura. Antes de ser virada pela primeira vez, a manteiga, apropriadamente amolecida, é disposta no centro da massa e esta última é dobrada sobre ela. No instante inicial, estamos diante de manteiga reunida, digamos (para fixar as ideias), numa bolacha de dez centímetros de lado e alguns milímetros de espessura, no centro de um pedaço de massa de vinte centímetros de lado. A cada *tourage*, essa manteiga sofre – como a massa – o alongamento por um fator 3; no sétimo *tourage*, ela terá sido esticada por um fator 2.187. Ela terá, portanto, um comprimento total de 10×2.187 cm, o que corresponde a mais de duzentos metros de manteiga, necessariamente contida – em razão das sucessivas dobras – num pedaço de massa de apenas vinte centímetros de lado! Isso mostra o quanto a manteiga se repartiu homogeneamente, se misturou, na massa. Em outras palavras, no instante inicial, tínhamos uma informação sobre a posição da manteiga: ela estava no meio da porção de massa; no final, perdemos toda informação sobre a posição da manteiga, já que ela está em toda parte – não importa onde – na massa.

Deixemos definitivamente a culinária para voltarmos ao campo, mais austero e mais abstrato, do espaço das fases, e apliquemos a ele um raciocínio paralelo ao que acaba de ser desenvolvido. Em vez de tomarmos o conjunto das condições iniciais num retângulo ABCD, tomemos, pelo contrário, condições iniciais distintas mas muito próximas. Para fixar as ideias, voltemos mais uma vez ao exemplo do *botafumeiro* e suponhamo-lo estimulado num estado caótico. Procuremos saber o que aconteceria com trajetórias oriundas das seguintes condições iniciais: posições compreendidas entre a vertical menos um décimo de grau e a vertical mais $1/10^e$ de grau e velocidades compreendidas entre 59,9 e 60,1 km/h. Os pontos representativos dessas condições iniciais muito próximas estão no interior de um minúsculo retângulo do mesmo plano que ABCD. Por menor que ele seja, esse retângulo está submetido a uma sucessão de alongamentos (seguidos de dobramentos quando sua maior dimensão se torna comparável à do atrator) que se repetem a cada volta. Isso faz que os pontos inicialmente quase indiscerníveis se separem e depois se misturem, invadindo o conjunto das folhas do atrator. Estados iniciais praticamente indiscerníveis levam a evoluções radicalmente diferentes. Senão, vejamos. Partimos de um estado inicial bem preciso: posição vertical e velocidade de 60 quilômetros por hora, ambas definidas com um erro desprezível. Ao cabo de certo número de períodos de estimulação do incensório (e outras tantas "voltas" no espaço das fases), os pontos representativos do estado final estão em toda parte no atrator: uns corresponderão à posição alta, os outros à posição baixa do incensório, e se perdeu toda precisão. Tornamos a encontrar aí uma característica essencial do regime caótico: o conhecimento, mesmo preciso, do estado presente perde-se rapidamente durante a evolução e impede, com isso, qualquer predição, ao final de certo tempo. Por outro lado, a estrutura da folhagem complexa do atrator merece um exame aprofundado.

Um pouco de geometria... esquisita

Este parágrafo poderia começar com um desafio: "conceber um objeto de que cada uma das partes se assemelhe ao todo". Talvez vocês já tenham observado essas tampas de caixa de queijo que representam uma cabeça de vaca que tem, como brincos, uma tampa de caixa de queijo sobre a qual tornamos a encontrar uma cabeça de vaca, evidentemente enfeitada de brincos que não podem deixar de ser tampas sobre as quais... o resto se adivinha. Assim, seja qual for a escala de observação, a parte do objeto constituída pelo brinco se assemelha ao todo, a caixa inicial.

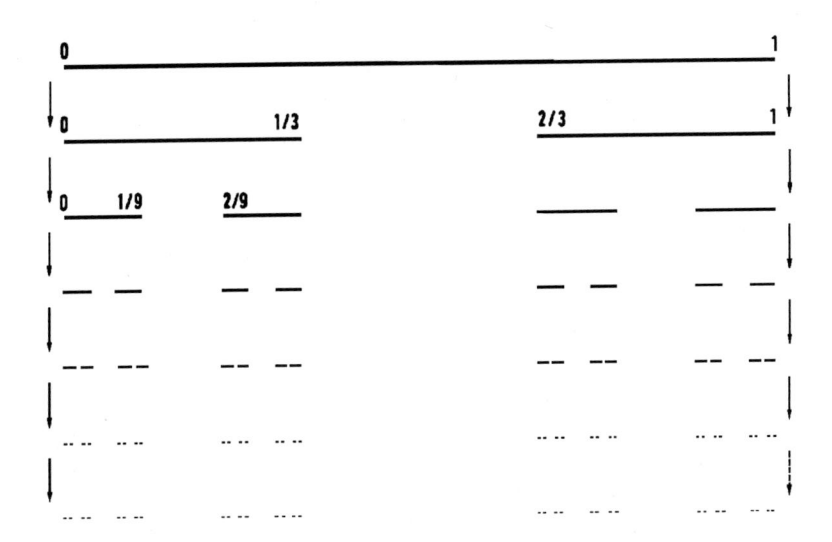

FIGURA 4 – Princípio de formação do conjunto triádico de Cantor.

Temos aqui, portanto, uma realização parcial do desafio; de fato, embora uma parte do objeto se assemelhe ao todo, isso não vale para todas as suas partes. Um processo repetitivo vai permitir-nos responder totalmente ao desafio. Consideremos um segmento de reta (Figura 4) e suprimamo-lhe o terço central. Numa segunda etapa, suprimamos os terços centrais dos dois terços restantes. Reiteremos este processo ao infinito: acabamos obtendo uma "poeira" de pontos disjuntos, mas cuja estrutura – em razão mesmo de seu método de obtenção – está longe de ser qualquer. Visto de longe (para não distinguir os detalhes), o objeto assim fabricado parece-se com um segmento a que falta o terço central. Mas seja qual for a escala em que consideremos uma porção do conjunto de pontos – por um efeito de *zoom*, em suma –, não deixaremos de ter a mesma visão, já que todos os terços restantes foram amputados de seu terço central. Em outras palavras, se lhes mostrarem uma parte apenas do objeto, nenhum elemento lhes permite precisar se essa parte – embora estruturada – representa o décimo, o milésimo ou ainda mais do objeto inicial... Vocês estão perdidos e isso se deve ao fato de que não importa qual parte tem o mesmo aspecto, ao contrário dos casos mais comuns das estruturas de nosso meio ambiente habitual, onde o tamanho permite que nos orientemos: assim, a presença de uma pessoa é muitas vezes utilizada nas fotografias para dar uma ideia da escala; se a pessoa parecer pequena, o todo apresentado será pelo menos da ordem da dezena de metros; se for de tamanho comparável ao da pessoa, seu tamanho é da ordem de um ou de alguns metros, mas se só virmos uma parte da mão, o objeto terá apenas alguns centímetros.

Os objetos que são "invariantes de escala" fazem parte de uma geometria muito particular, a geometria fractal. O objeto "fractal" anteriormente descrito chama-se conjunto triádico de Cantor, ou ainda "poeira de Cantor". Podemos apreciar mais quantitativamente – mas sem matemáticas complicadas – a diferença fundamental existente entre a geometria habitual euclidiana e a geometria fractal? Provavelmente. Mas ainda é preciso definir agora o que é um objeto na geometria de Euclides, assim como a sua dimensão (sendo "dimensão" tomada aqui no sentido topológico, e não de tamanho). Nessa geometria, não há nada que choque o bom-senso quotidiano: uma linha é um objeto de uma dimensão (ou de dimensão 1), uma superfície é de dimensão 2 e um objeto com volume é de dimensão 3. Por extrapolação, um ponto é de dimensão zero. Se este último caso não precisa ser ilustrado, um passeio pelo globo terrestre permite-nos fornecer ilustrações práticas dos três outros; um meridiano ou um paralelo tem uma dimensão, a superfície de um continente tem dimensão 2, ao passo que o próprio globo terrestre é um "objeto" de três dimensões.

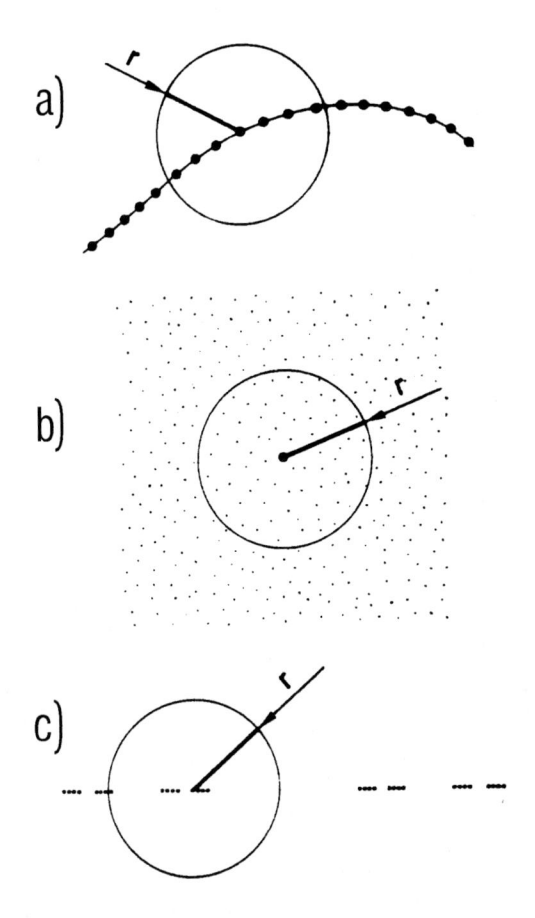

FIGURA 5 – Princípio do método de determinação da dimensão fractal por contagem em esferas: a) sobre uma linha (dimensão 1); b) sobre uma superfície (dimensão 2); c) sobre um fractal (de dimensão < 1).

Poderíamos ser mais exigentes e ir além dessas definições muito qualitativas. Poderíamos imaginar, por exemplo, que cada objeto cuja dimensão euclidiana gostaríamos de caracterizar seja formado de um número muito grande de pontos discretos equidistantes entre os vizinhos mais próximos (ou distribuídos uniformemente; vide a Figura 5). A dimensão do objeto (dimensão sempre tomada no sentido topológico) pode, então, ser determinada de maneira objetiva. O procedimento consiste em contar o número dos pontos do objeto contidos no interior de uma esfera "de contagem" centrada sobre um desses pontos e em ver como esse número varia com o raio r da esfera (limitar-nos-emos a fazer essa contagem para esferas de raio muito inferior ao tamanho do objeto a estudar, mas muito superior à distância entre pontos). Comecemos pelo caso mais simples: o da linha, que suporemos reta, para simplificar – mas nada muda se ela for curva, levando em conta a restrição acima. A esfera de contagem tem como centro um ponto dessa linha. O comprimento da linha inclusa na esfera e, portanto, o número de pontos contados são evidentemente proporcionais ao seu raio. Se refizermos esse mesmo tipo de cálculo para uma superfície, a área compreendida na esfera de contagem – portanto, o número de pontos – será, desta vez, proporcional ao quadrado do raio. No caso de um volume, é ao cubo do raio que esse número será proporcional. Tudo isso se resume numa fórmula única:

$$N(r) = N^*. (r)^D$$

O expoente D mede a dimensão; ele vale 1 para uma linha, 2 para uma superfície, 3 para um volume (N^* é a densidade dos pontos sobre o objeto). Note-se que, no caso do ponto único, o número contado será independente do raio da esfera (e igual a 1). Para traduzir esse fato, é preciso fazer $D = 0$ na fórmula acima, o que mostra de maneira objetiva que a dimensão do ponto é zero.

Soubemos, portanto, pôr em prática um método de cálculo da dimensão de um objeto e reencontramos os resultados que descrevemos qualitativamente acima. Ao dizermos "soubemos, portanto", nós nos atribuímos indevidamente a ideia de um método que teríamos, sem dúvida, podido imaginar. Mas acontece com esse método aparentemente natural o mesmo que com o ovo de Colombo... Era preciso ter a ideia! E só depois do fato consumado as coisas parecem evidentes. Esse método simples e no entanto poderoso, que os computadores sabem executar admirável e muito rapidamente, é fruto da colaboração de dois físicos, um austríaco, P. Grassberger, e outro israelense, I. Procaccia. Iremos admirar sua eficiência um pouco mais adiante.

Que aconteceria se aplicássemos esse procedimento à poeira de Cantor? Neste caso particular, não precisamos dispor de uma série de pontos equidistantes ao longo do objeto: os pontos a enumerar são os que constituem a "poeira" obtida pelo próprio método de fabricação do objeto. Sem fazer cálculo, o bom senso diz-nos que, como estamos diante de uma infinidade de pontos, a dimensão D não será nula, mas a presença de "buracos" no objeto – os terços centrais retirados – fará que o número de pontos contidos nas esferas de contagem aumente menos rapidamente do que no caso da reta (que, por seu lado, não tem buracos). Tocamos com o dedo um fato importante: D, dimensão da poeira de Cantor, está compreendida entre 0 e 1. A dimensão desse fractal é não inteira, algo a que a nossa mente educada na geometria euclidiana está muito pouco habituada... A aplicação do método acima determinaria uma dimensão igual a D = 0,63..., muito próxima do valor que podemos determinar exatamente por cálculo nesse caso simples. Os fractais são objetos fascinantes e todos podem divertir-se em traçá-los. O exemplo seguinte se constrói não a partir de um segmento, e sim a partir de um triângulo equilátero: sobre os terços centrais dos lados coloquemos três triângulos equiláteros, suprimamos as suas bases e iteremos este processo ao infinito (Figura 6). Obtemos, assim, uma espécie de floco de neve cuja dimensão é 1,2618... Estranho objeto que não é uma superfície nem tampouco uma linha; dentre as suas esquisitices, assinalemos que ele tem um perímetro infinito, que ele não se recorta e que se mantém, porém, num espaço limitado![5]

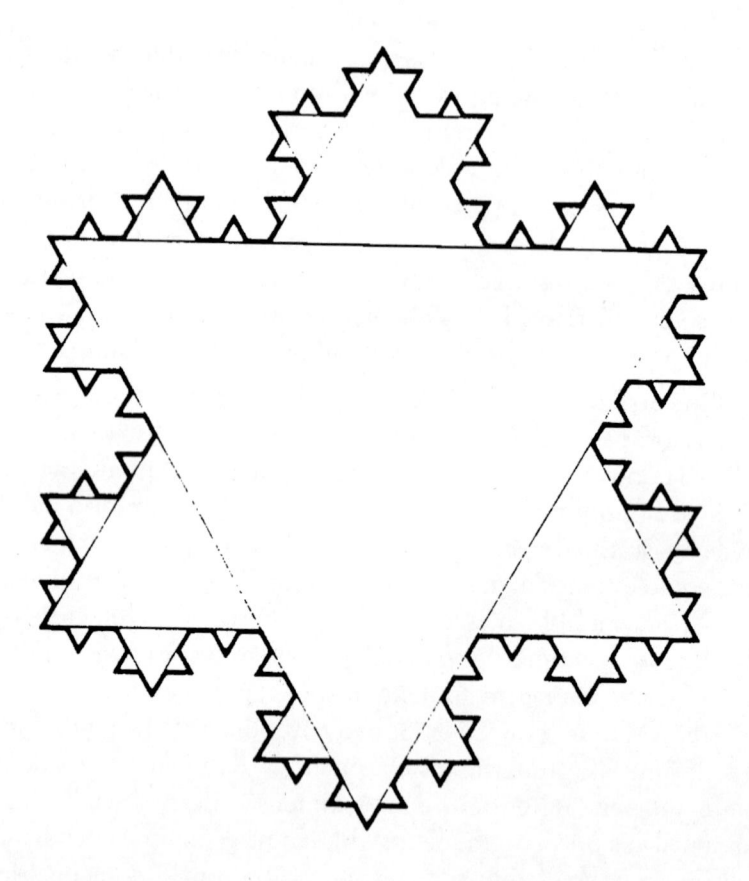

FIGURA 6 – Conjunto fractal conhecido como "floco de neve".

Não acreditem que os fractais sejam apenas uma fonte de especulações puramente matemáticas e intelectuais. Muitos objetos naturais têm formas que se aproximam muito de fractais. É o caso dos litorais muito recortados, como a costa da Bretanha ou a costa oeste da Inglaterra, cuja dimensão é $D = 1,2$, aproximadamente. Se atribuirmos uma finalidade de otimização à evolução das espécies, podemos dizer que a natureza soube valer-se das espantosas propriedades dos fractais. Com efeito, construções análogas à do "floco de neve", cujo perímetro é infinito, embora ocupe apenas um lugar limitado, fornecem volumes de estrutura fractal cuja superfície total é infinita, embora o lugar que ocupem seja limitado. Ora, é sabido que as trocas de um volume com o exterior se fazem através de sua superfície. Daí o interesse prático dessas estruturas fractais para maximizar as trocas, embora conservando no mínimo possível o espaço ocupado pelo objeto que faz a troca. Os pulmões apresentam uma estrutura desse tipo, que otimiza as trocas do sangue com o ar. O mesmo ocorre – e por razões semelhantes – com as esponjas naturais, cuja observação revela uma hierarquia entre dimensões das cavidades que vão, numa imbricação complexa, das maiores às menores (estas últimas, aliás, invisíveis a olho nu). Um exemplo de fractal ainda mais familiar é simplesmente a árvore. A invariância de escala é nela notável: que se parece mais com o tronco que se divide em ramos principais do que estes últimos que, por sua vez, se dividem em ramos secundários que se dividem mais e mais? A única diferença relativamente ao modelo matemático é o tamanho finito da menor das estruturas (como no caso dos pulmões ou das esponjas, aliás), ao passo que as matemáticas não conhecem nenhum limite na criação de estruturas de tamanhos cada vez mais reduzidos. A "justificação" do caráter fractal da árvore poderia estar ligada – como nos casos anteriores – a uma otimização da captação da energia luminosa e das trocas com a atmosfera.

O problema da determinação da dimensão fractal deveria ter certa importância na farmacologia. Se um remédio age em volume, então a dose deverá ser proporcional ao peso, logo diretamente proporcional ao volume; se, porém, a droga age sobre as trocas com o ar inspirado, a dosagem deveria crescer de acordo com a superfície fractal do pulmão etc. Parece que, na medicina veterinária, essas regras sejam ainda mais importantes e que seu desconhecimento leve, às vezes, a fracassos, quando se trata de administrar medicamentos a um elefante, por exemplo: dosando a partir da massa, correríamos o risco de cometer um grave erro, no caso de um remédio destinado a cuidar da tosse!

De volta aos atratores caóticos

Voltemos à Figura 3, que representa a evolução de um retângulo quando o atrator caótico se constrói. Em vez de uma representação global, consideremos apenas a evolução da extensão transversal. O retângulo inicial é, então, representado por um segmento de comprimento igual à largura do retângulo. À ferradura da segunda volta correspondem dois segmentos, ao passo que o grampo duplo da terceira volta é representado por quatro segmentos etc. (Figura 3b). Não podemos deixar de ficar impressionados com a analogia entre essa sequência de transformações e as que servem para formar a poeira de Cantor: é por um processo análogo que se constrói o atrator caótico (mas, na realidade, o processo é nitidamente menos regular do que no exemplo idealizado do modelo da ferradura). Afinal, a imbricação das folhas constitui um fractal que confere aos atratores caóticos uma geometria curiosíssima, que os faz serem chamados de "atratores estranhos". Os cortes das trajetórias de um atrator caótico são, portanto, constituídos de uma miríade de pontos estruturados em folhas – vide a Figura 7 – nos casos mais simples (não percamos de vista que até agora só temos raciocinado num espaço de três variáveis – ou três dimensões). No caso em que esses atratores são obtidos por cálculo numérico praticado sobre modelos (vide também o atrator de Hénon, representado na nota 7 do Capítulo 12), podemos tornar a encontrar essa estrutura folheada com seus motivos próprios em todas as escalas de ampliação: vide, por exemplo, a Figura 8.

O momento é propício para advertir contra um amálgama corrente e, no entanto, impróprio entre "fractal" e "caos". Em primeiro lugar, os fractais são figuras geométricas, portanto estruturas espaciais (frequentemente muito ordenadas), enquanto o caos designa um tipo de comportamento temporal (os pontos que representam a evolução caótica no espaço das fases é que se colocam num fractal). Por outro lado, e apesar de sua complexidade, os fractais gerados por processos iterativos regulares como os que acabamos de descrever nada têm de impredizível e não podem, portanto, ser considerados como curvas caóticas.[6]

FIGURA 7 - Corte de Poincaré de um atrator estranho experimental. O sistema mecânico estudado é do tipo oscilador forçado. Experiência de autoria de F. C. Moon (vide Chaotic Vibrations, F. C. Moon, J. Wiley, 1987).

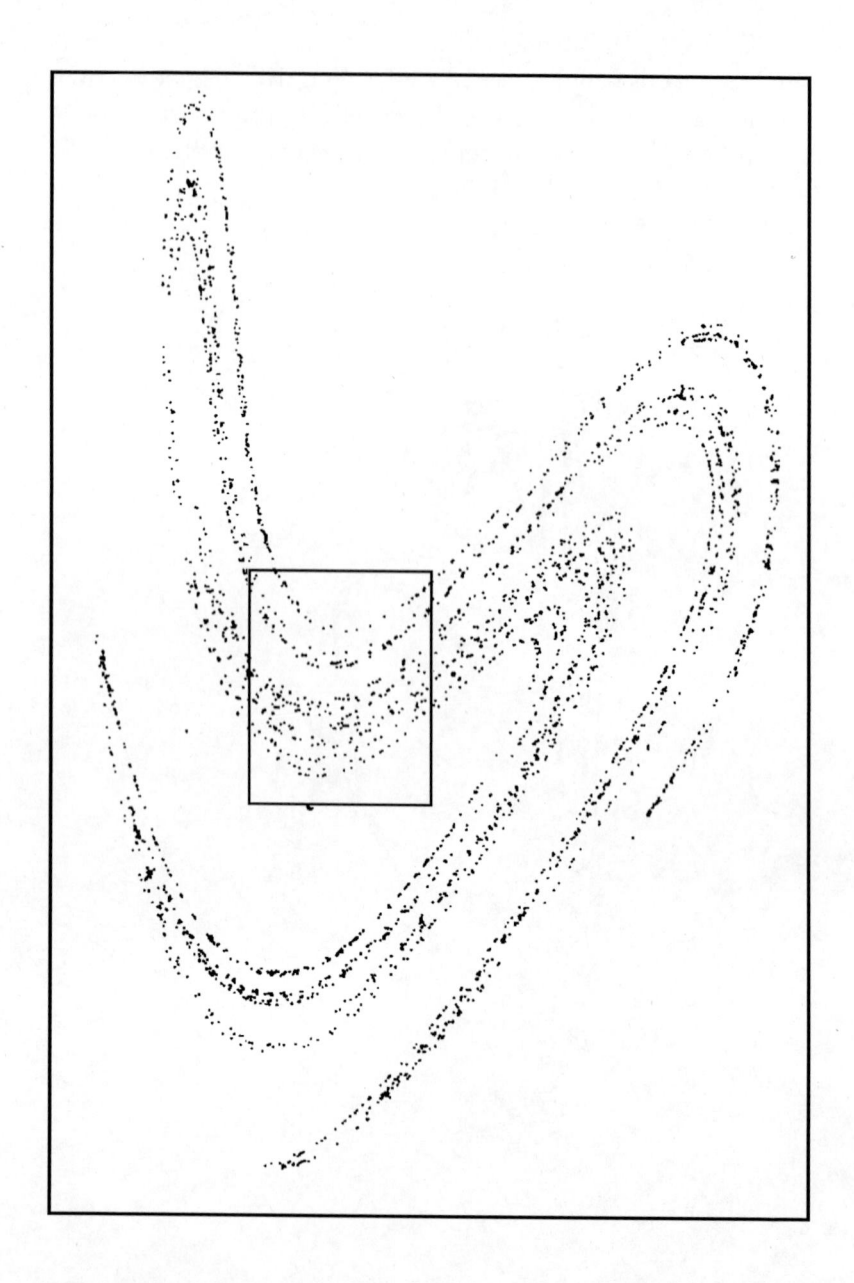

FIGURA 8a – Corte de Poincaré de um atrator estranho numérico. O modelo estudado é o de um oscilador (sustentado) forçado.

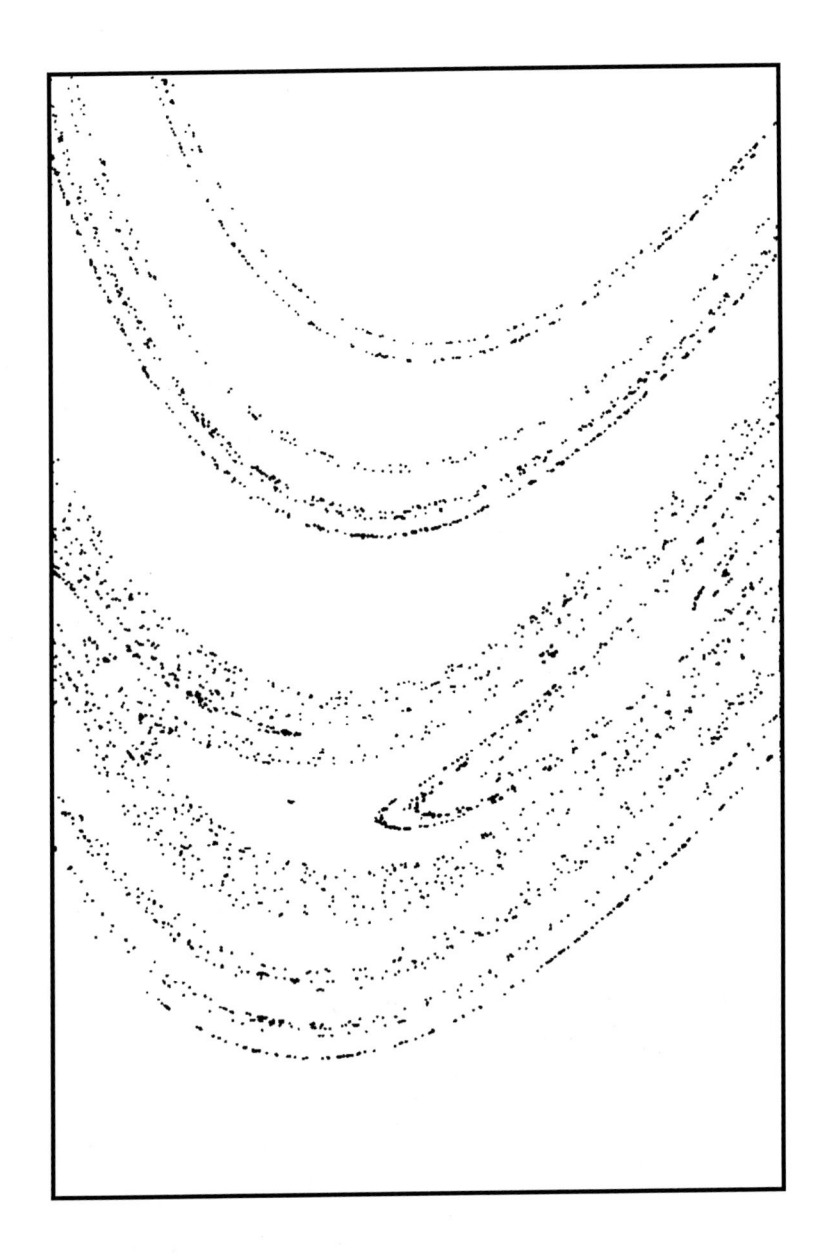

FIGURA 8b – A ampliação da parte enquadrada (Figura 8a) revela uma estrutura em folhas semelhante à do atrator visto como um todo.

Até agora, mostramos o princípio de formação de um atrator estranho mais ou menos como um jogo de construção. Porém, encontramo-los naturalmente no mundo físico experimental? É claro que os atratores estranhos não aparecem espontaneamente durante as observações, mas o pesquisador deverá cingi-los em seu domínio reservado, o espaço das fases. O problema prático é, de fato, o seguinte: o observador em geral observa um comportamento errático que emana de um sistema cuja natureza das variáveis, *a priori*, ele não raro ignora e, com mais forte razão, ignora também o número delas. Por exemplo, o biólogo que constata a evolução errática de uma população animal pergunta-se se as variáveis pertinentes são, além do número de animais, a exposição ao sol, a poluição, a população dos predadores ou outras ainda. Então, a partir unicamente do conhecimento de uma evolução temporal (a evolução da população através dos anos), como saber se está diante do caos (com pequeno número de variáveis) ou, pelo contrário, se se trata de um fenômeno puramente aleatório, devido a um enorme número de variáveis inacessíveis na prática? E, problema ainda mais crucial, já que ele não conhece as variáveis do sistema, como pode ele reconstruir seu atrator? Todas essas são interrogações capitais, às quais só há pouco tempo somos capazes de dar algumas respostas satisfatórias.

Examinemos primeiramente o problema da ignorância prática das variáveis dinâmicas; as primeiras incursões neste terreno se devem a F. Takens, cuja contribuição foi decisiva. Para tentar entender um conceito complexo referindo-se a um exemplo mais simples, voltemos mais uma vez ao arquétipo do sistema dinâmico: o pêndulo oscilante. Conhecemos as suas duas variáveis, posição e velocidade (X e V), que podemos medir, ambas, em função do tempo, para traçarmos o atrator correspondente – o ciclo limite. Se só soubéssemos medir uma dessas variáveis (mas em qualquer momento), a posição X, por exemplo, poderíamos, porém, traçar o atrator sem medirmos a velocidade, mas deduzindo-a por mera derivação, relativamente ao tempo, da posição (uma vez que $V = dX/dt$). Esta operação pode ser feita através de pequenos circuitos eletrônicos que comportam um amplificador e um circuito resistência-capacidade. Esses circuitos clássicos introduzem inevitavelmente um pouco de ruído, devido à eletrônica, que confere ao resultado da derivação uma ligeira flutuação parasita, sempre incômoda. Por isso, pensou-se em reencontrar a (ou as) variável (ou variáveis) oculta(s) através de um outro método. Para bem compreendê-lo, permaneçamos no caso do pêndulo oscilante, no qual só teríamos acesso à posição X. Considerando o caráter senoidal da variação de X (e portanto de V), vemos imediatamente que, se deslocamos no tempo a curva de evolução de X, obtemos a de V, contanto que o atraso seja tomado igual a um quarto (T/4) do período de oscilação T (vide, por exemplo, a Figura 3 do Capítulo 5). Daí uma outra maneira de encontrar, a partir unicamente da evolução de X, a evolução de V (em todo rigor, com a diferença de uma constante multiplicativa).

Provar a generalidade desse procedimento ultrapassaria muito o âmbito deste livro. Digamos apenas que se X(t) representa a evolução temporal registrada de uma das variáveis dinâmicas de um sistema, podemos reencontrar o equivalente de suas outras variáveis atribuindo-lhes os valores que a variável X(t) tinha em instantes dados, separados uns dos outros por um atraso constante judiciosamente escolhido (tantos instantes considerados, tantas variáveis recriadas).

Na prática, essa operação não acrescenta um ruído parasita ao sinal. Com efeito, todo microcomputador equipado com um coprocessador aritmético pode converter, a intervalos regulares de tempo, sinais elétricos em números que ele ordena em sua memória. A série de números assim obtida representa fielmente a evolução do fenômeno, contanto que o intervalo entre duas medidas consecutivas não seja grande demais. Na presença desse sinal de amostragem ou "série temporal", é fácil criar as novas variáveis: num instante dado t, a primeira variável será X(t), a segunda X(t + τ), ou seja, a que se encontra na memória em que foi armazenado X, mas num momento posterior em τ, e assim por diante.

Assim é que podemos criar, por exemplo, três novas variáveis a partir de X(t), calculando:

$X(t + \tau)$; $X(t + 2\tau)$; $X(t + 3\tau)$, com τ representando o atraso escolhido.[7]

Que decorre, então, de um tal procedimento aplicado ao caso do pêndulo? Vão as quatro variáveis assim calculadas desempenhar um papel, quando sabemos pertinentemente que a dinâmica do pêndulo só tem duas variáveis? Retomemos o caso em que τ = T/4. $X(t)$ é a posição do pêndulo, variável de que partimos. Vimos que $X(t + T/4)$ representa a velocidade V, segunda variável do pêndulo. As propriedades das funções periódicas trigonométricas ensinam-nos que $X(t + 2\,T/4)$ vale $-X(t)$ e que $X(t + 3\,T/4)$ é igual a $-V(t)$. As duas últimas variáveis criadas não são novas, portanto, uma vez que são idênticas às duas primeiras, com o sinal trocado. Raciocinando relativamente aos atratores, as duas primeiras variáveis permitiam obter uma elipse num espaço de duas dimensões; o atrator elipse não muda de forma, quer o tracemos num espaço de três ou de quatro dimensões (ou mais). De um modo mais geral, quando tentamos reconstituir um atrator a partir de uma única evolução $X(t)$ (ou "série temporal") pelo método dos atrasos, o atrator, se existir, não evoluirá para além de certo número de variáveis criadas. Diz-se que essas reconstruções "imergem" o atrator num espaço cuja dimensão é escolhida à vontade (sendo essa dimensão igual ao número de variáveis criadas). No caso do pêndulo, acontece que a imersão do atrator não afeta mais sua forma para além da dimensão 2 para o espaço de mergulho – ou de imersão. Mais adiante, ilustraremos com um exemplo simples que, se o atrator for de dimensão D, a dimensão máxima do espaço em que é preciso mergulhá-lo para desdobrá-lo plenamente é (2 D + 1). Esta é a ideia de F. Takens para reconstituir o equivalente das variáveis desconhecidas a partir de uma única série temporal. Não é preciso dizer que muitas tentativas desse método poderoso e simples foram efetuadas sobre exemplos oriundos de modelos numéricos, os únicos sobre os quais conhecemos *a priori* as "verdadeiras" variáveis. Traçando, então, o atrator em seu verdadeiro espaço das fases, é fácil compará-lo ao obtido pelo método de Takens a partir de uma série temporal gerada por resolução do modelo numérico. Se o atraso for escolhido apropriadamente, vai ser preciso constatar que, ainda que os dois atratores não tenham o mesmo aspecto, suas propriedades topológicas são idênticas.

Eis-nos, agora, bem armados para atacarmos o problema crucial da caracterização de comportamentos caóticos desconhecidos *a priori*, ou seja, da medida da dimensão do atrator de um sistema de que só conhecemos o registro de uma grandeza ao longo do tempo. A partir de uma evolução errática dessa grandeza, vamos poder reconstruir o atrator do sistema – se existir – e, em cada etapa de sua reconstrução, poderemos medir a sua dimensão. Com efeito, partindo do sinal de amostragem constituído por dezenas de milhares de pontos, criamos um número P crescente de variáveis ($P = 2$, $P = 3$, $P = 4$, $P = 5$ etc.) e obtemos sucessivamente atratores – nuvens de pontos – em espaços de 2, 3, 4, 5 etc. dimensões. Para cada valor de P, podemos calcular, através do método de Grassberger/Procaccia, a dimensão D do atrator assim reconstruído (ou imerso).

Tipicamente, para os primeiros valores de P, encontramos uma dimensão aparente igual a P. Com efeito, suponhamos – mesmo se isto possa parecer um pouco abstrato – que estamos diante de um atrator de dimensão real $D = 4$. Reconstruí-lo em $P = 2$ quer dizer projetá-lo sobre um plano; não há dúvida, encontraremos $D = 2$. Se o reconstruirmos em $P = 2$, projetá-lo-emos num volume tridimensional e teremos $D = 3$.

Em compensação, quando aumentamos P para procurarmos caracterizar a série temporal que, no caso geral, emana de um sistema cujo número de variáveis ignoramos, vamos adquirir uma informação capital através da medida – ou da não medida – de uma dimensão finita D. Com efeito, se a medida da dimensão D alcançar um patamar quando P for aumentado, podemos pensar que a dimensão calculada nesse patamar (Figura 9) será a do atrator representativo da dinâmica estudada. Constituindo um verdadeiro diagnóstico do caos – sua assinatura autêntica, por assim dizer –, as primeiras medidas experimentais de dimensões de atrator constituíram uma real virada na ciência do caos.

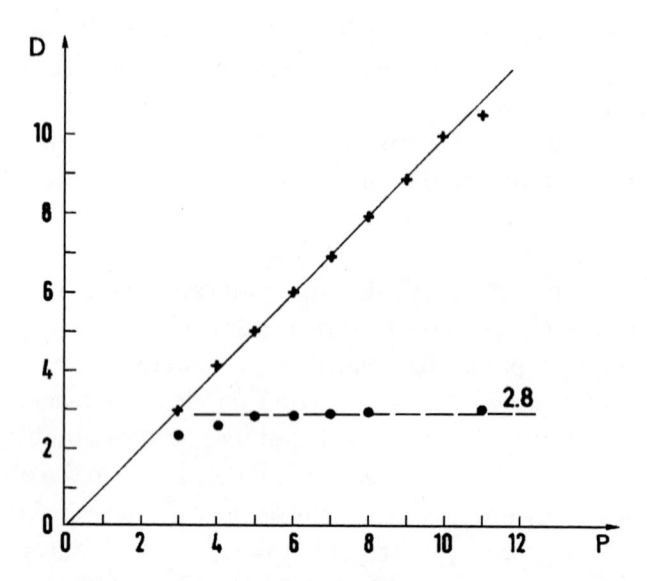

FIGURA 9 – Evidenciação da dimensão fractal de um atrator estranho experimental (D = 2,8) em turbulência hidrodinâmica. Vemos a notável diferença de um fenômeno aleatório (+), cuja dimensão (aparente) sempre aumenta com P.

O caos desmascarado

Para bem avaliarmos a informação crucial trazida pela medida da dimensão em função de P, partamos de um exemplo, fazendo um pouco de ficção econômica. Imaginemos um economista que esteja tentando estudar a evolução realmente muito desordenada do preço de determinada matéria-prima ao longo dos últimos cinquenta anos. Até aqui, nenhum tratamento lhe permitiu saber se essa evolução estava ligada a tantas variáveis que, praticamente, ela se daria "aleatoriamente" ou, pelo contrário, se essas flutuações dos preços apenas estão, de fato, vinculadas a um minúsculo número de variáveis. Se fosse este o caso, estaria escancarada uma porta para uma compreensão nova de um mecanismo econômico, ao passo que, no primeiro caso, só poderíamos baixar os braços e... ver acontecer! (Lembremo-nos de que se trata de uma ficção...)

A partir de números que mostram o preço ao longo dos anos, tentemos calcular D em função de P. Das duas, uma. Ou D continua a aumentar com P, e até P = 10 nenhuma anomalia aparece nesse crescimento; nesse caso, diremos que a errância da evolução deve ser vinculada a um grande número de variáveis. Ou – e esta é a divina surpresa – tão logo P = 4 ou 5, D cessa de aumentar com P, para saturar-se num valor pequeno, bem definido, geralmente não inteiro. Há, então, uma possibilidade de que o atrator estranho exista, com uma dimensão (fractal) pequena e que a errância se deva efetivamente à presença de um pequeno número de variáveis. O caos seria, então, identificado e desmascarado! Mas ainda que estejamos na ficção econômica, nunca seria demais moderar o entusiasmo que esse resultado poderia provocar, sublinhando que a reconstrução do atrator não pode ser feita sem precaução.[8]

Cronologicamente, a primeira descoberta experimental de uma dimensão baixa num comportamento errático foi feita no campo da turbulência[9] hidrodinâmica (fraca). Dois dos autores deste livro estudavam os comportamentos dinâmicos complexos de turbilhões termoconvectivos de Rayleigh-Bénard. Já deparamos com este fenômeno no Capítulo 6. Assim como acima de um radiador ligado o ar quente sobe (e depois desce em outro lugar), correntes convectivas se estabelecem numa célula paralelepipedal cheia de um fluido cuja base esquentamos. Entre as correntes quentes, que sobem, e as correntes frias, que descem, organizam-se movimentos giratórios, turbilhonários. No caso dos aquecimentos moderados, a velocidade dessas correntes é estável e estacionária no tempo. No caso de maiores potências de aquecimento, essa velocidade se torna variável ao longo do tempo. Inicialmente periódicas, estas variações acabam tornando-se irregulares, erráticas, em suma. Atingimos então o regime turbulento, uma vez que apareceram no fluido movimentos desordenados. Esta é, muito resumida, a sequência de aparecimento da turbulência na convecção de Rayleigh-Bénard, ilustrada na Figura 9 do Capítulo 6.

Estamos em 1983, e a pressão dos pesquisadores – portanto, a concorrência – é grande para identificar a presença do caos e dos atratores estranhos. Os dois inventores do procedimento descrito anteriormente acima, Grassberger e Procaccia, haviam-nos escrito para proporem seus serviços e testarem seu método em nossas experiências. Mas nada tem tanto valor quanto o que nós mesmos fazemos, e decidimos associar-nos a dois colegas de Grenoble, P. Atten e B. Malraison: eles possuíam – além de certa cultura na área – os recursos de cálculo e um *know-how* matemático e informático tranquilizador. Por nosso lado, dispúnhamos de resultados experimentais provavelmente muito favoráveis. A experiência teve lugar em Saclay, mas o processamento devia ser feito em Grenoble. Então, gravamos – o mais fielmente possível –, num gravador magnético especialmente adaptado para a circunstância, os sinais de nossas turbulências, e nos pusemos a caminho de Grenoble, onde, depois de algumas tentativas, os resultados "bateram", sem ambiguidade. A Figura 9 os resume; podemos ver a notável diferença que existe entre o sinal que emana de nossas turbulências e o que é puramente aleatório. No momento, embora satisfeitíssimos com os resultados, talvez não tivéssemos avaliado toda a sua importância. Participando, pouco depois, de um congresso nos Estados Unidos, ficamos sabendo que nossos colegas americanos procedem, por um caminho um pouco diferente e numa experiência mais complexa, ao mesmo tipo de análise. Embora visivelmente menos avançados do que nós, eles nos propõem publicar um artigo em comum. Considerando que o nosso trabalho estava, por seu lado, terminado, achamos que não tínhamos de esperar os nossos colegas – e, no entanto, amigos – americanos para publicarmos (nosso artigo já estava, aliás, sendo redigido). Cada um por si, como acontece nessas competições não raro rudes. De volta à França, depois de uma última redação com nossos colegas de Grenoble, enviamos o texto ao editor. Ou antes, aos editores; de fato, submetemos o artigo, simultaneamente, em sua versão francesa, aos *Comptes rendus de l'Académie des sciences* – para irmos rápido e publicarmos em francês – e, em sua versão inglesa, a uma revista europeia. Infelizmente, caímos com um relator difícil, cujas observações atrasaram a publicação nos *Comptes rendus de l'Académie des sciences...* escolhidos, afinal, para ganhar-mos tempo! Apesar de tudo, o artigo saiu numa data anterior à do artigo americano e ganhamos a corrida. Tratava-se, portanto, realmente da primeira medida da dimensão fractal de um atrator experimental e, por isso, da mais direta e estrondosa evidenciação de atratores estranhos numa turbulência hidrodinâmica.[10]

Notas

1   A respeito da influência do ruído sobre um pêndulo, vide a nota 5 do Capítulo 5.

2   Esta não possibilidade de caos para um sistema de duas variáveis (ou graus de liberdade) é expressa no teorema de Poincaré-Bendixson, que enuncia que os únicos atratores possíveis para um sistema de duas variáveis são o ponto fixo e o ciclo limite. Isto significa que não pode haver "onda" (*flot*) caótica numa região limitada de um espaço das fases bidimensional.

3   Supomos que o sistema a partir do qual descrevemos a formação do atrator caótico no espaço das fases é o pêndulo forçado do tipo *botafumeiro*, com suas três variáveis, posição, velocidade, comprimento da suspensão, cuja variação periódica constitui a "forçagem". Para "ver" como se forma o atrator caótico, é preciso considerar uma condição inicial (posição, velocidade) para um comprimento dado da corda e seguir a evolução da trajetória que dela se originou. De preferência a fazer esse exame seguindo a trajetória ao longo de todo o seu percurso, retomamos o método de Poincaré e examinaremos a posição do ponto sobre a trajetória cada vez que o comprimento da corda de suspensão for máximo (por exemplo). Por fim, para termos uma visão completa, precisaremos processar não só uma condição inicial, e sim um conjunto de condições iniciais que supomos todas contidas num retângulo ABCD. Como o espaço das fases tem três dimensões, escolhemos ABCD num plano perpendicular ao eixo de coordenada correspondente à terceira variável (L, comprimento da suspensão) e supomos que, no início das operações, ABCD está no plano L = L máximo. Durante a evolução, a dissipação acarreta uma redução da superfície do retângulo, enquanto a divergência (SCI) implica um esticamento deste último, contração e esticamento que se dão, evidentemente, em duas direções diferentes. Como todas as trajetórias devem permanecer num volume confinado do espaço das fases, portanto em particular as oriundas de ABCD, o esticamento evidentemente só é possível se o retângulo se dobra enquanto se estica. Esta tripla operação de contração, de alongamento e de dobramento se desenrola continuamente ao longo da evolução no espaço das fases. Consideremos o que aconteceu com o retângulo ao final do primeiro período de "forçagem", ou seja, quando a corda de suspensão voltou ao seu comprimento máximo, por exemplo. Ao final desse primeiro período, o retângulo inicial se transformou numa figura que se

parece com uma ferradura. Sua superfície é inferior à do retângulo inicial (a contração realmente ocorreu); todos os pontos inicialmente muito próximos se afastaram (a divergência começou a acontecer); enfim, graças à sua forma dobrada, ele não ocupa um espaço maior do que o retângulo inicial (as trajetórias efetivamente permaneceram, portanto, num volume confinado do espaço). Com o prosseguimento da evolução, começa um segundo período de "forçagem". Se, no início do primeiro, partíamos de um retângulo, no início do segundo a evolução parte de uma ferradura. Ela é que, agora, vai contrair-se, esticar-se e dobrar-se, para dar origem, no final do segundo período, a uma figura mais complexa, uma espécie de grampo duplo. Em seguida, esse grampo chegará, após a terceira volta, a uma estrutura oito vezes dobrada, e assim por diante (vide a Figura 3 do Capítulo 7). Assim é que se forma o atrator caótico, o qual podemos adivinhar que, esperando um tempo suficiente, terá uma estrutura composta de um imenso número de folhas.

4 Por outro lado, e depois de um necessário tempo de descanso para a massa, ela é "virada" para ser achatada no rolo, no sentido perpendicular ao da operação anterior. Obtém-se uma excelente massa depois de sete *tourages* seguidos: diz-se então que temos uma massa folheada "*à sept tours*".

5 Ler-se-á com proveito: B. Mandelbrot, *Les objets fractals: forme hasard et dimension*, Paris, Flammarion, 1975, e, do mesmo autor, *The Fractal Geometry of Nature*, San Francisco, Freeman, 1982.

6 Acerca das curvas caóticas, vide M. Mendès France, Images de la physique, *Le Courrier du CNRS*, 1983, p.5.

7 A escolha de é delicada: ele não deve ser nem pequeno demais, o que criaria variáveis quase idênticas umas às outras, nem grande demais, com o risco de criar variáveis descorrelatas entre si; na prática, é preciso que t seja uma fração do período residual do sinal.

8 Pouco depois de sua publicação, o método de Grassberger-Procaccia tornou-se muito popular e foi aplicado a muitos dados erráticos relativos a áreas variadas. No caso de dados pouco abundantes (número de medidas muito pequeno), encontramos no mais das vezes uma dimensão fractal (totalmente fictícia neste caso) de pequeno valor. Atribuiu-se indevidamente, então, a uma origem determinista o que não passava de um fenômeno aleatório mal analisado.

9 A palavra "turbulência" geralmente evoca a ideia de turbulência desenvolvida, ou seja, da agitação desordenada de um escoamento em grande velocidade, no interior do qual coexistem turbilhões de todas as escalas espaciais. Na realidade, de modo muito mais geral, podemos qualificar de turbulento todo escoamento em que a velocidade varie de maneira errática, seja qual for, de resto, a configuração espacial dos movimentos do fluido.

10 Apesar disso, alguns especialistas em mecânica dos fluidos de cultura clássica, assim como certos matemáticos, ainda emitem dúvidas, com maior ou menor vigor, quanto à possibilidade de aplicar a teoria do caos aos escoamentos reais.

CAPÍTULO 8

FENÔMENOS PERIÓDICOS NATURAIS

> "Quando nos colocamos no ponto de vista do sistema solar, nossas revoluções mal têm a amplitude de movimentos de átomos."
>
> *Ernest Renan*

São numerosas as dinâmicas periódicas ou pseudoperiódicas naturais e servem de referência à nossa mais imediata percepção do tempo: batidas do coração, respiração, nascer e pôr do sol, retorno das estações etc. É, sem dúvida, por isso que a ideia de que exista um princípio unificador de toda dinâmica, precisamente a periodicidade, é muito antiga. Georges Dumézil mostrou que certos ritos[1] da antiga religião romana mesclavam sutilmente o retorno diário do Sol e o retorno das estações. Conservamos um vestígio dessa mescla de sagrado e de profano em nossos calendários, onde cada dia do ano é atribuído a um santo ou a uma santa, o que fornecia outrora um ponto de referência de tempo relativamente simples para populações que não sabiam nem ler nem contar. Esse laço entre festas religiosas e calendário é anterior ao cristianismo e já existia na Roma antiga, de acordo com um sistema complexo que, aliás, ainda não foi totalmente compreendido.

Essa tão forte influência dos ritmos periódicos tem, por vezes, efeitos um pouco perversos quando é associada à interpretação de dinâmicas ligadas às atividades humanas. Assim, nas ciências econômicas, muitas vezes procuramos discernir ciclos de crescimento interrompidos por crises, como a crise de 1929, por exemplo, e alguns economistas marxistas (entre outros) tiraram daí a conclusão de que essas crises seguidas, oscilações divergentes, por assim dizer, só podiam agravar-se, para terminarem numa catástrofe de grandes proporções. Essa concepção da dinâmica periódica da economia parece totalmente desaparecida das análises atuais. No entanto, a economia apresenta efetivamente flutuações consideráveis, mas sem periodicidade muito clara.

Toda dinâmica natural é periódica?

Na definição da palavra "periódico", podemos ler num dicionário de física de 1767:[2] "Dá-se o nome de periódico ao movimento de um astro ao redor de um outro." Levantemos, pois, a questão: é o movimento dos astros realmente sempre periódico, no sentido estrito? Ele o é, manifestamente, numa primeira aproximação, por exemplo no caso da rotação da Terra ao redor do Sol, que se dá em 365,242... dias com uma excelente precisão, e se explica pelas leis de Newton. Essas leis são gerais o bastante para permitirem que também se calcule a parte eventualmente mais complexa (ou seja, não periódica) do movimento da Terra e dos planetas, levando em conta todas as suas interações.

Se essa teoria de Newton demorou muito tempo para nascer, é porque o tempo é nela introduzido como uma variável contínua, cujo valor cresce sempre. A imagem das Parcas que fiavam o linho não era, afinal de contas, tão ruim, já que ligava a mecânica (a rotação) a essa noção abstrata de tempo e dava a imagem de um tempo regular, homogêneo e mensurável. A etapa importante foi vencida por volta do final do século XVII, por Newton, fundador do que chamamos, em inglês, de *calculus* (ou cálculo infinitesimal ou diferencial), ou seja, a possibilidade de descrever e de manipular quantidades contínuas (o tempo) e funções elas próprias contínuas.

Antes dele, as matemáticas ainda eram fundamentalmente a dos gregos: manipulavam números inteiros e frações ou números ligados a estes, como as raízes quadradas de inteiros, por exemplo. Foi um progresso considerável para o espírito humano imaginar procedimentos de cálculo que fossem além dessas manipulações aritméticas. Essa descoberta, pelo menos do ponto de vista dos cálculos práticos nos casos mais difíceis, só recebeu seu acabamento final com o desenvolvimento recente dos computadores. O ponto de vista que faz o cálculo infinitesimal remontar a Newton e Leibniz (jurista, filósofo e político alemão) não é universalmente compartilhado. Michel Serres vê no *De natura rerum* de Lucrécio um início de cálculo (ou *calculus*): a ideia "epicurista" de *clinamen* representaria a variação infinitesimal, conceito essencial do cálculo diferencial. É possível, mas cumpre dizer que, do ponto de vista do efeito sobre a posteridade, essa noção por assim dizer "pré-histórica" do cálculo infinitesimal não teve a influência que a descoberta de Newton exerceu sobre seus contemporâneos e sobre os que se seguiram. Tampouco parece que o texto de Lucrécio, de interpretação nem sempre fácil e clara, tenha influenciado Leibniz ou Newton.

A dificuldade que havia em introduzir variáveis contínuas (opostas aos números inteiros e às frações) na medida do tempo revela-se mais claramente quando consideramos a mais antiga realização de um calendário mecânico, o mecanismo de Anticitera. Esse mecanismo, encontrado com outros tesouros ao largo de uma ilha grega por pescadores de esponja, em 1900, é de fato (e de muito) o mais antigo calendário mecânico – um precursor dos relógios – que se conhece. É uma realização bizantina dos séculos V ou VI depois de Cristo, mas que utiliza, com toda certeza, conhecimentos mais antigos, que remontam à Época Clássica (por volta de 400-300 a. C.). Esse mecanismo põe em correspondência os movimentos da Lua e do Sol no zodíaco ao longo do ano. Para fazer avançar os dois movimentos simultaneamente e predizer a posição da Lua num dado dia, esse mecanismo supunha que existe uma relação simples entre o ano solar e o período lunar (na prática, a metade desse período), sendo essa relação simples traduzida mecanicamente pelas relações do número dos dentes das coroas dentadas que se engrenavam umas nas outras.

Newton ou a razão do periódico

Esquecendo-se, por assim dizer, dessa aritmética, e por um salto conceitual gigantesco, a teoria newtoniana permitiu interpretar um conjunto de fatos observados – a rotação regular dos planetas ao redor do Sol sobre suas órbitas keplerianas – num quadro lógico coerente, o da mecânica do ponto e das leis da gravitação. Essa teoria de um movimento periódico fundamental exprime-se através de equações diferenciais, que permitem calcular, num momento dado, a aceleração de um corpo, sendo dadas as massas de todos os corpos presentes e suas respectivas distâncias naquele momento. Como a aceleração instantânea define a maneira como varia a velocidade do corpo em questão, podemos deduzir dessa lei de Newton um novo estado de posição e de velocidade no instante seguinte. Iterando este cálculo, podemos, portanto, conhecer o estado do sistema em qualquer tempo futuro. Daí, finalmente, a ideia do determinismo de Laplace, de que falamos no Capítulo 2. Esse método prediz as leis das rotações regulares dos planetas (dentre os quais a Terra) ao redor do Sol, descobertas alguns anos antes por Kepler e cuja importância considerável merece que nos detenhamos nelas. Com efeito, há cerca de dois mil anos os homens vinham interrogando-se sobre os movimentos dos astros, e nenhum dos modelos propostos (e havia muitos deles, alguns complicadíssimos!) explicava de maneira satisfatória e rigorosa o movimento dos planetas. O grande mérito de Kepler foi ter sido capaz de romper com ideias muito solidamente arraigadas, que inicialmente o influenciaram muito e – como ele próprio confessou – fizeram que perdesse muito tempo. Imaginada por Ptolomeu, defendida em particular por Copérnico e por Tycho Brahe, a ideia de órbitas perfeitamente circulares ao redor do Sol (ou de combinações de órbitas circulares) era "incontornável". Num plano científico, como imaginar – na época – que o movimento dos planetas pudesse ser periódico sobre um outro tipo de órbita? Por outro lado, como poderia o Criador ter escolhido uma trajetória e uma dinâmica que não as mais perfeitas: o círculo e um movimento uniforme sobre este último?[3] Essa sólida tradição não impediu, por fim, que Kepler considerasse as órbitas elípticas e descobrisse suas três leis, descoberta capital ainda que a possamos considerar empírica, já que será preciso esperar Newton e a teoria da gravitação universal para demonstrar essas leis.[4]

Com efeito, as leis de Kepler foram reencontradas pelo próprio Newton a partir de sua teoria da gravitação, por um método bastante indireto e que não é o que achamos na maior parte das exposições atuais desta questão. Newton mostrara que o problema de dois corpos – a Terra e o Sol, no caso – podia ser resolvido exatamente, e dele deduzia, em particular, que a Terra tinha rotações periódicas regulares ao redor do Sol, com um período (o ano) que é função apenas das massas dos dois astros, de sua distância e de um outro parâmetro físico, o momento angular. Esse problema de dois corpos com forças de interação inversamente proporcionais ao quadrado da distância tem uma particularidade que faz que, na ausência de perturbações (devidas praticamente à presença de um terceiro corpo, ou seja, um outro astro), a órbita da Terra volte a se fechar exatamente depois de uma volta, ao passo que, com leis de interação diferentes, isso não seria possível. Na realidade, este problema é singularmente mais complicado, em razão da presença da Lua, e na prática a órbita terrestre não volta a se fechar, já que é composta de dois movimentos: a rotação ao redor do Sol e a órbita do par Terra-Lua. O resultado final para a trajetória da Terra é, numa primeira aproximação, uma curva que se enrola sobre um toro (figura geométrica que corresponde à superfície de uma câmara de ar; vide a Figura 1); o grande círculo do toro é a órbita ao redor do Sol, o círculo pequeno, a órbita Terra-Lua. A principal contribuição ao desvio do fechamento da órbita é da ordem de grandeza da excursão da Terra na órbita de seu movimento com a Lua. Esta particularidade do problema de dois corpos (fechamento exato das órbitas)[5] explica que a solução dada por Newton seja menos direta que as em geral apresentadas, que não o utilizam. Esta solução se baseia, em grande parte, em construções geométricas, que levam efetivamente às leis de Kepler, também de natureza geométrica.

A época das dúvidas: o cálculo das perturbações

Sucesso completo até aqui: uma teoria (a de Newton) explica bem os fatos preexistentes (leis de Kepler). Mas, como já dissemos, a teoria de Newton também implica considerar – nas equações de movimento – a interação entre planetas, da mesma forma que a interação entre planetas e Sol. Uma estimativa rápida de ordem de grandeza mostra que essa interação entre planetas, embora não seja nula, é pequena relativamente à interação com o Sol. O efeito é máximo, como já o observara Newton, para os grandes planetas: assim, Saturno provoca uma perturbação relativamente importante na órbita de Júpiter, e reciprocamente. Isto levou Laplace e Lagrange, cerca de um século depois de Newton (portanto, durante o período da Revolução e do primeiro Império na França), a procurarem saber como dar conta dessa interação entre planetas de uma maneira mais pormenorizada. Como ela é relativamente fraca, tiveram eles a ideia de considerá-la como uma pequena perturbação diante da atração do Sol e isso os levou a imaginarem o que chamamos cálculo das perturbações. É preciso notar que não se trata de modo algum de escrever novas equações de base: tudo está presente na dinâmica newtoniana, mas o que é difícil de pôr em prática é o cálculo implicado pelas equações correspondentes. O cálculo das perturbações consiste, portanto, em desprezar, num primeiro momento, a interação entre planetas – daí as órbitas keplerianas perfeitas – e, depois, em considerar a interação entre planetas como a causa de uma pequena correção a essas órbitas keplerianas, eventualmente seguida de uma segunda correção para aproximar-se mais da verdadeira solução.

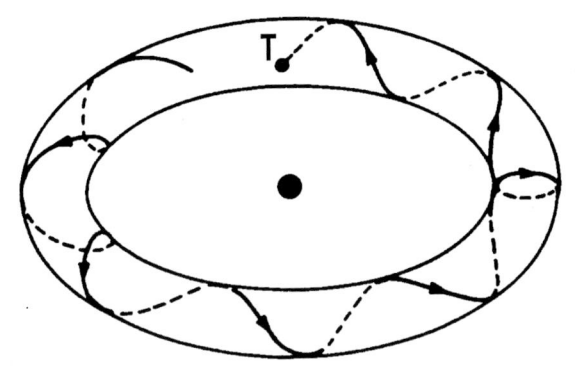

FIGURA 1 – Trajetória da Terra ao redor do Sol. Em razão da rotação da Lua, esta trajetória não é uma elipse, mas inscreve-se num toro. (Evidentemente, as escalas não são respeitadas.)

Quando são realmente efetuados para o caso do sistema solar, esses cálculos são árduos e só puderam ser levados a termo por matemáticos de primeira ordem, como Laplace e Lagrange, matemáticos que, lembremo-lo, não dispunham, obviamente, de computador. No entanto, esses cálculos de perturbações punham em evidência certo número de fenômenos que revelaram ter consequências extremamente profundas, como veremos. De fato, Laplace observara a existência de ressonâncias, ou seja, de relações aritméticas simples entre diversos períodos. A ressonância que desempenha o maior papel é a que existe entre os períodos de Júpiter e de Saturno, cuja razão é muito próxima de 2/5. Essas ressonâncias são responsáveis pelos chamados "efeitos seculares", ou seja, uma lenta deriva dos parâmetros das órbitas dos planetas, tal como a elipticidade. Essa deriva não pode ser analisada no que diz respeito a seus efeitos a longuíssimo prazo no âmbito do cálculo das perturbações que acabamos de mencionar. O tempo característico dessa deriva, que agora conhecemos, é da ordem de uma centena de milhões de anos (tempo que pode parecer muito longo à escala humana, mas que, de fato, é breve comparativamente à idade do sistema solar).

Não deixa de ter interesse, também, compreender por que tanta atenção foi dada a essa questão do cálculo das perturbações desde o final do século XVIII e ao longo de todo o século XIX, numa época em que a pesquisa desinteressada mal existia. O problema preciso que se colocava na época era o do cálculo das longitudes sobre o globo terrestre; com efeito, essa época assistiu ao fim da exploração do globo pelos europeus (já essencialmente os franceses e os ingleses, uma vez que os espanhóis e os portugueses não estavam mais presentes nessa exploração no final do século XVIII, porque já senhores de imensos impérios). Esses exploradores toparam, em particular, com o problema da determinação da longitude das ilhas do meio do Pacífico, do Atlântico Sul e do Índico (Ilha de Páscoa, Taiti, Seychelles etc.). O método de medição das longitudes que existia na época consistia em relacionar a hora local à hora de Greenwich (ou, antes, de Paris, até meados do século XIX, como o lembra divertidamente O tesouro do unicórnio, de Hergé). A latitude, por seu lado, era fácil de determinar pela declinação do Sol no zênite, de acordo com um método conhecido dos astrônomos (pelo menos desde a Antiguidade tardia). A determinação da longitude exigia, pois, cronômetros os mais precisos possíveis. Os relojoeiros da época realizaram maravilhas mecânicas, que eram corrigidas, por exemplo, das variações da temperatura (note-se, de passagem, que a fenomenal precisão dos atuais relógios de quartzo permite fazer pontos astronômicos muito precisos a baixo custo!), mas subsistiam algumas imprecisões, particularmente durante as agitadas travessias em barcos. A Lua, pelo contrário, com seu movimento independente da rotação diurna, fornecia uma espécie de pêndulo cósmico que permitia comparar a hora num lugar dado com a hora num lugar de referência. Mas esse pêndulo era particularmente difícil de se ler: o movimento da Lua é afetado ao mesmo tempo pela atração da Terra e pela do Sol, sendo esta última uma perturbação. Os esforços de Lagrange e de Laplace foram motivados, pelo menos em parte, pela necessidade de ter uma representação tão boa quanto possível dos movimentos da Lua, para que se pudesse em seguida constituir efemérides utilizadas para a medição das longitudes. A Academia de Ciências francesa conserva, desde essa época, uma Secretaria das Longitudes, cuja missão inicial era justamente estabelecer essas efemérides. Os difíceis cálculos que permitiam determinar a longitude certamente foram um dos reais motores do ensino superior teórico nos países desenvolvidos da época, juntamente com, é preciso confessá-lo, os cálculos de balística para a artilharia. Não é certo que existam atualmente – e digam o que disserem a este respeito – incitações tão fortes à utilização de matemáticas não triviais para um tão grande número de estudantes...!

Nada mais funciona!

Simplificando ao extremo o problema da estabilidade do sistema solar, Poincaré, já no final do século XIX, levantou o problema dos três corpos, ou seja, por exemplo, o do movimento de dois planetas e do Sol em interações mútuas. Supondo o Sol imóvel – o que não é uma má aproximação, dada a sua grande massa –, estamos diante do que às vezes é chamado de problema restrito a três corpos. De fato, esse problema de três corpos, posto em sua generalidade, constitui a etapa seguinte do problema de dois corpos resolvido por Newton. Poincaré, por um método geométrico ao mesmo tempo simples e profundo, mostrou que o problema de três corpos não era integrável (o que significa que não tem solução analítica, ou seja, exprimível por funções já conhecidas) e que existem, em certo sentido, soluções caóticas! Esta capital descoberta de Poincaré permaneceu por muito tempo como um fato relativamente isolado, e só bastante recentemente, graças, entre outras coisas, aos computadores, pudemos apreciar todo o seu alcance. Michel Hénon, astrônomo do observatório de Nice, desempenhou um papel fundamental nessa redescoberta e no aprofundamento das ideias de Poincaré. Com efeito, em colaboração com C. Heiles, ele foi o primeiro a mostrar que efetivamente se encontravam trajetórias caóticas numa versão simplificada do problema de três corpos.

A outra via de pesquisa aberta pelo cálculo das perturbações de Laplace e de Lagrange também levou a uma descoberta matemática de primeira linha, que chamamos de teoria de KAM (do nome de seus inventores, Kolmogoroff, um dos grandes matemáticos deste século, falecido recentemente, Arnold, um de seus alunos, e Moser). Simplificando exageradamente essa teoria, podemos dizer que ela valida o cálculo das perturbações, mostrando que se essas perturbações forem suficientemente pequenas (praticamente, se a massa dos planetas for bem menor do que a do Sol), então as órbitas futuras permanecerão para sempre próximas das órbitas atuais. Infelizmente, os valores das massas dos planetas são grandes demais (e as perturbações que provocam, consideráveis demais) para que possamos aplicar a teoria de KAM ao sistema solar, e as pesquisas mais recentes sobre este problema preciso indicam, pelo contrário, que as órbitas futuras provavelmente se afastarão muito das órbitas atuais.

Até a trajetória da Terra ao redor do Sol não foge a essa incerteza. J. Laskar,[6] do Observatório de Paris, descobriu a fonte da instabilidade do movimento da Terra em interação com os outros planetas. Essa instabilidade provém de uma ressonância muito aguda entre as precessões das órbitas de Marte e da Terra, por um lado; de Vênus, Mercúrio e Júpiter, por outro (essas ressonâncias aparecem quando consideramos, por assim dizer, cada um desses dois conjuntos de planetas como uma única entidade). As escalas de tempo envolvidas são, porém, quase geológicas, da ordem da centena de milhões de anos, o que faz que essas divergências não sejam significativas relativamente à duração de vida provável da espécie humana. Os métodos empregados para demonstrar este resultado tampouco permitem dizer com precisão se a Terra se afastará ou se aproximará do Sol: eles mostram que há uma espécie de instabilidade sobre essa escala de tempo, sem dizer como ela se desenvolverá.

Imagens da dinâmica do problema dos três corpos

Vamos concentrar-nos agora nos resultados obtidos por Hénon e Heiles, que consideram o problema restrito a três corpos. Na realidade, o objetivo inicial do trabalho de M. Hénon era descrever as trajetórias possíveis de uma estrela no campo de gravitação complexo de uma galáxia. Isso o levara a uma forma muito simplificada do problema de três corpos, conservando, porém, suas características essenciais. No problema considerado, os dois primeiros corpos C1 e C2 são, digamos, dois astros de massa igual, que giram ao redor de seu centro de gravidade comum O, sobre uma órbita circular, como indicado na Figura 2 (o fato de que os dois astros tenham uma mesma massa faz que O esteja no meio de C1 C2 e que os dois astros girem à mesma velocidade). Supõe-se que o terceiro corpo C3 (ou satélite) tem massa muito menor e é obrigado a se deslocar no plano das órbitas de C1 e C2: ele é atraído ao mesmo tempo por C1 e por C2, mas perturba muito pouco o movimento destes últimos. Assim, C3 pode girar (sobre uma órbita complexa) ao redor de C1, ou de C2, ou ao redor dos dois ao mesmo tempo, conforme as condições iniciais. Representar a órbita de C3 teria pouco interesse, dado o imbricamento da trajetória no caso geral. Já deparamos com este problema no caso da trajetória caótica no espaço das fases do pêndulo forçado e utilizamos o chamado método de Poincaré para obtermos uma figura significativa. Henon e Heiles desenvolveram cálculos numéricos, seguindo o mesmo procedimento, e tiveram o mérito de encontrar uma iteração simples de duas variáveis, que permitiu acompanhar os estados sucessivos de C3 num plano de corte de um espaço de fase de três variáveis (não nos esqueçamos de que já utilizamos uma outra iteração no Capítulo 4, mas aquela só se valia de uma única variável). Assim, a evolução da "trajetória" de C3, dada pela sequência dos pontos de coordenadas X_{n, Y_n} no plano de corte, se exprime, para o problema dos três corpos de Hénon-Heiles:

$$X_{n+1} = X_n \cos A - (Y_n - X_n^2) \operatorname{sen} A$$
$$Y_{n+1} = X_n \operatorname{sen} A + (Y_n - X_n^2) \cos A$$

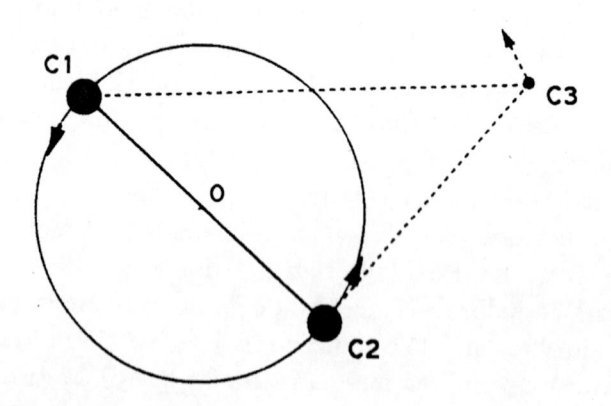

FIGURA 2 – Esquema relativo ao problema restrito a três corpos de Hénon-Heiles. C1 e C2 representam os dois astros (maciços) e C3 representa o satélite (leve).

Aqui, A é um ângulo que serve de parâmetro ajustável; nas discussões e nas figuras que se seguem, tomamos o valor clássico A = 1,328 radiano e, como de costume, n é o índice da iteração equivalente ao tempo (discreto).

Esta iteração tem a vantagem de ser facilmente calculável e representável na tela do mais modesto microcomputador, embora conservando o essencial da riqueza do problema inicial (convidamos o leitor a traçar por si mesmo os pontos sucessivos; um programa em Basic *standard* é dado em nota).[7] A integração numérica das verdadeiras equações do problema dos três corpos requereria, pelo contrário, um cálculo muito mais complicado. Evidentemente, não se obtêm os pontos de corte da trajetória do satélite C3 no espaço real, mas num espaço das fases tal como definimos nos capítulos anteriores: X_n representaria a posição do satélite e Y_n a sua velocidade (uma componente da sua velocidade). No entanto, a dinâmica de C3 se vê representada inteira por essa aplicação simplificada.

Neste problema "conservativo", a trajetória – e portanto a sua seção de Poincaré – depende crucialmente das condições iniciais X_0, Y_0. Examinemos alguns casos interessantes.

O mais simples corresponde a $X_0 = Y_0$. Constatamos, então (Figura 3), que o ponto de impacto da trajetória (de fase) do satélite C3 é sempre o mesmo, na origem do diagrama de fases. Isso significa que C3 tem um movimento estritamente periódico, sendo o ponto figurativo de seu movimento uma elipse indefinidamente descrita, que fura, portanto, o plano de corte num único ponto. Na prática, isso significa que o satélite C3 gira ao redor de um dos astros C1 (ou C2) e em sua vizinhança imediata, de tal maneira que a perturbação gerada pelo outro astro permanece desprezível.

Aumentemos ligeiramente X_0 e Y_0. Desta vez, os pontos sucessivos se colocam sobre uma oval centrada em O' (Figura 3). O satélite é agora animado por um movimento de duas frequências características. Além de seu movimento de rotação ao redor do astro C1 (ou C2), ele "sente" a rotação do outro astro, e as duas frequências se compõem para criar um movimento "biperiódico" de duas frequências (ou "quase-periódico") já descrito no Capítulo 6. No espaço real, podemos traduzir isso dizendo que o satélite C3 gira (com a primeira frequência) ao redor de "seu" astro, sobre uma órbita elíptica cujo grande eixo gira lentamente (mas regularmente) com a segunda frequência (Figura 4). No caso geral – e exceto para valores inteiramente particulares do par X_0, Y_0 – a relação das duas frequências não pode ser posta sob a forma de uma fração; dizemos que as duas frequências são incomensuráveis.

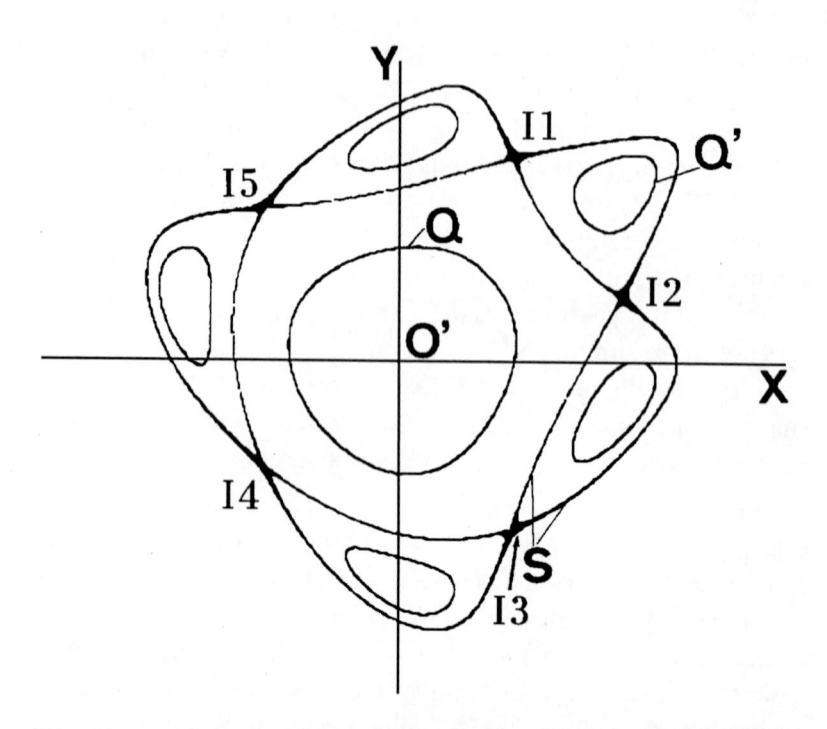

FIGURA 3 – Representação dos resultados dados pela iteração do modelo de Hénon-
-Heiles. Este é equivalente a uma seção de Poincaré do problema de três corpos.
Q trajetória quase periódica simples; Q' trajetória quase periódica de período 5; S
curva separatriz; I1, I2 ... I5 pontos instáveis.

Continuando a aumentar progressivamente X_0 e Y_0, passamos
de repente a uma figura qualitativamente diferente. Cinco argo-
las fechadas aparecem, alternadamente visitadas pela trajetória
(Figura 3). A figura que se desenhava ao redor de O' é, portanto,
reproduzida em cinco exemplares. Estamos diante de um regime
quase periódico ao redor da relação cinco para as duas frequências.
Se tivermos a paciência de ajustar finamente os valores iniciais X_0
e Y_0, uma situação particularíssima se estabelece, em que apenas
os centros das cinco curvas são visitados: o diagrama é reduzido a
cinco pontos, ou seja, o sexto impacto é exatamente confundido

com o primeiro. No espaço real, isso significa que o eixo da órbita fechada de C3 deu exatamente uma volta quando C3 fez cinco revoluções ao redor de seu astro. Diz-se, então, que as duas frequências se tornaram comensuráveis (ou seja, elas estão numa razão simples, no caso 1/5) e o regime já não é biperiódico, mas simplesmente periódico.

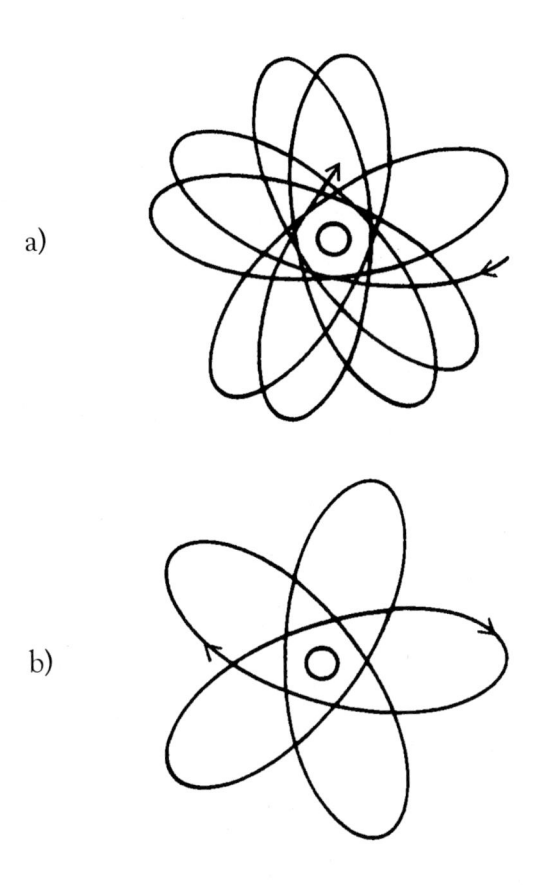

FIGURA 4 - Representação da trajetória real do satélite C3. As duas frequências em jogo correspondem, por um lado, à rotação de C3 sobre a sua órbita e, por outro, à rotação do grande eixo dessa órbita. a) Caso de um regime quase periódico de duas frequências incomensuráveis. b) Caso do regime em que a relação das duas frequências de rotação é 1/5.

Entre a região central, em que a trajetória traça uma curva única, e aquela em que ela traça simultaneamente cinco curvas, existe aparentemente uma curva "separatriz" S que se recorta em cinco pontos singulares I1, I2, I3, I4, I5, os chamados "pontos instáveis" (Figura 3). Se olharmos mais de perto as proximidades dessa separatriz e desses pontos instáveis, ampliando a Figura 3, notaremos um espalhamento de pontos que já não se colocam numa curva, mas preenchem uma superfície, como podemos ver na Figura 5: todos eles pertencem a uma mesma trajetória, que é uma trajetória caótica, correspondente, portanto, a um movimento irregular do satélite C3.

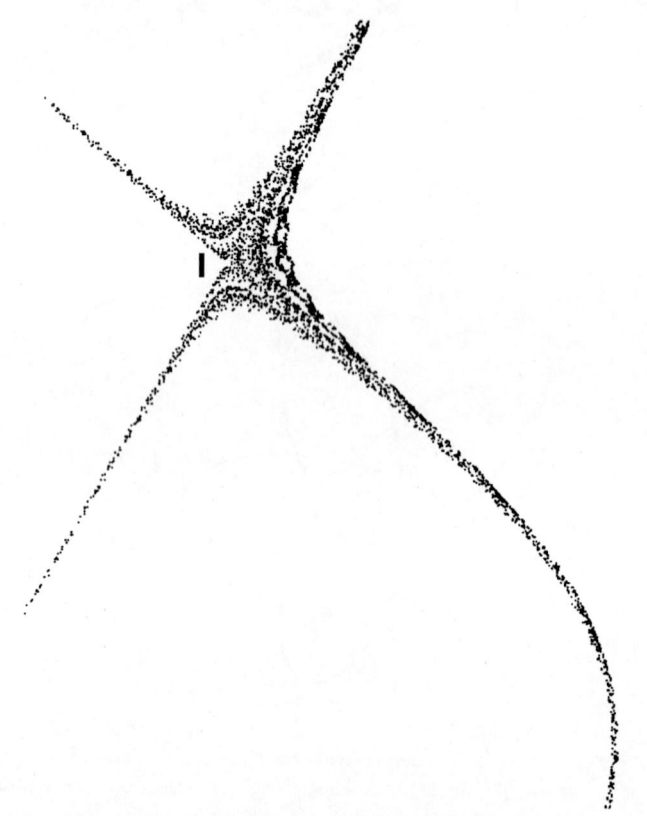

FIGURA 5 – Ampliação da Figura 3 ao redor de um dos pontos instáveis I, que revela uma nuvem de pontos que correspondem a um regime caótico.

Esta descrição da geometria do problema dos três corpos de Hénon-Heiles é extremamente simplificada: a realidade é muito mais complexa quando a olhamos de mais perto: falamos apenas das órbitas de período 5, sem dúvida as mais visíveis no caso particular descrito. Mas, na realidade existe, para este mesmo caso, uma infinidade de órbitas periódicas mais discretas que só percebemos olhando pela lente e, portanto, uma infinidade de separatrizes e de pontos instáveis ao redor dos quais existe uma infinidade de zonas caóticas. Esse encaixe sutil de ilhotas de periodicidade e de "mares" caóticos, dificilmente representáveis porque imbricados em todas as escalas, dá uma ideia da riqueza quase ilimitada do caos dos sistemas conservativos e da importância crucial das condições iniciais que determinarão se um movimento é periódico ou quase-periódico ou ainda caótico.

Sem dúvida, a propriedade mais surpreendente que foi revelada pela primeira vez nesse trabalho é, portanto, que um mesmo sistema – astronômico, no caso – pode ter um comportamento quer caótico, quer regular de dois períodos (ou frequências). Essa existência de pelo menos dois tipos de comportamento ainda é objeto de pesquisas ativas, e não podemos dizer que ela tenha sido perfeitamente compreendida. Além disso, quando a razão dos dois períodos é um racional simples, há um fenômeno de ressonância. Isso permite explicar, pelo menos em parte, a espantosa distribuição de matéria nos cinturões de asteroides.[8]

Retorno à Terra

Além das dinâmicas dos corpos celestes, existem outros fenômenos naturais periódicos, mas eles são suficientemente raros para, muitas vezes, serem considerados curiosidades espetaculares. Por exemplo, a periodicidade dos jorros da fonte de Vaucluse parece vir impressionando os homens há muitíssimo tempo. Hoje sabemos que essa periodicidade se explica pelo princípio do vaso de Tântalo: um grande recipiente subterrâneo se enche a um ritmo constante, e em seguida transborda e se esvazia rapidamente por meio de um sistema de sifão, que só reiniciará quando o reservatório estiver cheio novamente: daí a periodicidade. Esse tipo de oscilação é chamado na física de "oscilação de relaxação", com relaxação referindo-se à existência de um breve período de "esvaziamento", sendo o enchimento muito mais longo.[9] Poderíamos citar mais outros exemplos, como os *geysers* periódicos, como o "velho fiel" do parque de Yellowstone, no Wyoming, Estados Unidos, assim chamado, sem dúvida, em razão da regularidade com que emite seu penacho de vapor (a cada 75 minutos), regularidade esta que ele parece, aliás, ter esquecido um pouco nestes últimos anos.

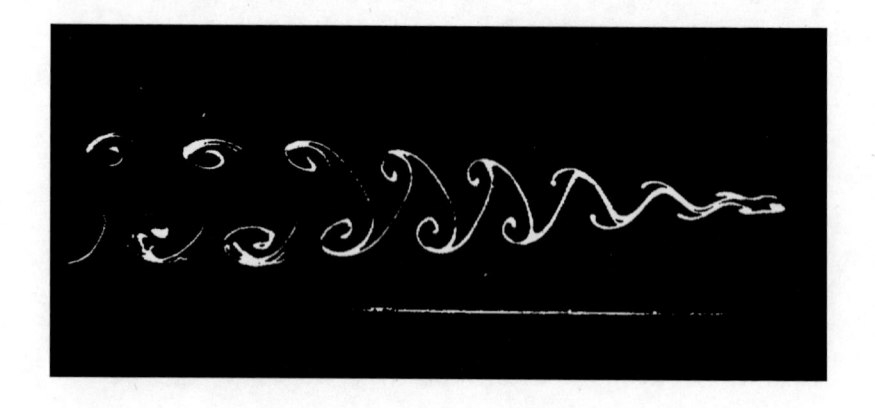

FIGURA 6 – Rastro de Bénard-von Karman por trás de um obstáculo cilíndrico.

Mencionemos, por fim, um fenômeno periódico natural muito difundido que está ligado a uma instabilidade do escoamento de um fluido por trás de um obstáculo. Pouco depois que Poincaré desenvolveu a sua teoria sobre os ciclos limites (ligados, não nos esqueçamos, aos osciladores sustentados), um de seus colegas da

Universidade de Paris, Henri Bénard, revelava o primeiro ciclo limite jamais estudado na mecânica dos fluidos, a aleia de turbilhões de Bénard-von Karman (Figura 6). Bénard mostrara, em particular, por meio de experiências muito bem preparadas, que o rastro de um cilindro era sede de variações periódicas da velocidade do fluido, cuja amplitude e frequência só dependem do número de Reynolds (número ligado à velocidade do fluido e que mede, por assim dizer, a entrada constante de energia, ocorrendo a dissipação pela viscosidade do fluido). Ao lermos os trabalhos de Bénard, ficamos impressionados com a ausência completa de referência à noção de ciclo limite. Essa situação persistiu durante muito tempo na mecânica dos fluidos, em que mesmo trabalhos recentes[10] omitem a menção de que as oscilações de Bénard são as de um ciclo limite no sentido de Poincaré. Só muito recentemente pesquisadores da Universidade de Marselha mostraram experimentalmente que a transição de um rastro estacionário a um rastro oscilante obedecia realmente às leis gerais esperadas no caso de uma tal bifurcação para um ciclo limite. É divertido observar também que a literatura sobre o assunto continua, em compensação, a expor com grande minúcia a teoria dos vórtices que von Karman concebera para esse problema, quando essa teoria desconsidera a dissipação e certamente não pode, portanto, explicar a existência de um ciclo limite. Mais uma vez, podemos avaliar com que lentidão as ideias "novas" vingam.[11] Se falamos do rastro de Bénard-von Karman num capítulo dedicado aos fenômenos periódicos naturais, é porque muitos rastros desse tipo nascem espontaneamente na natureza, por exemplo na atmosfera acima da Ilha da Madeira, em determinadas condições de vento, sobre o planeta Júpiter, perto da mancha vermelha, ou, mais simplesmente, por trás dos pilares de uma ponte, quando as condições de fluxo do rio forem favoráveis. Uma outra manifestação familiar desse rastro é o assobio muito característico que o vento produz quando sopra sobre fios elétricos aéreos: os turbilhões que se soltam sucessivamente do fio provocam uma vibração audível deste último (chamada "ruído eólio").

Dissipativo contra conservativo

Este apanhado a respeito dos comportamentos periódicos não estaria, porém, completo se não mencionássemos uma diferença fundamental, e nem sempre claramente percebida, entre os comportamentos periódicos dos sistemas não dissipativos, como o movimento de um planeta (isolado) sobre uma órbita kepleriana ao redor do Sol (ou como um pêndulo simples idealizado que não sofresse fricção), e as oscilações de sistemas dissipativos que só persistem porque recebem sua energia de uma fonte exterior (constante, não periódica). No primeiro caso (oscilações dos sistemas não dissipativos), a periodicidade explica-se por que o sistema é suficientemente simples para que as suas equações do movimento sejam integráveis (tenham soluções). No caso das oscilações de sistemas dissipativos, porém, as equações do movimento não são nem simples nem sequer conhecidas, em certos casos. A explicação do comportamento periódico deve, então, ser encontrada num conjunto de resultados devidos a Poincaré e a seus sucessores, que desembocam na prova da existência do que chamamos de "ciclo limite estável". Num tal ciclo limite, o amortecimento e os fenômenos não lineares nas amplitudes se equilibram de maneira única, ou seja, para parâmetros exteriores dados, como o aporte de potência e as características do dispositivo oscilante, a amplitude das oscilações, assim como sua frequência, são completamente determinadas. Vocês devem ter adivinhado que é sempre num tal regime de ciclo limite que funcionam os osciladores artificiais como, por exemplo, os relógios, os osciladores eletrônicos etc. Esse regime de ciclo limite tem, efetivamente, a vantagem de determinar as características da oscilação de maneira única. Se representarmos a dinâmica correspondente de maneira geométrica, como já foi feito no caso do relógio de pêndulo, a cada volta o estado do sistema seguirá uma curva fechada que se repetirá a cada oscilação, com exatamente a mesma velocidade. Afastando um pouco desse ciclo limite o ponto representativo, este voltará a ele rapidamente, se o ciclo for estável. Isso se contrapõe aos sistemas conservativos (sem dissipação), como os descritos pelas equações de Newton para o movimento dos astros: ali, as amplitudes, os períodos, se períodos há, são estreitamente dependentes das condições iniciais (o que seria particularmente incômodo para um relógio, é preciso reconhecer!). Esta diferença é muito profunda quando procuramos analisá-la em pormenor, e fica claro que o caso não dissipativo (o dos astros) se torna especialmente rico no caso geral, ou seja, quando se leva em conta a interação entre astros (caso em que o sistema de equações não é mais integrável). A propriedade essencial de estabilidade do ciclo limite, presente no caso dissipativo, só existe sob uma forma muito atenuada no caso conservativo, e só podemos tirar daí conclusões para a dinâmica a longuíssimo prazo com a ajuda de teorias muito avançadas, como a teoria de KAM, mencionada mais anteriormente.

Notas

1 Trata-se do rito dos Matralia, que, simplificando, consistia em imitar, nas proximidades do solstício de verão, o renascimento diário do Sol, visto como uma criança cuidada por sua tia, a Noite, irmã da Aurora, ela própria mãe do Sol. A Noite ocupava-se da criança Sol quando ele estava deitado e invisível, ao mesmo tempo que uma escrava era expulsa, escrava que carregava, por assim dizer, todos os aspectos negativos da noite. Dumézil mostra a origem indo-europeia desse rito, cujo sentido, ao que parece, já estava perdido na época romana clássica.

2 Tomo 2, p.249 do *Dictionnaire de physique portatif*, 3.ed., Avignon, Veuve Girard et François Seguin, 1767.

3 E. Panofsky, historiador da arte, reflete sobre o fato de que Galileu não cita nunca Kepler, cujos trabalhos sobre as órbitas elípticas, porém, conhecia. Esse autor acha que o próprio conceito de elipse, círculo deformado, ia de encontro à ideia que Galileu tinha de um Universo perfeito, de uma perfeição compatível apenas com a forma pura do círculo: daí a rejeição das afirmações de Kepler. E. Panofsky, *Galilée critique d'art*, trad. francesa do inglês de N. Heinich, Les Impressions nouvelles, 1993.

4 As três leis de Kepler exprimem-se da seguinte forma:
- as órbitas dos planetas são elipses de que o Sol ocupa um dos focos;
- o raio vetor que une o Sol a um planeta varre uma área proporcional ao tempo;
- o quadrado do período de um planeta varia como o cubo do grande eixo de sua órbita.

5　O fechamento exato das órbitas dos dois corpos astronômicos está ligado à existência de uma constante suplementar do movimento, além do momento angular e da energia, constante esta que às vezes é chamada de invariante de Runge- -Lenz. A existência dessa constante do movimento desempenhou certo papel na história das ciências. Em primeiro lugar, Einstein mostrou que, em razão das correções trazidas pela teoria da relatividade geral à teoria de Newton, as órbitas dos planetas deviam ter um movimento de precessão, que podemos ver como a consequência do fato de que, na relatividade geral, a invariante de Runge-Lenz não é mais invariante, e as órbitas dos dois corpos já não se fecham. Essa precessão explica o avanço do periélio do planeta Mercúrio, o mais próximo do Sol, precessão esta que fora medida muito antes da teoria de Einstein, e cuja explicação por essa teoria constitui um argumento de primeira importância a favor de sua validade.

　　　Sabemos que o átomo de hidrogênio é uma espécie de pequeno sistema planetário, com um próton central como Sol e um elétron como único planeta. Utilizando a invariante de Runge-Lenz, Wolfgang Pauli, um dos fundadores da mecânica quântica, conseguira, na década de 1920, elucidar completamente a estrutura quântica desse átomo de hidrogênio, alguns meses antes que Erwin Schrödinger propusesse a sua equação, que também descreve a mecânica quântica desse átomo de hidrogênio e muitas outras coisas.

6　J. Laskar em *Chaos et déterminisme*, A. Dahan Dalmedico, J.-L. Chabert, K. Chemla, Le Seuil, Points sciences, 1991.

7　O programa abaixo, escrito em linguagem Basic (para Macintosh), permite traçar as trajetórias do modelo de Hénon-Heiles.

```
A = 1.328
FOR XI =.3 TO.8 STEP.1 :REM 6 valores iniciais diferentes
X = XI
Y=0
N=0
FOR N=0 TO 500 STEP 1

X1=X *COS(A)-(Y-Xv2)*SEN(A)
Y1=X*SEN(A)+(Y-Xv2)*COS(A)

PRESET (100+100*X1, 100-100*Y1), 33
X=X1
Y=Y1
NEXT N
NEXT XI
END
```

8　Os cinturões de asteroides, descobertos na primeira metade do século XIX pelos astrônomos, são formados de "pequenos" objetos, sendo o maior deles Ceres, de 940 km de diâmetro, aproximadamente, que estão, em sua maior parte, situados no espaço compreendido entre Marte e Júpiter no plano da eclíptica. A distribuição desses asteroides em função de sua distância do Sol mostra lacunas, as chamadas lacunas de Kirkwood (do nome de um astrônomo americano do final do século XIX). Essas lacunas aparecem a distâncias do Sol para as quais o período das órbitas keplerianas está numa relação simples (portanto, em ressonância) com o período de Júpiter. Essas lacunas podem, de fato, corresponder quer a uma depressão na concentração de asteroides (o que constitui, então, uma lacuna no sentido estrito), quer, pelo contrário, a uma concentração maior, de acordo com modalidades que ainda não são muito bem compreendidas. Assim, a lacuna de Hilda situa-se ao redor da ressonância 3/2, ou seja, os asteroides descrevem ali três órbitas ao redor do Sol enquanto Júpiter descreve duas. A compreensão da origem e da dinâmica dos asteroides continua sendo um tema muito atual da astrofísica, já que agora os radares terrestres podem examiná-los, e as sondas espaciais (como o fez a sonda Galileo, em 1991) podem aproximar-se deles. Vide o artigo de R. Benzel, A. Barucci e M. Fulchignoni em *Pour la science*, n.170, dezembro de 1991, p.98.

Por outro lado, a dinâmica caótica de certos asteroides torna possível sua colisão com a Terra. Lemos que, recentemente, tais asteroides – de dimensões respeitáveis – "arranharam" a órbita terrestre. A probabilidade de colisão de asteroides com a Terra varia muito com o tamanho deles, assim como a gravidade do risco corrido. Por exemplo, asteroides de tamanho centimétrico caem milhares de vezes por ano sobre a Terra, sem qualquer perigo. De tamanho decamétrico, os asteroides provocam estragos no raio de toda uma região; felizmente, de acordo com as estatísticas, acontece uma dessas quedas a cada mil anos (o último evento desse tipo aconteceu em 1908, em Tunguska, na Sibéria, região felizmente desabitada; estima-se em dez megatons a potência que teria sido necessária a uma bomba termonuclear para produzir a mesma destruição). Quanto aos meteoritos capazes de produzir uma catástrofe planetária, seu tamanho deve ser da ordem de um quilômetro, pelo menos, e sua frequência (média!) é avaliada em uma queda a cada milhão de anos (um acontecimento comparável, embora de menor importância, criou a famosa "Meteor crater" no Arizona, há algumas dezenas de milhares de anos).

9 Essas oscilações de relaxação são muito apreciadas pelos matemáticos aplicados, pois levam a métodos de análise muito refinados e próximos dos métodos geométricos de Poincaré.

10 D. J. Tritton, *Physical Fluid Dynamics*, em que as palavras bifurcação e ciclo limite não aparecem nem no índice nem, ao que parece, no texto, ao contrário da expressão "atrator estranho".

11 Curiosamente, as ideias de Poincaré levaram – também – muito tempo para se imporem numa outra área, a da teoria dos sistemas oscilantes na eletrônica e na eletrotécnica. A colocação dos osciladores de lâmpada em equações fora feita por Balthazar van der Pol, na década de 1920. Incapaz de integrá-las pelos métodos analíticos de que dispunha, van der Pol havia, por assim dizer, redescoberto o método geométrico de Poincaré (sem se dar conta disso, aliás) para integrar sua

equação. A importância das ideias de Poincaré para essas questões de ciências aplicadas foi reconhecida em primeiro lugar pela escola russa de Gorki, nos anos 1920-1930, que deu, aliás, uma contribuição no assunto, a ideia de estabilidade estrutural e os primeiros teoremas sobre ela. A noção de que as ideias de Poincaré poderiam aplicar-se a sistemas reais parece ter sido mencionada pela primeira vez por A. Andronov, numa nota aos *Comptes rendus de l'Académie des sciences* sobre "Les cycles limites de Poincaré et la théorie des oscillations autoentretenues", apresentada por Hadamard na sessão de 14 de outubro de 1929. Note-se que, nessa nota, Andronov alude à aplicação da noção de ciclo limite às reações químicas oscilantes, uma ideia que se costuma fazer remontar a uma época mais recente.

CAPÍTULO 9

METEOROLOGIA

"Nem toda nuvem gera tempestade."

William Shakespeare

Que tempo vai fazer?

Embora os homens sempre se tenham preocupado com o tempo que vai fazer, as origens da meteorologia científica remontam ao século XVII, com a medida da pressão atmosférica feita por Torricelli e as experiências de Pascal. O século XVIII assistiu à criação de várias estações de observação meteorológica, cuja organização em rede permitiu a obtenção dos primeiros mapas meteorológicos. Mas é preciso, provavelmente, fazer remontar a paternidade de uma meteorologia preditiva ao célebre astrônomo Le Verrier.[1] Como acontece muitas vezes, não foi, inicialmente, com um objetivo desinteressado ou de melhora da qualidade de vida que as iniciativas de Le Verrier vieram à luz. Foi por um motivo de estratégia militar: de fato, durante a Guerra da Crimeia (1854), uma tempestade tão súbita quanto imprevista destruiu a frota francesa no Mar Negro, e perguntaram ao famoso astrônomo se teria sido possível prever essa tempestade e quais os meios de se evitar que se repetisse uma tal catástrofe. Le Verrier expôs a Napoleão III, em 1855, seu projeto de rede de observação meteorológica e, valendo-se da invenção do telégrafo elétrico, criou um verdadeiro serviço de alerta de tempestades. Foram também razões militares que, depois de um longo período de estagnação, provocaram uma renovação da meteorologia durante a Guerra de 1914, época em que o rádio substituiu o telégrafo. Desde então, as possibilidades de previsão meteorológica progrediram constantemente, e é delas que falaremos neste capítulo.

Para discutir essas previsões, convém precisar bem, ao mesmo tempo, sua escala espacial e seu prazo: assim, é quase impossível prever fenômenos muito localizados, desde que o prazo da previsão aumente. Da mesma forma, prever o tempo do dia seguinte ou da semana seguinte não apresenta as mesmas dificuldades e não se realiza com os mesmos métodos.

Podemos classificar as predições em três categorias. As previsões a curtíssimo prazo – de algumas horas a um dia – são úteis durante manifestações esportivas, para a navegação aérea ou para indicar as condições de trânsito, por exemplo. As previsões a curto prazo são aquelas cuja duração está compreendida entre um e quatro dias. Seu interesse para um grande número de pessoas e de atividades não precisa ser sublinhado (trabalhos agrícolas, canteiros de obras públicas, pesca costeira e navegação, atividades turísticas etc.). Temos, enfim, as previsões a médio prazo (quatro dias a duas semanas), cuja importância – em particular econômica – é enorme (irrigação das culturas, administração de estoques etc.), mas cuja confiabilidade é, cumpre reconhecê-lo, ainda medíocre.

Todos podem perceber o nível diferente de dificuldade entre a previsão a curtíssimo prazo e a curto prazo, pela observação comparada de mapas publicados diariamente na imprensa e que esquematizam a cobertura de nuvens e a direção dos ventos. À escala da França, dos países limítrofes e do Atlântico próximo, reconhecem-se no dia seguinte as estruturas do dia anterior, mas deslocadas e um tanto deformadas. Ao final de quatro ou cinco dias, porém, temos muita dificuldade em reconhecer – ainda que aproximadamente – a imagem inicial, tantas novas estruturas se criaram, enquanto outras antes existentes desapareceram. Na primeira situação, podíamos razoavelmente prever o tempo através de uma simples extrapolação, ao passo que nenhuma intuição poderá ajudar na segunda, para a qual são necessários cálculos complexos.

O tempo que está fazendo

Prever o tempo é prever os movimentos da atmosfera e, mais particularmente, o deslocamento de depressões e das nuvens associadas, bem como os movimentos das massas de ar quente e de ar frio que se encontram e interagem. O Sol aquece intensamente a atmosfera situada nas regiões equatoriais (e tropicais), ao passo que as regiões polares são muito frias. Se a Terra não girasse, o movimento atmosférico seria muito simples. A convecção térmica faria subir o ar quente acima do Equador, esse ar quente dirigir-se-ia, então, pela alta atmosfera, para os polos, onde desceria para voltar para as regiões equatoriais pela baixa atmosfera. Esse movimento convectivo em escala planetária não dependeria de forma alguma da longitude. Mas a Terra gira! Essa rotação provoca a existência de uma força chamada força de Coriolis.[2] Essa força tende a curvar as trajetórias de móveis que se desloquem sobre a superfície de qualquer objeto em rotação. Na superfície da Terra, essa força depende da componente da rotação terrestre sobre a vertical do lugar considerado. Máxima nos polos (onde o eixo de rotação coincide com a vertical), ela tende a zero nas regiões próximas ao Equador (a vertical é ali perpendicular ao eixo de rotação da Terra). A força de Coriolis é, portanto, considerável em latitudes francesas e, no hemisfério norte, ela tende a curvar para leste as trajetórias de móveis que se desloquem para o norte. Esse efeito tem o sentido oposto no hemisfério sul. A força de Coriolis curva, portanto, todas as trajetórias atmosféricas e cria os gigantescos movimentos de rotação que constituem as depressões (que giram no sentido inverso dos ponteiros de um relógio em nosso hemisfério) e os anticiclones (que giram no sentido dos ponteiros de um relógio). Essa força de Coriolis tem como consequência que os ventos não se dirigem das zonas de altas pressões para as de baixas pressões, como nossa intuição nos levaria a acreditar (e como seria o caso na ausência de rotação terrestre). Na realidade, os ventos são perpendiculares a essa direção intuitiva (portanto, sensivelmente paralelos às linhas de iguais pressões ou isóbares) e giram em sentidos diferentes, conforme sejam zonas de alta pressão (anticiclones) ou de baixa pressão (depressões). Finalmente, são essas instabilidades hidrodinâmicas de posições e intensidades totalmente variáveis que complicam muito as predições meteorológicas.

As predições meteorológicas, seja qual for o prazo em questão, esteiam-se numa base comum essencial: o conhecimento permanente das observações a respeito do estado da atmosfera. Esses dados, eventualmente corrigidos ou interpolados, são introduzidos como condições iniciais num modelo de previsão numérica da evolução; trata-se essencialmente da pressão, temperatura, velocidade e direção do vento e umidade. Elas são colhidas e transmitidas por estações em terra e no mar. Cerca de 14 mil, essas estações estão espalhadas por toda a superfície do globo (inclusive nos oceanos), mas muito desigualmente (as regiões pouco ou nada povoadas constituem verdadeiros "desertos meteorológicos"); são os navios comerciais (cooperando, em número de quatro mil, aproximadamente) que permitem a obtenção de dados da superfície dos oceanos. Várias vezes por dia e nas mesmas horas para todas, essas estações colhem e transmitem as suas observações, efetuadas de acordo com o mesmo protocolo.

Além das medições em terra, as "radiossondagens" são indispensáveis para obter uma medida das variáveis sobre toda a espessura da atmosfera. Para tanto, a partir de cerca de quinhentas estações, distribuídas pelo mundo inteiro, instrumentos de medida são embarcados em balões infláveis que transmitem as suas observações – recolhidas em diferentes altitudes – via rádio. Por outro lado, os satélites artificiais permitem completar esses dados, em particular aqueles, "geoestacionários", que informam permanentemente sobre a cobertura nebulosa e permitem deduzir, de seu deslocamento, a velocidade dos ventos em altitude.

Por fim, radares meteorológicos permitem detectar as ocorrências de chuva, de geada ou de neve. Agrupados também eles em rede, permitem visualizar globalmente as zonas de precipitação.

O ato de previsão

Durante séculos, as previsões apoiavam-se em dados empíricos que se exprimiam essencialmente sob forma de ditados que forneciam, conforme a data, indicações sobre o tempo que iria fazer com base no tempo presente ou em outros fenômenos naturais. Esses ditados muito numerosos, infelizmente por vezes contraditórios ou de interpretação vaga, constituíam verdadeiros guias para os trabalhadores dos campos e para as populações rurais, e eles ainda vigoram em nossos campos:

Noël au balcon, Pâques aux tisons.
A la Chandeleur, l'hiver cesse ou prend rigueur.
S'il pleut le jour de la Saint-Médard, il pleut quarante jours plus tard.
À la Saint-Hippolyte, bien souvent l'hiver nous quitte.[3]

Os três primeiros são dos mais conhecidos.[4] Existem centenas de outros ditados que se relacionam mais ou menos diretamente com a meteorologia, quase que um para cada dia do ano! No entanto, é interessante notar que certos dias (e o santo padroeiro que lhes corresponde), provavelmente considerados particularmente cruciais do ponto de vista meteorológico, são citados preferencialmente num enorme número de ditados (22 de janeiro: São

Vicente; 2 de fevereiro: Festa da Purificação; 1º de março: Santo Albino; 23 de abril: São Jorge; 25 de abril: São Marcos; 1º de maio: São Filipe e São Tiago; 8 de junho: São Medardo; 24 de junho: São João Batista; 22 de julho: Santa Madalena; 10 de agosto: São Lourenço; 15 de agosto: Assunção; 29 de setembro: São Miguel; 9 de outubro: São Dionísio; 28 de outubro: São Simão e São Judas; 11 de novembro: São Martinho; 25 de novembro: Santa Catarina; 30 de novembro: Santo André, domingo do Advento; 21 de dezembro: Santo Tomás; 25 de dezembro: Natal).

Hoje, os meteorologistas estão de posse de uma grande quantidade de dados acerca do estado "instantâneo" da atmosfera do globo inteiro; como os processam para deles deduzirem o tempo que vai fazer? O essencial de seu trabalho por muito tempo consistiu em balizar, com base em um mapa sobre o qual estavam registradas as observações em terra, as perturbações num raio de cerca de mil quilômetros e as frentes[5] (regiões que separam, por exemplo, duas zonas de alta e de baixa temperatura). Em seguida, a partir do sentido da circulação atmosférica média, eles extrapolavam o deslocamento dessas perturbações. Este método, essencialmente eficaz a curtíssimo prazo, supunha que, pelo menos durante algumas horas, essa circulação conservaria a mesma velocidade e a mesma orientação. A principal fonte de erros estava na impossibilidade – na falta dos cálculos apropriados – de avaliar a mudança de amplitude das perturbações, como o tapamento ou a abertura de uma depressão.

Essa situação mudou radicalmente em razão da multiplicação dos meios de observação e de medida, de sua formação em rede de telecomunicação e do desenvolvimento de métodos de cálculo numérico. Estes últimos só puderam ser postos em prática graças ao aparecimento de meios de cálculo muito poderosos (grandes computadores). Não nos esqueçamos também do papel das pesquisas incessantes que, chegando à compreensão de fenômenos novos, tiveram como consequência a melhora constante dos modelos matemáticos. Em que consistem eles?

O princípio básico é que, sendo a atmosfera um fluido, é possível aplicar-lhe as leis da mecânica dos fluidos e da termodinâmica.

As equações fundamentais da mecânica dos fluidos são as de Navier-Stokes; elas consistem na aplicação do princípio de inércia (força = massa aceleração) a todo elemento do fluido e permitem, por exemplo, vincular velocidade e direção do vento ao campo das pressões atmosféricas. O primeiro princípio da termodinâmica (equivalência entre calor e energia mecânica) possibilita, por sua vez, vincular os movimentos atmosféricos ao campo das temperaturas. Evidentemente, é preciso acrescentar a isso os princípios de conservação e de continuidade, bem como certas leis físicas (evaporação, irradiação etc.), e podemos entender que essas equações que permitem descrever a circulação atmosférica estão acopladas entre si. O sistema de equações por resolver é complicado e – assim como outros com que deparamos antes – não tem solução analítica. É, portanto, necessário recorrer, para resolvê-lo, a aproximações numéricas que os computadores podem aplicar. Para bem fazer isso, essas equações deveriam ser escritas com uma variável de espaço contínua, para ter os valores das diferentes variáveis meteorológicas em qualquer ponto da atmosfera terrestre (o sistema de equações descreveria, então, todas as escalas das perturbações atmosféricas, desde as menores – a rigor, métricas – até aquelas que tivessem uma extensão planetária). Por outro lado, o modelo deve abarcar o conjunto do globo e não apenas o país para o qual queremos obter uma previsão: a situação a mais de dez mil quilômetros provavelmente não afetará a situação local do dia seguinte, mas sua influência tornar-se-á crescente quando aumentar o prazo da previsão.[6] Naturalmente, não se pode tratar todas as escalas e, na prática, somos levados a desprezar as menores, dividindo a atmosfera num número finito de "caixas", cuja extensão horizontal é da ordem de uma centena de quilômetros, e a vertical, da ordem de um quilômetro.[7] Essas caixas são regularmente repartidas pela superfície da Terra nos nós de uma rede de três dimensões. Quanto maior o número de caixas (portanto, menor a sua dimensão), melhor será o resultado do cálculo, que se tornará, porém, muito mais difícil de efetuar (dividir por dois a dimensão das caixas elementares equivale, de fato, a multiplicar por 16 o tempo de cálculo). No mais das vezes, uma previsão meteorológica é uma verdadeira corrida contra o relógio e, evidentemente, de nada serve calcular com grande precisão o tempo que fará amanhã, se esse cálculo exigir mais de 24 horas! Portanto, sempre será preciso fazer um compromisso entre a precisão do cálculo e a sua duração.

Os meteorologistas, pois, estão diante de dados muito numerosos sobre a atmosfera presente e das equações do modelo a resolver em cada nó da rede de caixas. Evidentemente, é preciso introduzir no modelo o estado inicial da atmosfera; mas vimos que as medidas são efetuadas em estações dispostas de maneira muito irregular sobre o globo terrestre. Além disso, elas podem conter erros humanos ou instrumentais. Convém, portanto, criar um conjunto de novas condições (iniciais) extrapoladas para cada uma das posições correspondentes nos nós da rede de caixas do cálculo e, eventualmente, corrigir as informações (supostamente) errôneas. Essa operação chama-se "análise". Valendo-se desses dados adaptados aos nós da rede num instante t_0, lança-se ao cálculo para fazer uma previsão em $t_0 + \Delta t$ (Δt pode ser da ordem de uma fração de hora). Em todos os pontos da rede, o modelo prevê valores de pressão, de vento, de temperatura, de umidade... no instante $t_0 + \Delta t$. Esses resultados servem de dados iniciais para uma nova previsão em $t_0 + 2\Delta t$, e assim por diante. Assim, por um processo recorrente, de Δt em Δt, alcançamos o prazo buscado para a previsão. Esta última se traduz sob a forma de mapas que representam as curvas de pressões iguais, o campo das velocidades, das temperaturas etc. Passar desses resultados técnicos ao tempo que irá fazer na prática e tal como ele é concretamente observado pelo público requer toda a ciência e a experiência de meteorologistas altamente qualificados, chamados "previsionistas". Seu trabalho é especialmente importante para as previsões de um ou dois dias. Os resultados dos cálculos são, de fato, interpretados de maneira crítica e eventualmente corrigidos pelos previsionistas, que se apoiam em dados estatísticos e em sua grande experiência. É aí que nos damos conta de que as máquinas não são onipotentes e, apesar da inevitável subjetividade da interpretação humana, não raro é ela que dá os melhores resultados para as previsões a curtíssimo prazo.

Crítica do método ou a SCI revisitada

Desde que não mais se trata de predições a curtíssimo prazo, é indispensável recorrer aos cálculos numéricos. Mas será que basta possuir computadores suficientemente rápidos para poder predizer o tempo para prazos longos? Só um teste permite sabê-lo. O princípio do teste do método numérico de previsão do tempo é o seguinte: realizam-se duas (ou várias) previsões com o modelo numérico a ser testado, partindo-se de dois (ou vários) estados iniciais muito próximos e cujas diferenças sejam da ordem das incertezas inevitáveis, dadas as imperfeições da rede de observação. As previsões efetuadas com base nessas diferentes situações e para prazos crescentes são comparadas. Podemos, assim, avaliar o tempo que a pequeníssima diferença inicial levará para ter consequências inaceitáveis sobre a previsão. Conhecemos, então, o prazo máximo que autorize uma previsão confiável. Com isso, damo-nos conta de que as equações dos modelos meteorológicos são dotadas de uma sensibilidade às condições iniciais da mesma natureza que a encontrada nas equações do caos: não raro, acontece de um erro inicial imperceptível assumir uma dimensão considerável ao cabo de cerca de uma semana. De fato, podemos ver na Figura 1 o crescimento de uma diferença de pressão atmosférica entre duas previsões calculadas a partir de condições iniciais que diferem apenas pelos inevitáveis (e pequenos) erros de observação. Representou-se a amplitude máxima da diferença negativa de pressão, espécie de depressão que, aliás, se desloca abrindo-se. Verificamos que, ao final do sexto dia, essa diferença negativa de pressão entre duas previsões igualmente prováveis é da ordem da amplitude de uma grande depressão, o que, evidentemente, muda muito o tempo que podemos deduzir num e noutro caso. Isso equivale a dizer que condições iniciais praticamente idênticas (com a diferença dos erros inevitáveis) levam a previsões a médio prazo igualmente prováveis, mas muito diferentes, como vemos na Figura 2. Vemos ali quatro previsões para uma semana, extraídas de cálculos numéricos realizados – como no caso da Figura 1 – pelo Centro Europeu de Previsões Meteorológicas a Médio Prazo. Essas previsões são feitas a partir de condições iniciais tão semelhantes que é praticamente impossível discerni-las, a olho nu, no mapa meteorológico que representa as isóbares; sublinhemos o fato de que esses erros não são introduzidos "a olho", mas correspondem às incertezas reais ligadas às imperfeições da rede de observação. Em suma, as diferentes condições iniciais tentadas são tão prováveis umas quanto as outras... e, portanto, as quatro previsões apresentadas são, também, igualmente prováveis. Contentamo-nos em representar nos mapas do tempo previsto para uma semana flechas que indicam a direção média do vento dominante em cinco pontos da Europa, assim como a posição do anticiclone (A) e da depressão (D). Pode-se observar que, ao cabo de uma semana, os imperceptíveis erros iniciais se amplificaram a tal ponto que as direções médias dos ventos são francamente diferentes (assim como as posições da depressão D; só o anticiclone permanece imperturbavelmente ao largo da Espanha). Em particular, sobre a Finlândia, a direção do fluxo dominante passa de norte/noroeste para sul/sudoeste, conforme as previsões. Daí uma ilustração impressionante do efeito da sensibilidade às condições iniciais sobre a preditibilidade atmosférica. Trata-se de um fenômeno fundamental ligado à própria natureza das equações da mecânica dos fluidos e que limitará irremediavelmente a confiabilidade das previsões a longo prazo, sejam quais forem os progressos feitos em matéria de cálculos e de observações. A presença dessa sensibilidade às condições iniciais não deve, porém, fazer que se assimile o comportamento de um modelo meteorológico ao do caos de pequeno número de variáveis, tal como o definimos anteriormente. Existe, com efeito, uma dupla diferença entre eles: por um lado, trata-se aqui de uma dinâmica espaçotemporal, ao passo que, nos modelos de caos propriamente dito, trata-se de evoluções puramente temporais, nas quais a estruturação espacial, se existe, é mantida ao longo do tempo; por outro lado, o número de variáveis de um modelo meteorológico é considerável, de pelo menos um milhão (que devem ser comparados aos três ou quatro dos modelos clássicos de caos). Veremos, no entanto, que a meteorologia inspirou um dos mais célebres modelos de caos: o modelo de Lorenz.

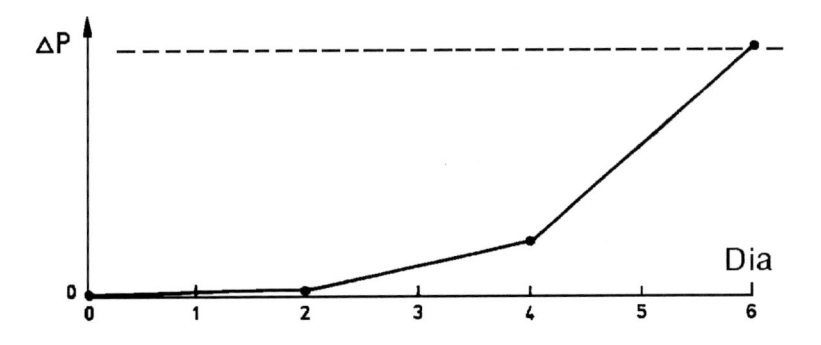

FIGURA 1 – Crescimento de uma diferença de pressão atmosférica (ponderada por sua extensão espacial) entre duas previsões que partem de condições iniciais que só diferem, no dia 0, em 1 milibar sobre uma extensão de mil quilômetros de diâmetro. O traço pontilhado materializa um erro cuja amplitude corresponderia a uma depressão de 990 milibares em seu ponto mais "oco" e que se estendesse, no todo, por cinco mil quilômetros. Note-se que um tão grande erro de estimativa é atingido ao cabo de cerca de uma semana.

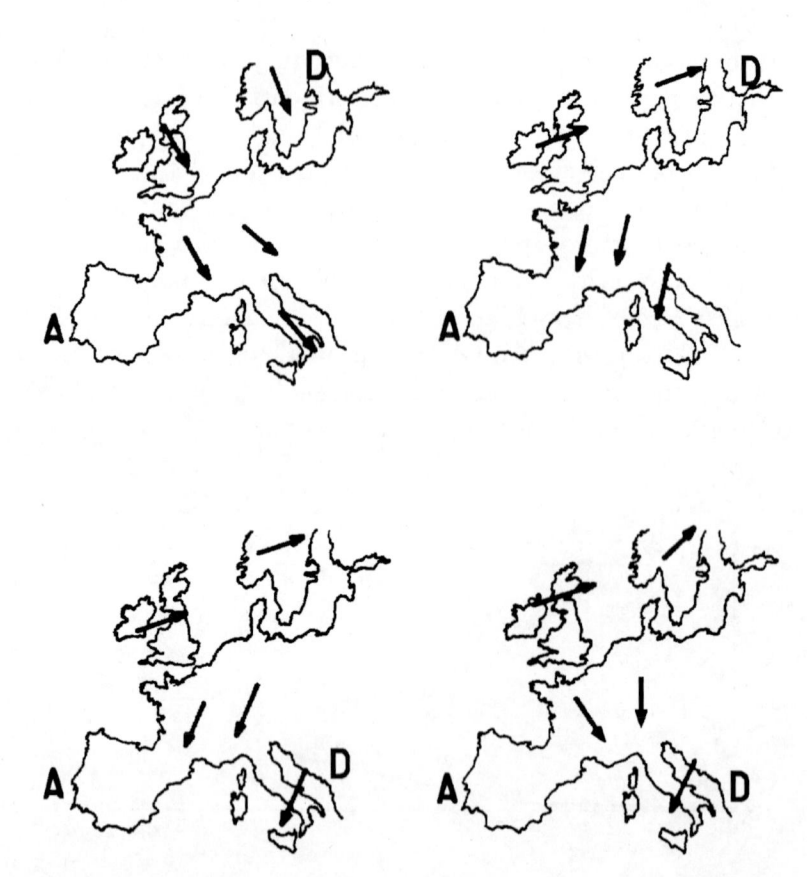

FIGURA 2 – Quatro mapas de previsões meteorológicas para uma semana calculadas com base nas condições iniciais idênticas, com a margem de erro de observações próximas. As flechas indicam a direção dos ventos dominantes, e as letras A e D, a posição respectiva do anticiclone e da depressão. Embora igualmente prováveis, notam-se significativas diferenças de uma previsão a outra.

Da batida das asas de uma borboleta aos ciclones

A história do modelo de Lorenz remonta ao início da década de 1960. Esta precisão é importante, pois, nessa época, os computadores eram pouco poderosos e lentos. Estava, portanto, fora de questão resolver numericamente (e rapidamente) um modelo meteorológico sofisticado como os citados acima. Uma questão intrigava legitimamente E. Lorenz, professor de ciências da atmosfera no Massachusetts Institute of Technology. Como era possível que, conhecendo as equações da circulação atmosférica, bem como as condições iniciais, não se conseguisse prever com um grau de confiabilidade razoável o tempo que faria alguns dias mais tarde? Para resumir, ele exprimia o paradoxo do caráter aventuroso de resultados obtidos, porém, com base em um sistema determinista. Para tentar lançar um pouco de luz sobre esse problema, se não completamente incompreendido, pelo menos abandonado desde Poincaré e Hadamard, ele simplificou consideravelmente as equações da circulação atmosférica, a fim de obter para elas uma solução numérica confiável e rápida com os computadores de que dispunha na época. Em suma, ele escreveu as equações simplificadas da convecção térmica que já encontramos com o nome de Rayleigh-Bénard: o ar aquecido pelo Sol sobe e se resfria na alta atmosfera, torna a descer, e o ciclo se repete ao infinito. O modelo simplificado que dele propõe Lorenz faz intervirem apenas três variáveis. Simplificado a esse ponto, podemos adivinhar que ele não será muito útil para previsões atmosféricas reais. No entanto, ele possui os ingredientes necessários para ser representativo de movimentos atmosféricos (é bem verdade que num caso extremamente particular!); por outro lado, ele constitui o modelo teórico de caos determinista mais célebre e mais estudado. As três variáveis do modelo de Lorenz são a temperatura (do ar), a velocidade (do vento) e uma terceira característica da dinâmica, ligada à maneira como a temperatura varia com a altitude. O leitor poderá encontrar em nota a expressão das três célebres equações de Lorenz, bem como os valores "canônicos" dos parâmetros para os quais ele obteve os resultados que discutimos a seguir.[8] Numerosas e muito instrutivas surpresas aguardavam Lorenz. Assim como os modelos meteorológicos completos, essas três equações, embora de aspecto muito simples, não têm solução analítica. Assim, o computador é encarregado de "integrá-las" passo a passo, através de métodos numéricos clássicos. A primeira surpresa – no fundo, desejada – é que a evolução de cada variável em função do tempo tem um comportamento que parece só obedecer à fantasia do acaso (vide, por exemplo, a Figura 3). A segunda descoberta é que, traçada no espaço das variáveis (ou espaço das fases), a sequência dos valores assumidos por essas variáveis define uma trajetória que se enrola sobre um curioso objeto de dois lóbulos (Figura 4). Esse objeto, que tem um volume nulo, não é, porém, uma mera superfície; uma infinidade de folhas (aliás, muito juntas umas das outras neste caso particular) estrutura este último, cuja dimensão é não inteira: estava descoberto o primeiro atrator estranho (sem receber esse nome). A terceira surpresa teve uma consequência ainda mais fundamental, graças à interpretação feita por Lorenz do que poderia ter parecido a muitos uma chateação incompreensível. Desejoso de recomeçar com mais detalhes um cálculo particularmente longo, Lorenz o recomeçou, mas, para ganhar tempo, não desde o começo. Introduziu na máquina os valores das variáveis que havia obtido anteriormente (ele não tinha dificuldade para fazer isso, uma vez que os valores eram impressos à medida que eram obtidos). Foi aí que apareceu a desconcertante surpresa: ao cabo de pouco tempo, os valores encontrados não tinham mais nenhuma relação com os obtidos durante o cálculo precedente. E, no entanto, a máquina calculava corretamente e Lorenz não se enganara ao introduzir os valores indicados na impressora... Ao tentar compreender esse incompreensível resultado, ele percebeu que, se a impressora marcava os três primeiros algarismos dos resultados, a máquina, por seu lado, trabalhava com seis algarismos significativos. Lorenz compreendeu, então, que havia involuntariamente introduzido – em razão do erro arredondado – um minúsculo erro inicial ao refazer seu cálculo e, sobretudo, compreendeu que esse erro crescia exponencialmente à medida que o cálculo prosseguia, até chegar a um nível em que os resultados obtidos mudavam radicalmente. Lorenz acabava de descobrir o efeito considerável da sensibilidade às condições iniciais ou SCI (ver uma ilustração disso na Figura 5). De fato, ele ganhara seu desafio de compreender a impreditibilidade atmosférica: as verdadeiras equações da circulação atmosférica não podiam deixar de apresentar a mesma sensibilidade às condições iniciais, o que devia tornar impossível qualquer predição a longo prazo. Se ocorrer o menor erro de observação, o tempo previsto para uma semana mais tarde será completamente mudado. Lorenz deu uma imagem muito impressionante desse efeito, que ele batizou de "efeito borboleta". Uma pequena perturbação, tão fraca quanto o bater de asas de uma borboleta, pode, um mês depois, ter um efeito considerável, como o desencadeamento de um ciclone (ou, pelo contrário, o fim de uma tempestade), em razão de sua amplificação exponencial, que age sem cessar enquanto o tempo passa. O que nos ensina, mais uma vez, o modelo de Lorenz é que nenhuma perturbação inicial, por mais ínfima que possa parecer, deve ser desprezada num sistema dotado de SCI, vistas as suas consequências a longo prazo. Isso também equivale a dizer que a predição a longo prazo não tem sentido, dado o enorme número de perturbações, mínimas mas incontroladas, presentes na meteorologia, assim como em muitos outros sistemas.

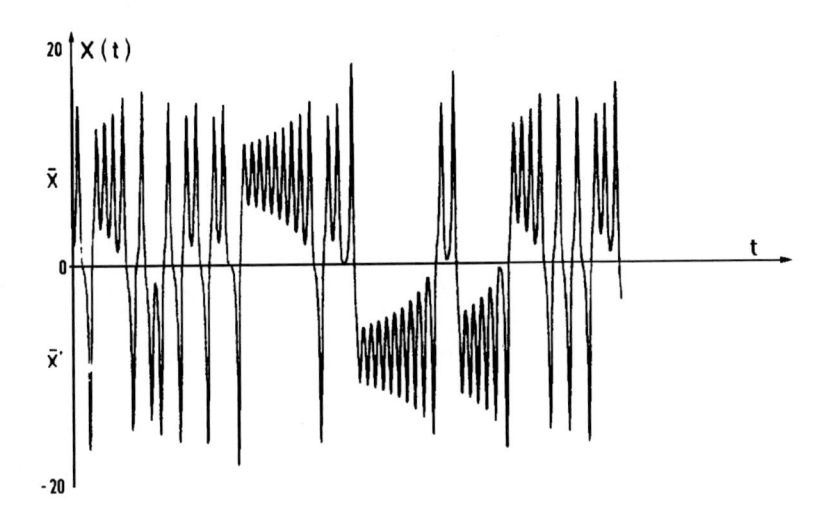

FIGURA 3 - Variação temporal da variável X do modelo de Lorenz, calculada para os valores canônicos dos parâmetros; ver nota 7.

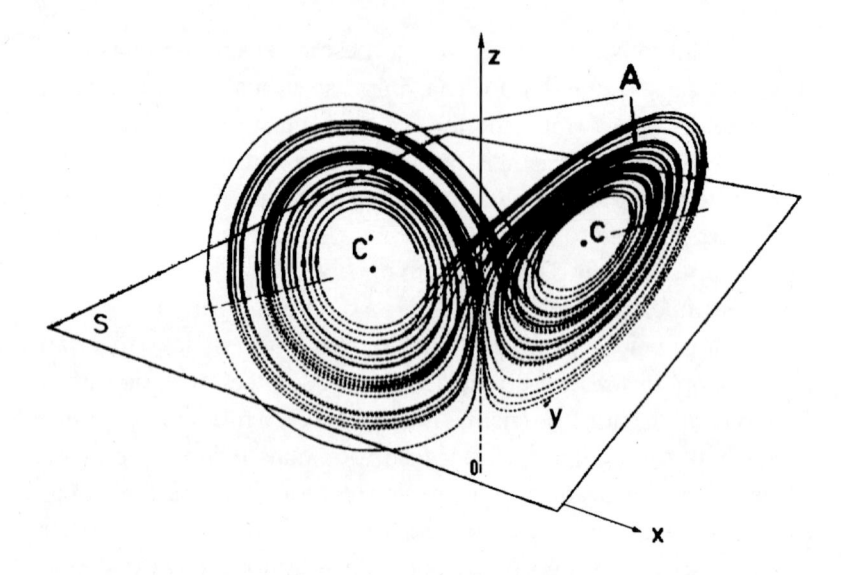

FIGURA 4 – Vista em perspectiva do atrator de Lorenz calculado nas mesmas condições que as da Figura 3.

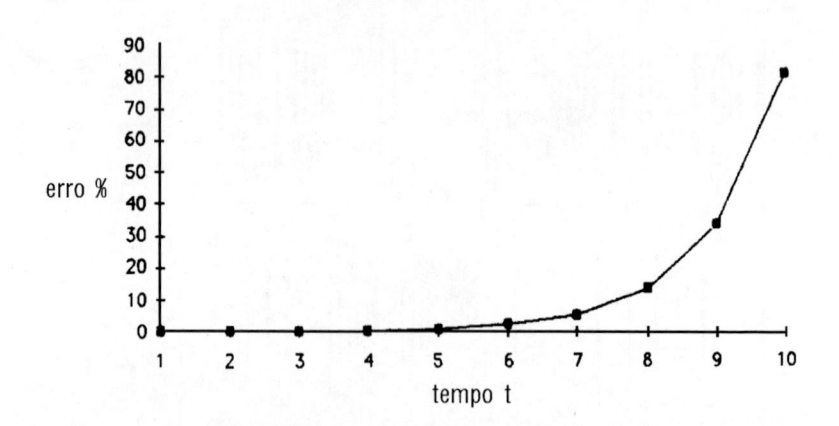

FIGURA 5 – Crescimento médio de um erro (0,01%) introduzido nos valores iniciais das variáveis do modelo de Lorenz. Esse crescimento rápido ilustra bem o efeito da sensibilidade às condições iniciais (SCI).

Notas

1   Le Verrier tornou-se célebre pela descoberta do planeta Netuno, a partir de longos cálculos baseados em pequenas anomalias na trajetória do planeta Urano – descoberta que nossos amigos ingleses tendem a atribuir a um astrônomo britânico chamado Adams. (Na realidade, os dois astrônomos fizeram seus cálculos praticamente no mesmo momento, mas as estimativas de Le Verrier eram mais precisas...)

2   A força de Coriolis aplica-se a todo móvel que se desloque à velocidade V sobre um plano, ele próprio em rotação à velocidade angular Ω (sendo Ω perpendicular a esse plano). A direção dessa força é perpendicular ao plano (Ω, V) pois igual ao produto vetorial $\Omega \wedge V$. No caso de um movimento na superfície da Terra, Ω é a projeção da velocidade angular de rotação da Terra (cuja direção é a linha dos polos) sobre a vertical do lugar (Ω é, portanto, máximo nos polos e nulo no Equador). No que diz respeito aos ventos, cumpre notar que sua velocidade só terá efetivamente a direção decorrente da força de Coriolis quando o atrito sobre a crosta terrestre for desprezível; isto se aplica, portanto, aos ventos que sopram pelo menos a algumas centenas de metros de altitude. Neste caso (e se nos colocarmos numa latitude suficiente), podemos dizer que a força de Coriolis equilibra permanentemente a força ligada ao gradiente de pressão atmosférica. Como a direção desse gradiente é perpendicular aos rastros às superfícies isóbares sobre um plano horizontal (chamados, por simplicidade, "isóbares"), vemos que, contrariamente a toda intuição, a direção do vento é tangente às isóbares – e não perpendicular, como seria o caso na ausência de rotação da Terra. Trata-se do que chamamos de "aproximação geostrófica".

3   Literalmente:

"Natal no terraço, Páscoa nas brasas.
Na festa da Purificação, o inverno cessa ou revigora.
Se chove no dia de São Medardo, chove quarenta dias mais tarde.
Na festa de Santo Hipólito, muitas vezes o inverno vai embora." (N. T.)

4   A popularidade de São Medardo nada deve à famosa canção dos Frères Jacques: encontramos mais de dez ditados que se relacionam a esse mesmo santo e, em sua maioria, relativos à pluviosidade.

5   Designa-se "frente" a zona que separa uma massa de ar quente de uma massa de ar frio. Essas frentes podem ter uma extensão de vários milhares de quilômetros. Distinguimos as frentes "quentes" das frentes "frias" conforme é o ar quente que tende a substituir o ar frio ou é o ar frio que se crava como uma cunha sob as massas de ar quente, para afastá-las. Em ambos os casos, a passagem dessas frentes é acompanhada de perturbações.

6 Para uma previsão com algumas horas de antecedência (sobre a região parisiense, por exemplo), é preciso conhecer a situação sobre toda a França; prever para o dia seguinte requer estar informado sobre a situação num raio de três mil quilômetros, e é preciso levar em conta a situação quase que na Terra inteira, quando se trata de fazer previsões com mais de três dias de antecedência.

7 De acordo com o modelo utilizado, o lado da caixa (ou haste da grade) vale, na direção horizontal, de algumas dezenas a uma centena de quilômetros, enquanto, na vertical, ele varia com a altitude (as caixas próximas do solo têm uma altura de 100 metros a um quilômetro, ao passo que em grandes altitudes as caixas têm uma altura de vários quilômetros).

8 As equações de Lorenz são:

$$dx/dt = -ax + ay$$
$$dy/dt = bx - y - xz$$
$$dz/dt = -cz + xy$$

onde as constantes a, b e c valem, no caso classicamente estudado (e o único considerado neste livro):

$a = 10, b = 28, c = 8/3$

Aproveitamos esta nota para assinalar que os *lasers* podem ser a sede de interessantíssimos comportamentos caóticos – vide, por exemplo, P. Glorieux e E. Giacobino, Explorer le chaos à la lumière des lasers, *La Recherche*, p.1384, 1989.

As equações modelos mais simples suscetíveis de representar os comportamentos caóticos dos *lasers* se assemelham muito às equações de Lorenz.

CAPÍTULO 10

RITMOS DO MUNDO VIVO

> "O tempo está no início e no fim de cada
> vida humana, e cada homem tem seu
> tempo, seu tempo diferente."
>
> *Tom Wolfe*

O tempo manda em nós?

Baseia-se em "relógios", ou seja, num conjunto de comportamentos periódicos, a dinâmica do mundo vivo? A pergunta poderia parecer ingênua à primeira vista, tão evidente é uma resposta positiva, já que certas periodicidades se impõem de saída à observação, como os ritmos diários (ou circadianos), ou os ritmos respiratório e cardíaco. Um estudo, mesmo não exaustivo, revela muito rapidamente que os seres vivos estão submetidos a um sem-número de ritmos, internos (diz-se também endógenos) e externos, ou seja, ligados ao meio ambiente. Assim, a vida se estabelece num conjunto dinâmico muito complexo, submetido, por outro lado, a muitas solicitações que vêm do mundo exterior ao ser vivo. Por isso, a resposta à questão levantada é muito menos clara do que parece, dadas as interações possíveis dos ritmos entre si, e também com perturbações que têm importantes componentes aleatórios. Assim é que se coloca globalmente o problema da estabilidade dos ritmos do mundo vivo, ao qual se vincula o da influência que a atividade do sujeito pode ter sobre eles. Este vasto tema deu origem, recentemente, a uma ciência dos ritmos biológicos ou cronobiologia. Os homens sempre foram conscientes da importância dos ritmos biológicos, que são uma das manifestações fundamentais da vida. Seu estudo é importante, portanto, não só para compreender, mas também para agir e intervir da melhor forma possível quando esses ritmos se desregulam, ou por doença ou por reação a acontecimentos externos. Essa nova ciência, que teve início por volta dos anos 60, usufrui amplamente dos progressos realizados nas técnicas de medida e também dos conceitos desenvolvidos estes últimos anos sobre os sistemas dinâmicos.

Uma grande quantidade de relógios para a dinâmica da vida

As atividades biológicas dos organismos vivos estão submetidas a um sem-número de ritmos diferentes. Seu período, ou tempo característico, escalona-se por ordens de grandeza muito variáveis. Podem estar vinculadas a três grandes categorias de ritmos: os ritmos ultradianos, que podem variar da fração de segundo a algumas horas (os chamados ritmos de alta frequência); os ritmos circadianos (próximos de 24 horas) ou de média frequência; os ritmos infradianos ou de baixa frequência. Eles englobam as periodicidades de alguns dias, da ordem de um mês (ritmo circamensal) e de um ano (ritmo circa-anual).

O gráfico da Figura 1 dá um certo número de exemplos para o homem. As atividades neuronais é que apresentam os tempos característicos mais curtos dos "relógios" internos; com efeito, impulsos cujo período é da ordem do milissegundo (ou milésimo de segundo) regem o transporte de certos íons responsáveis pela transmissão do influxo nervoso. Embora a dinâmica do cérebro nada tenha de periódico, exceto em casos de doenças muito raras, sua atividade vale-se de tempos característicos da ordem de um décimo de segundo; assim, as ondas alfa, presentes durante o estado de vigília, manifestam-se por frequências próximas a 12 hertz (ou seja, períodos por volta de 1/12 ou 0,08 s). O tálamo, por seu lado, pode enviar impulsos muito regulares ao córtex, e isso com períodos que são, também eles, da ordem de 0,1 s (vide "Versículos caóticos"). De uma maneira geral, os períodos envolvidos vão crescendo à medida que aumenta o tamanho ou o número de órgãos que participam da dinâmica. Por exemplo, o ritmo do sono envolve períodos de uma hora e meia a duas horas.

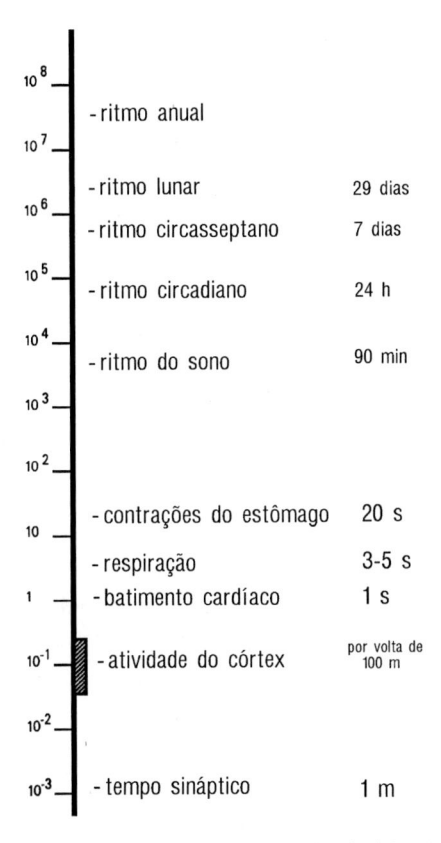

FIGURA 1 – Escala logarítmica graduada em segundos de diferentes ritmos a que está submetido o corpo humano, quer endógenos, quer sincronizados por relógios externos.

A maioria desses períodos internos é nitidamente mais curta do que os que são sincronizados pelos ritmos externos e impostos pelo meio ambiente, dos quais o mais importante é o ritmo circadiano (alternância dia/noite). Os ritmos de tempo mais longo, no entanto, não devem ser desprezados, como o ritmo lunar ou anual. Se incluirmos este último na escala dos relógios biológicos, existe uma relação de $3,10^{10}$ (trinta bilhões!) entre os tempos extremos envolvidos, o que é considerável e, provavelmente, não tem equivalente nos sistemas dinâmicos puramente mecânicos.

A atividade cardíaca: um oscilador quase perfeito, de geometria complexa

A atividade rítmica de base dos seres vivos superiores é, sem contestação, a do coração. Manifesta-se ela pelas pulsações periódicas autossustentadas do miocárdio, que ritmam a circulação sanguínea em todo o organismo. Sua parada prolongada é automaticamente ligada à noção de morte. O coração parece, portanto, desempenhar o papel de um relógio fundamental da "máquina" vivente. Aliás, um coração isolado de seu organismo de origem pode continuar a bater regularmente durante várias horas, dias até, com a condição de ser irrigado e mantido a uma temperatura apropriada. Ele pode, pois, ser considerado um oscilador quase autônomo, com uma frequência própria bem definida. Esta corresponde, para a maioria do reino animal, a um período da ordem de um segundo, espantosa coincidência com a unidade de tempo.[1]

Se esse é efetivamente o estado de um oscilador, cumpre levantar a questão de sua estabilidade. Como se faz na física, se quisermos testar a estabilidade de um estado, perturbamo-lo levemente e vemos como o sistema reage: se voltar ao estado de equilíbrio, o estado é estável; se a perturbação inicial amplificar-se, o estado inicial é instável. No caso dos batimentos cardíacos, foi utilizado mais ou menos o mesmo método, submetendo o oscilador cardíaco a perturbações ou a estímulos externos.

Experiências como essa não podem ser realizadas com seres humanos, mas foram feitos estudos, entre outros, no Canadá, sobre agregados de células cardíacas retiradas de embriões do frango.[2] Esses conjuntos de células constituem um verdadeiro marca-passo, bem como o próprio coração. A expressão geral inglesa *pace maker* relaciona-se com todo órgão que possua intrinsecamente uma atividade periódica bem definida. O termo designa também o pequeno aparelho, implantado sob a pele, destinado a enviar impulsos que sustentem a atividade de um coração falho, mas esta é apenas uma aplicação particular do termo genérico *pace maker*.[3] No caso dos mencionados agregados, se forem mantidos em condições adequadas, mas isolados do resto do organismo, eles podem continuar a bater durante horas. Seu período espontâneo de batimento varia de 0,5 s a 1 s de um agregado a outro, com uma flutuação intrínseca da ordem de 2% para um dado agregado. Esses conjuntos de células foram estimulados por impulsos elétricos, aplicados periodicamente. A vantagem de um tal procedimento é, por um lado, ter um bom controle da perturbação, ao mesmo tempo em termos de frequência e de amplitude, e também conhecer a resposta da pulsação cardíaca com uma dada estimulação de frequência. A analogia com certos estudos de sistemas dinâmicos, como o pêndulo forçado, é aqui evidente e pode ser construtiva, nessas condições de observação que permanecem, porém, muito artificiais relativamente às da vida real.

A análise das observações, no caso a do intervalo entre cada pulsação "cardíaca", lembra totalmente o comportamento de um oscilador mecânico clássico. O coração parece acomodar-se a uma estimulação de frequência diferente da sua própria, quando a intensidade da estimulação elétrica é fraca; ou a sua pulsação é pouco perturbada e permanece próxima de seu valor natural, ou ele sincroniza a sua pulsação à da estimulação. Neste caso, um número inteiro p de batimentos cardíacos se dá ao mesmo tempo que um número inteiro q de períodos de estimulação: a sincronização se dá na razão p/q. Entretanto, o conjunto de células cardíacas nunca esquece completamente o seu ritmo próprio; durante a sincronização 2/3, por exemplo, em que o período imposto é de cerca de 1,5 vez o das células, a resposta "cardíaca" se manifesta por um longo período, cuja duração fica próxima da chamada "em curso livre" (ou seja, quando o sistema estudado não é estimulado), seguido de um período muito mais curto.

Quando a intensidade da estimulação é aumentada, as probabilidades de sincronização de frequência entre pulsação "cardíaca" e estimulação aumentam, mas comportamentos caóticos também podem ser observados. O coração – ou antes, neste caso, um conjunto reduzido de células cardíacas colocadas num meio ambiente muito controlado – apresenta, pois, um comportamento totalmente característico de um oscilador, no sentido clássico do termo, quando é forçado periodicamente. Hoje, não sabemos exatamente se os estados caóticos participam de certas patologias cardíacas; parece, antes, que o coração se acomoda a eles. Com efeito, se o coração pode ser assimilado a um oscilador – e as observações descritas dão uma prova disso, ainda que se situem em condições muito restritas e muito particulares de funcionamento –, ele é, de fato, um órgão complexo que pode trabalhar naturalmente em ritmos diferentes.

Para além de uma simplicidade aparente, provavelmente útil para o bom funcionamento de toda a máquina vivente, a dinâmica do "relógio" cardíaco só se deve, na realidade, a um equilíbrio sabiamente conservado. Se a oscilação cardíaca permanecesse uniforme por tempos longos, daria um exemplo perfeito de ciclo limite, ou seja, de periodicidade como solução única de mecanismos dinâmicos complexos. A. Winfree[4] descreve bem essa complexidade oculta por trás do funcionamento regular do coração e como, em atividade normal, este se adapta incessantemente às modificações de seu meio ambiente, sejam elas químicas, físicas ou ligadas às reações psicológicas ou emocionais de seu "anfitrião".

Os mecanismos do batimento cardíaco desenvolvem-se no plano temporal, mas também implicam uma organização espacial da contração do miocárdio. De um ponto de vista "mecânico", não nos surpreende que, em seu funcionamento normal, o coração esteja longe de ser um oscilador "ideal", mas que, pelo contrário, sua complexidade lhe permita adaptar-se, através de uma variação de seu ritmo, a condições de atividade muito variadas, continuando a se manter em equilíbrio. Os estados patológicos surgem quando esse equilíbrio, aparentemente muito sólido (um coração humano pode, durante uma longa vida, não trair seu anfitrião), é rompido. Eles revelam, então, uma parte dos mecanismos que já não trabalha coerentemente. Poderíamos dar a eles a imagem de um coral em que, normalmente, todos os coristas cantam em uníssono, mas que, excepcionalmente, numa crise de insubmissão (ou de recreação), começassem, em grupinhos ou isoladamente, a cantar a mesma melodia, mas completamente defasados uns relativamente aos outros... ou, pior ainda, que interpretassem cada um independentemente a sua ária predileta. A disfunção cardíaca seria mais ou menos isso, em graus diversos, conforme os casos.

Examinemos, pois, mais pormenorizadamente, como as contrações do coração se organizam em suas diferentes partes. Embora o coração apareça globalmente como um oscilador único, uma primeira complicação existe em razão do fato de que a pulsação cardíaca se dá em lugares diferentes, em instantes eles próprios também diferentes (Figura 2a): primeira contração no nível de uma pequena região (SA ou nó sinoatrial) situada no átrio direito, propagação da pulsação, seguida de uma segunda contração no nível do nó atrioventricular (AV) que precede a propagação de uma onda na parede dos ventrículos (onde se acha o chamado feixe de fibras de His-Purkinje). Essas diferentes contrações, ligadas a uma depolarização elétrica, tornam a se encontrar, em parte, no eletrocardiograma de um coração normal (Figura 2b): a modulação P corresponde à ação do nó AV, enquanto o pico R e a sua base são dados pela depolarização no nível da rede ventricular; o retorno deste último a seu potencial elétrico inicial fornece o sinal T. No caso do coração humano, as duas contrações localizadas em SA e em AV têm uma decalagem de 0,08 a 0,12 s. Uma interpretação clássica sugere que o nó AV age como um elemento passivo e apenas transmite, amplificando-as, as contrações iniciadas pelo nó SA. Um outro ponto de vista, já proposto por Van Der Pol e Van Der Mark[5] e hoje retomado, diz que os nós SA e AV são dois osciladores independentes, como certas observações parecem confirmar. Assim, em cães cujo nó SA fora suprimido, o nó AV desempenhou sozinho o papel de um marcapasso muito ativo, com uma frequência própria próxima de 2/3 da do nó SA. O batimento cardíaco pode, então, ser representado – porém, com todas as restrições que implica uma tal idealização – por dois osciladores em interação, tendo cada um sua frequência específica. Em funcionamento normal, os dois nós SA e AV estariam fortemente acoplados e agiriam coerentemente, no mesmo ritmo (estariam sincronizados), mas em certos casos patológicos seus comportamentos poderiam dissociar-se, levando assim ao surgimento de vários centros dinâmicos independentes.

Mesmo em funcionamento completamente normal, o coração não se comporta como um verdadeiro oscilador, cujo período permanece rigorosamente constante enquanto a sustentação é efetiva. Observações no ser humano, por exemplo, revelam variações de ritmo mesmo em tempos bastante curtos, da ordem de alguns minutos. Se fizermos, então, um estudo do espectro de frequências do sinal elétrico dado por um eletrocardiograma (ECG), este apresenta um espectro largo, ou seja, todo um conjunto de frequências, ao passo que um simples oscilador apresentaria apenas um espectro muito fino.

Sabemos numerar certas grandezas características dos estados caóticos, como a chamada dimensão de correlação (vide o Capítulo 7), ou pelo menos determinar se esse número é pequeno (ou seja, na prática, inferior a 10). No caso de um pêndulo simples, esse número é 1; no caso de sinais de ECG normais, ele está compreendido entre 3,5 e 6 (para registros curtos da ordem de alguns minutos e para pacientes em repouso).[6] Esses números são suficientemente significativos para que possamos concluir deles que a atividade de um coração normal já tem em si mesma uma natureza caótica, vinculada a um "pequeno" número de variáveis dinâmicas, mesmo no estado mais regular que existe, ou seja, em condições pouco realistas a longo prazo.

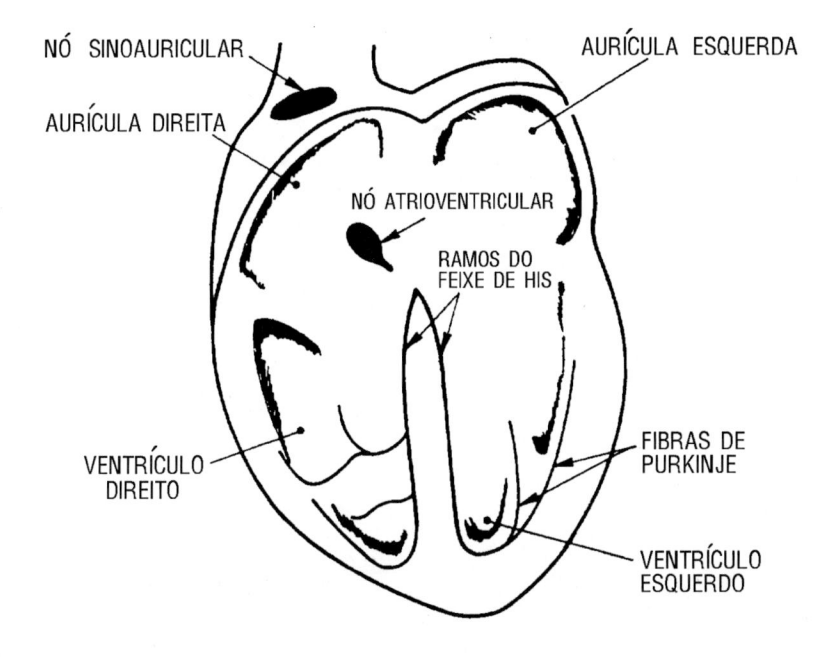

FIGURA 2a – Esquema de um coração humano em que estão indicados os nós sinoauricular SA e atrioventricular AV, bem como o tecido de fibras ventriculares.

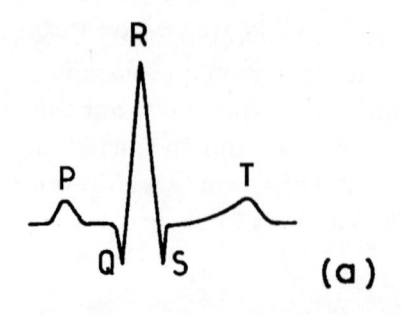

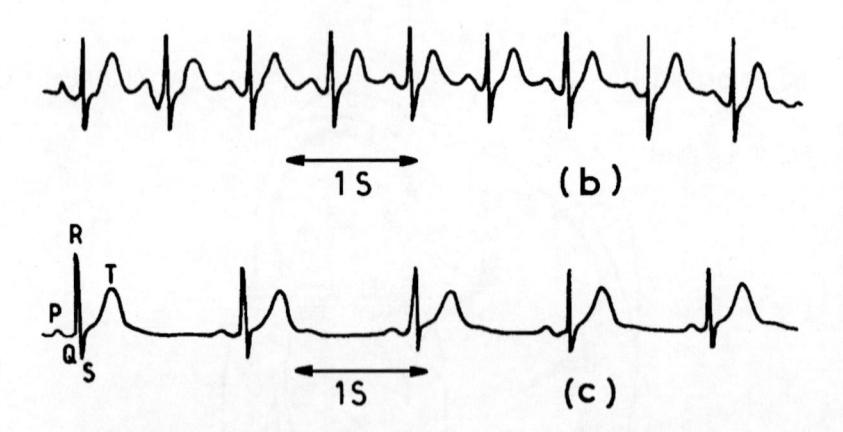

FIGURA 2b – Sinais de eletrocardiograma (ECG) registrados em instantes diferentes do dia e correspondentes a atividades diferentes, para uma mesma pessoa: b) atividade física considerável; c) repouso. No alto (a), um sinal característico de um período cardíaco.

A fibrilação: consequência fatal de osciladores desacoplados

Não são raros os casos de morte por parada cardíaca súbita; uma grande maioria deles seria devida ao fenômeno da fibrilação. O termo fibrilação foi criado em 1874 por Alfred Vulpian, médico e fisiologista francês, para explicar o fato de que, nesse caso, as fibras (da rede de His-Purkinje) que envolvem o músculo cardíaco se contraem independentemente, sem que haja mais nenhuma relação de fase entre elas. A contração é, então, desordenada, desorganizada no espaço, e a bomba cardíaca perde toda eficiência. Parece que ainda hoje não conhecemos exatamente o mecanismo que está na origem da fibrilação, e várias teorias se enfrentam a este respeito. Um ponto, porém, é claro: é preciso fazer intervir uma dessincronização espacial, quer aparecendo no nível da propagação da onda de depolarização elétrica, quer ela se realize de maneira mais local. É até possível que o estado de fibrilação tenha um caráter de intermitência espaçotemporal (vide o Capítulo 11). Sem entrar nos pormenores (livros inteiros são consagrados a este assunto), esse comportamento de consequências dramáticas é uma ilustração profunda da ruptura de uma sincronização coletiva entre um grande número de "osciladores". Com efeito, cada fibra do músculo cardíaco pode ser considerada um oscilador que bate "periodicamente" em funcionamento normal, sendo o período o mesmo para todas as fibras, quando elas estão fortemente acopladas. O comportamento global pode, então, dar a ilusão de um oscilador único, mas quando, por razões ainda mal conhecidas, esse acoplamento já não é efetivo, as células cardíacas agem independentemente umas das outras, e a desordem espaçotemporal que se segue é fatal.

Os ritmos biológicos: um estudo difícil

Mesmo em tempos curtos, da ordem de alguns minutos, e para uma pessoa em repouso, a atividade cardíaca não pode ser considerada a de um relógio estritamente periódico, já que, mesmo nessas condições, há certa flutuação dos períodos. Se os eletrocardiogramas forem realizados durante tempos longos, da ordem de uma hora ou mais, as variações podem ser mais consideráveis, mesmo excluindo a incidência de mudanças de atividade que, por exemplo, no caso de exercício físico, acarretam, como é sabido, a aceleração do ritmo cardíaco (o dobro ou mais). Às variações intrínsecas ou dependentes da atividade, soma-se uma evolução circadiana mais sistemática: o batimento cardíaco muda ao longo do dia, com um máximo à tarde. Há, portanto, aí um acoplamento – que não é surpreendente – de nosso ritmo de base com o do dia, que governa a maioria de nossas ações e gestos. A modulação da atividade biológica em 24 horas existe para a maioria dos órgãos e seu conhecimento é muito útil para entender variações de eficiência, assim como de medicamentos e substâncias tóxicas, em função das horas do dia. No primeiro caso, isso deu origem à cronoterapia, ou estudo do melhor momento do dia, para tomar este ou aquele medicamento, com vistas a um máximo de eficácia.[7] No segundo caso, fala-se de cronotoxicidade. As duas abordagens podem, aliás, estar ligadas, quando se busca a diminuição dos efeitos secundários nocivos de certos medicamentos. Por exemplo, a toxicidade de certas drogas anticancerígenas pode ser reduzida por um fator 70, o que é considerável, conforme elas sejam tomadas depois de um período de atividade ou de repouso. Outro exemplo espetacular é o de crianças leucêmicas tratadas em Montreal, cujas chances de sobrevida parecem ter dobrado conforme o tratamento tenha sido administrado à tarde ou de manhã.[8] Na realidade, tornamos a encontrar a noção de fase relativa: como no caso do pêndulo cuja sustentação eficaz não pode acontecer a qualquer momento da oscilação (os oficiantes de Santiago de Compostella devem puxar a corda que ergue o incensório num instante preciso), a dinâmica do vivente também pode dar respostas muito diferentes a uma mesma estimulação, conforme o momento em que ela for dada.

A interação dos ritmos fisiológicos com os ritmos externos mostra a importância destes últimos. O grande problema colocado por esses ritmos, em particular pelo ciclo circadiano, é saber se estão ligados ou não à presença real de um relógio endógeno, independentemente da presença de potentes sincronizadores, como o é a alternância dia/noite para o relógio circadiano. Com efeito, as atividades ritmadas em 24 horas podem ser devidas a um arrastamento passivo pela evolução diária (como, por exemplo, o faria uma barca, liberta de suas amarras, e que seria arrastada pela corrente da maré, neste caso a um ritmo próximo de 13 horas) ou, pelo contrário, estar ligadas à presença de um relógio biológico endógeno, programado geneticamente, que, embora tendo a sua frequência própria, estaria sincronizado com o ciclo dia/noite, como o estaria um oscilador forçado.

Para evidenciar a existência do relógio endógeno, o organismo estudado deve ser deixado em livre curso, ou seja, num meio de propriedades físicas constantes, por exemplo luz ou obscuridade constante, temperatura uniforme etc., para se abstrair do (ou dos) sincronizador(es) externo(s). Com efeito, para que esse livre curso seja eficaz, é preciso suprimir os mecanismos de sincronização ou verdadeiros sincronizadores. A seguinte definição foi dada por A. Reinberg:[9] o sincronizador é um conjunto de fatores físicos – iluminação, temperatura, alimentação etc. – cujas variações periódicas são capazes de arrastar os ritmos biológicos de período próximo ao seu, como os ritmos do sono, da temperatura e, mais geralmente, das atividades hormonais e outras. Mas é claro também que, num ambiente natural, os seres vivos estão submetidos a vários tipos de sincronizadores. Assim, para muitas espécies animais, a alternância luz/escuridão é um sincronizador eficaz, mas, em certos casos (experiências feitas com camundongos, coelhos), a alternância alimentação/jejum pode ser um sincronizador ainda mais poderoso. (O homem adulto, pelo contrário, não parece ter essa sensibilidade e, para ele, guloso ou não, a refeição não passa de um sincronizador fraco ou quase nulo.) Outro exemplo de sincronizador é fornecido pela alternância ruído/silêncio; sua ação foi observada no comportamento de camundongos que foram cegados, mas, para além dessas circunstâncias muito particulares, podemos perguntar-nos também sobre a ação desse tipo de "sincronizador" sobre os seres humanos, continuamente sujeitos aos ruídos e excitações de toda espécie da vida moderna.

Os problemas encontrados no estudo dos ritmos circadianos tornam a se encontrar no estudo de ritmos muito mais longos. Apesar da extensão dos tempos envolvidos, certas particularidades de alguns ritmos circa-anuais foram compreendidas em consequência de observações feitas sobre animais submetidos a um ambiente judiciosamente controlado. Por exemplo, patos machos foram mantidos durante vários anos em condições constantes de iluminação; sua atividade testicular, medida através de diversos métodos, continuou a seguir um ritmo próximo ao do ano, mas diferente de 365 dias. Geralmente, o fato de que o ritmo em livre curso seja diferente do imposto (dia, ano etc.) é um argumento a favor da presença de um relógio endógeno: com efeito, como um pêndulo simples vê sua frequência própria modificada quando é solicitado por uma oscilação externa e, depois, torna a encontrá-la quando cessa essa ação, assim também se comportaria o relógio biológico. Em compensação, se não houvesse mudança de ritmo entre livre curso e presença de um sincronizador, poderíamos pensar que o ritmo observado se deve a um aprendizado diretamente imposto pelas condições externas, sem nenhuma existência autônoma.

Existem os relógios circadianos endógenos?

Dada a potência do ritmo circadiano externo (alternância dia/noite), que modula a atividade dos organismos vivos desde seu aparecimento sobre a Terra, podemos perguntar-nos se existe realmente um ou alguns relógios endógenos circadianos (próximos de 24 horas), internos à maioria dos organismos – pelo menos aqueles que vivem na superfície da Terra – e que se manifestariam fora da influência dos sincronizadores externos diários. Foram feitas observações muito numerosas sobre animais – insetos, pássaros, mamíferos; em livre curso, o relógio circadiano endógeno existe realmente e se manifesta, na maior parte do tempo, com ritmos próximos, mas significativamente diferentes, de 24 horas; esse ritmo endógeno pode, por outro lado, ser arrastado, sincronizado, por períodos que vão de 21 a 28 horas (daí os limites dados na definição dos períodos circadianos), conforme os tipos de animais e os sincronizadores utilizados.

Que dizer no caso do homem e, em primeiro lugar, quais são os seus sincronizadores? Em razão de sua atividade e de sua natureza, o homem é sensível a vários sincronizadores, mas o mais eficiente é de natureza socioecológica (alternância dia/noite, evidentemente, mas também barulho/silêncio, trabalho/repouso etc.). Ouvimos falar, pelos meios de comunicação, de experiências em que pacientes adultos passam voluntariamente até alguns meses no isolamento mais completo; isso se faz geralmente em grutas, pois não raro elas estão muito isoladas dos ritmos externos e ali reinam condições físicas constantes (escuridão, temperatura, nível de ruído etc.), propícias às observações dos chamados ritmos em livre curso. Durante as duas primeiras semanas da estadia, os indivíduos – homens ou mulheres – conservam um ritmo circadiano, geralmente muito próximo de 25 horas, mas depois dessas duas semanas há separação de certos ritmos, habitualmente sincronizados. Assim, a variação da temperatura do corpo conserva a periodicidade de cerca de 24 horas, ao passo que a da alternância vigília/sono passa a valores próximos a 35 horas. Há aí, portanto, a evidenciação de dois relógios internos diferentes, um controlando a atividade do sujeito, o outro a sua temperatura, dois relógios habitualmente indiferenciados pelo ritmo natural de 24 horas. Em "livre curso", esses dois relógios permanecem, porém, acoplados (podemos observar que o período de um – 35 horas – é praticamente 3/2 do outro, de 24 horas).

A dessincronização desses dois relógios também se encontra em trabalhadores em turnos, cujo ritmo de atividade é não somente defasado relativamente ao ritmo habitual – atividade de dia, repouso à noite –, como também está sujeito a defasagens de semana em semana por rotação sobre 24 horas do período de trabalho, como no caso do trabalho contínuo executado por três equipes que se sucedem e depois se revezam (o chamado trabalho em "três-oito"). O ritmo vigília/sono acompanha, então, quase obrigatoriamente o da atividade, de 24 horas, mas, em compensação, o ritmo da temperatura corporal se defasa a cada dia, seguindo um período próximo a 25 horas. Essa dessincronização é observada principalmente nas pessoas que suportam mal esse ritmo de trabalho noturno e em horários variáveis.

De todas essas observações, poderíamos concluir que o ser humano tem pelo menos dois (talvez mais) relógios internos circadianos, relógios que provavelmente se inscreveram no patrimônio genético, ao longo da evolução dos seres vivos. No entanto, os recém-nascidos e os prematuros não apresentam absolutamente nenhum ritmo circadiano: observações e registros (eletroencefalograma, por exemplo) revelam que o recém-nascido, colocado num ambiente tão constante quanto possível, só passa por ritmos ultradianos (eles foram detectados até mesmo na vida fetal). Eles têm, por exemplo, uma periodicidade vigília/sono de cerca de 90 minutos. A transformação desses ritmos em ritmos circadianos se dá em diferentes idades, conforme o parâmetro em questão: de quatro a seis semanas para o ritmo vigília/sono, dois a três meses para a temperatura do corpo, um pouco mais tarde para certos metabolismos. Estaríamos, então, propensos a atribuir a presença ulterior do relógio circadiano a uma aprendizagem, mas os biólogos preferem pensar que o sistema nervoso superior do recém-nascido não está evoluído o bastante, logo no início da vida, para perceber o sincronizador diário. O fato de que os prematuros conservam por mais tempo seus ritmos ultradianos do que as crianças nascidas no tempo normal vai neste sentido.

O homem adulto conserva, em compensação, durante toda a sua vida, a lembrança do período ultradiano de 90 minutos, que ritmava os seus primeiros dias. Com efeito, torna-se a encontrar esse período nos ritmos do sono, assim como na atividade diária, através da sucessão de momentos em que a atenção é alta e de momentos em que ela está mais frouxa.

Relógio circadiano e relógio circatidal

A interação entre diferentes relógios biológicos ligados a ritmos externos encontra exemplos particularmente interessantes em certos animais marinhos que vivem nas zonas litorâneas e para os quais os ritmos parecem mais irregulares do que os dos organismos que vivem na água doce. Ao passo que estes, como o lagostim, têm um relógio circadiano, sincronizado com o ritmo diário de 24 horas (ou nictêmero), certos animais, como os camarões, podem ter dois relógios endógenos, um próximo de 24 horas (portanto, do nictêmero), e outro próximo de 13 horas, ou seja, próximo do período da maré, o chamado período circatidal. Em seu meio natural, cada camarão se comporta em média como se acompanhasse os dois relógios e apresenta, por isso, um comportamento biperiódico. Mas quando eles são deixados em livre curso, ou seja, no escuro e alimentados com uma água de mar de composição estável, eles podem revelar, preferencialmente, quer um ritmo natural próximo de 24 horas, quer um ritmo próximo de 13 horas. A revelação do ritmo desses animais pode ser feita através de diferentes medidas, por exemplo a da atividade locomotora, como é feito no laboratório de biologia marinha do Collège de France, em Concarneau,[10] onde são estudados diversos tipos de camarões "bouquets". Neste caso particular, os camarões de um certo tipo (*Palaemon serratus*) têm um relógio interno circadiano mais marcado, ao passo que uma outra espécie, o chamado *Palaemon elegans*, revela de preferência seu relógio circatidal, apesar da presença simultânea dos dois relógios. É evidente que, ainda que possamos falar de ritmo médio para cada animal, esse ritmo não tem a regularidade de um comportamento periódico ideal; no entanto, o mecanismo de sincronização pode ser eficaz. Com efeito, se camarões cujo relógio interno é de preferência circatidal são submetidos a um "sincronizador" no ritmo da maré, no caso uma variação da composição química da água do mar, sua atividade sincroniza-se bastante bem com o ritmo imposto. Da mesma forma, camarões cujo relógio é preferencialmente circadiano sincronizar-se-ão com um ritmo de 24 horas, em especial sob a influência de uma alternância luz/escuridão, bom sincronizador neste caso (Figuras 3 e 4).

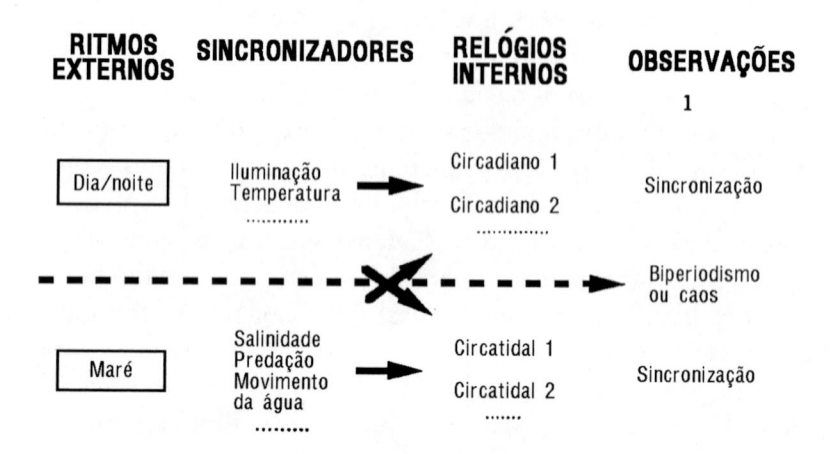

FIGURA 3 – Quadro sinóptico que descreve de maneira simplificada os diferentes relógios presentes no caso dos animais marinhos costeiros e os sincronizadores possíveis.

Que acontece se ritmos impostos e relógios preferenciais forem diferentes, ou seja, quando animais com um relógio interno de tipo maré são submetidos a um ritmo circadiano e inversamente? Em média, o comportamento perde muito de sua coerência: a lembrança das periodicidades iniciais, mesmo muito imperfeitas, parece ter desaparecido completamente, e a atividade é muito desordenada, caótica. Isso significa que estamos diante de caos com um número muito pequeno de variáveis? A rigor, isso é pouco provável, pois mesmo a sincronização com o relógio "certo" é muito imperfeita, se compararmos o comportamento correspondente ao que teria um pêndulo mecânico. Mas isso não diminui em nada o fato de que, nos mecanismos que tornam mais errática a atividade dos camarões, a competição entre os dois relógios presentes certamente desempenha seu papel.

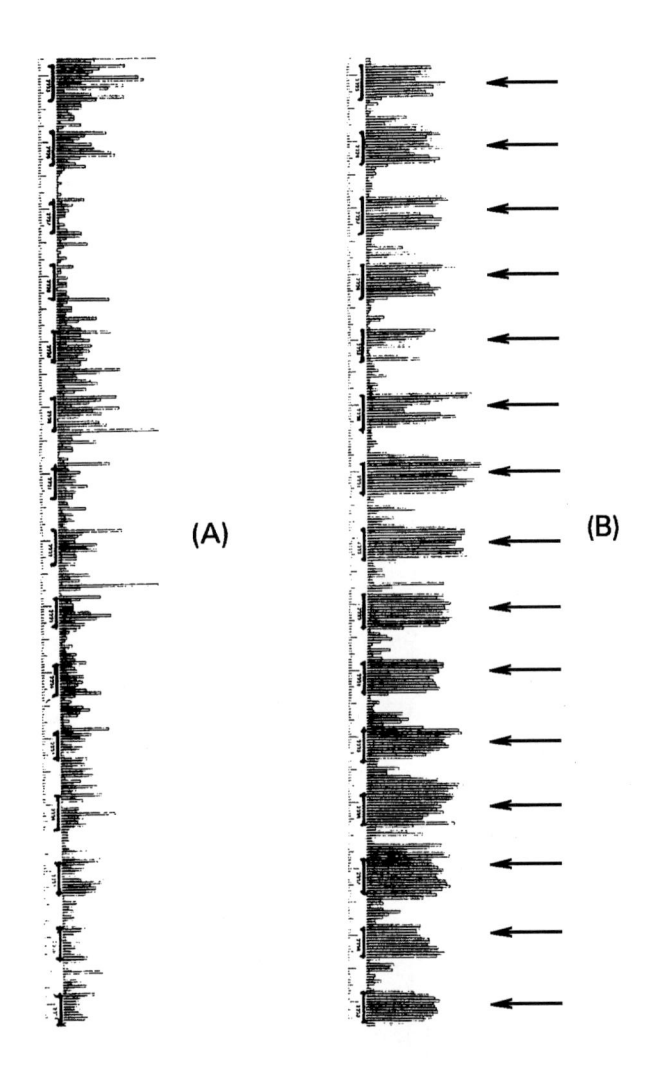

FIGURA 4 - Atividade locomotora de camarões *"bouquets"* submetidos a uma iluminação de tipo dia/noite por um período de 24 horas, ou seja, luz durante 12 horas, seguida de escuridão durante as 12 horas subsequentes. a) No caso dos camarões cujo relógio circadiano é dominante, o fenômeno de sincronização com a alternância imposta luz/escuridão é muito nítido. b) Em contrapartida, no caso dos camarões cujo relógio natural preferencial é, antes, circatidal, o mesmo tipo de alternância em 24 horas conduz a um comportamento completamente desordenado, que se manifesta por uma atividade locomotora sem periodicidade (segundo J.-F. Lennon, Collège de France, Concarneau).

O caos dos ritmos biológicos: realidade ou miragem?

Claude Bernard, no século passado, enunciou o princípio de homeostase: os órgãos dos seres vivos respondem às flutuações exteriores, tentando reconduzir seu comportamento a condições de estabilidade e de estacionariedade; era, por assim dizer, uma "teoria de ponto fixo". Mais tarde, bastante recentemente, nos anos 50, os biólogos se convenceram da presença de periodicidades nas atividades fisiológicas. Assim, primeiro eles acreditaram que ela era sinônimo de saúde e de juventude e que, inversamente, os comportamentos caóticos estavam mais ligados a estados patológicos e à velhice. Os estudos recentes mostraram que não era nada disso. No caso de certos ritmos, como o do coração, parece até que a variância pode ser muito maior e, em todo caso, muito mais bem tolerada em pessoas jovens do que em pessoas doentes ou idosas. Por outro lado, comportamentos estritamente periódicos podem aparecer durante as doenças. Pode-se mencionar, por exemplo, a variação diária do número de glóbulos brancos: muito irregular em pessoas sadias, ela pode tornar-se periódica em certas leucemias.

Os comportamentos caóticos são, portanto, uma propriedade intrínseca dos ritmos dos seres vivos, o que, evidentemente, não diminui em nada a importância de um ritmo de base. Como os dois tipos de comportamento – caos e ritmicidade – estão associados, parece lógico que os biólogos tenham procurado saber se havia uma ligação entre o caos puramente temporal dos "pêndulos" acoplados e o que eles observavam. Por outro lado, não nos esqueçamos de que as propriedades temporais interessantes de sistemas dinâmicos acoplados não se reduzem ao caos, como, talvez, as modas o sugeriram durante certo tempo, mas que também existem outras dinâmicas interessantes não caóticas. Em suma, tudo o que sabemos sobre os osciladores pode ser utilizado na compreensão dos ritmos biológicos?

A resposta é certamente positiva. As interações entre ritmos existem e fazem intervir não linearidades. Mesmo num quadro idealizado, considerando apenas o aspecto "interação de osciladores", os comportamentos correspondentes estão com certeza presentes nas dinâmicas do vivente, ainda que, por vezes, estejam camufladas por "ruído"! A abordagem destas últimas, como sistemas dinâmicos, revelou-se, pois, muito construtiva e suscitou ideias novas, em que os conceitos desenvolvidos previamente num contexto mais físico e matemático encontraram seu lugar. Por um lado, foram realizadas observações em condições bem controladas, artificiais em certos casos, mas conservando apenas as dinâmicas de base para bem compreender seus mecanismos; foi esse o caso, por exemplo, para conhecer as respostas a estímulos muito particulares, como no caso das células cardíacas ou dos neurônios da cauda da lagosta.[11] Os resultados são interessantes, desde que não se percam de vista as condições artificiais das observações e se mantenha a crítica tão logo se trate de generalizar os resultados obtidos.

Outro ponto foi a utilização de certas "ferramentas" de análise desenvolvidas na física. Isso pode ser uma maneira de traçar os dados recolhidos ao longo de medições feitas sobre um órgão (trajetórias reconstruídas num espaço de fase, os chamados mapas de retorno), maneira esta que permite ressaltar melhor as propriedades dinâmicas observadas. Pode ser também o cálculo das grandezas, como a dimensão de correlação, úteis para uma comparação quantitativa de certos comportamentos. Por outro lado, desenvolveram-se modelos específicos cuja trama se inspira em certas dinâmicas de sistemas físicos.

Este aspecto positivo não nos deve fazer esquecer dois pontos importantes. Em primeiro lugar, o mundo da biologia, aberto para o mundo exterior e em constante evolução, tem suas próprias leis. Evidentemente, as leis da física também têm ali o seu lugar (elas são universais), mas às vezes pode parecer ingenuidade (ou pretensão) aplicar diretamente, sem arranjos, algumas dessas leis ao mundo biológico. Esta, aliás, é uma crítica que os biólogos não se cansam de fazer a certos físicos, quando, novos êmulos na biologia, transferem brutalmente a esse campo certos conceitos da física. Em segundo lugar, muitas dinâmicas biológicas comportam uma parte de ruído, isto é, de aleatório, de menor ou maior importância. O difícil problema que se coloca é o de poder dissociar a parte desse ruído, de múltiplas causas, dos comportamentos dinâmicos intrínsecos. Pesquisadores trabalham nesta questão, cuja resposta depende da situação considerada. Em certos casos, a dinâmica própria é pouco mascarada pelo ruído e poderá ser compreendida em parte; em outros casos, o ruído leva a melhor. Para avançar, então, na compreensão dos fatos observados, estudos teóricos razoavelmente complexos estão sendo desenvolvidos atualmente, mas hoje ainda é difícil compreender precisamente as evoluções observadas.

Notas

1 Em seu estudo da queda dos corpos, Galileu estimara que a precisão da medida do tempo era "melhor do que um décimo da batida do pulso".

2 L. Glass, A. Schrier, J. Belair, *Chaotic Cardiac Rythms*, Chaos, Princeton University Press, 1986.

3 O termo *pace maker* (em português, marca-passo), como é utilizado na linguagem corrente, está relacionado com o pequeno aparelho medicinal que desempenha o papel de estimulador cardíaco. Este nome provavelmente lhe foi dado pelo fato de que os primeiros aparelhos enviavam impulsos regulares ao coração deficiente, sendo o termo *pace maker* atribuído, na biologia, a todo órgão que tenha uma atividade periódica intrínseca.

Desde sua entrada em operação, os estimuladores cardíacos sofisticaram-se e, graças aos progressos da microeletrônica, dispõem hoje da presença de um *chip* eletrônico que controla a atividade do marca-passo propriamente dito; os impulsos só são enviados quando certos critérios, ajustados para cada doente, se manifestam, por exemplo, para além de certa desaceleração do ritmo cardíaco... ou de certa fraqueza em sua atividade.

[Note-se que o termo português "marca-passo" é apenas uma tradução errônea do inglês *pace maker*, sem tradução em francês. N. T.]

4 A. Winfree, *When Times Breaks Down*, Princeton University Press, 1987.

5 B. Van Der Pol é famoso por ter estudado os osciladores autossustentados e os descreveu por meio de uma equação diferencial não linear que traz o seu nome. Ele também se interessara por sua dinâmica com uma "forçagem" exterior; embora a noção de caos não estivesse presente, ele observara bem, em compensação,

os fenômenos de sincronização com os subarmônicos da frequência imposta. Juntamente com J. Van Der Mark, ele propôs, em 1928, um modelo da pulsação cardíaca com base na interação de três osciladores de relaxação acoplados, correspondentes respectivamente ao nó sinoatrial, ao nó atrioventricular e ao ventrículo. Esses osciladores eram elétricos (tubos de néon montados em paralelo com capacitores), de período próximo a 1 s e inicialmente idênticos. O sinal de saída reproduzia inteiramente um sinal ECG clássico. Em contrapartida, quando era diminuído o acoplamento entre os circuitos que imitavam o "nó AV" e o "ventrículo", a atividade deste último tornava-se cada vez mais frouxa, isto é, cada contração AV não era obrigatoriamente seguida de uma contração do "ventrículo". Em acoplamento quase nulo, o "ventrículo" praticamente não reagia mais.

O dispositivo também permitia modificar as frequências respectivas desses dois mesmos osciladores; neste caso, podia ser observado o análogo de extrassístoles ventriculares, assim como fenômenos complexos de sincronização entre as frequências respectivas de dois osciladores (vide The Heartbeat Considered as a Relaxation Oscillation and an Electrical Model of Heart, *Philosophical Magazine*, v.6, p.763-75, 1928).

6 A. Babloyantz, A. Destexhe, Is the Normal Heart a Periodic Oscillator?, *Biological Cybernetics*, p.203-11, Springer-Verlag, 1988.

7 A. Reinberg, G. Labrecque, M. Smolensky, *Chronobiologie et Chronothérapeutique*, heure optimale d'administration des médicaments, Flammarion Médecine-Sciences, 1991.

8 A. Reinberg, *Les rythmes biologiques*, Éditions Que sais-je?, PUF, 1989.

9 Cf. Nota 8.

10 J.-F. Lennon, A. Clique, Chaos dans les rythmes biologiques des organismes de la zone des marées, *Annales des télécommunications*, v.42, p.339-45, 1987.

11 Um interessante exemplo de oscilador biológico real é o de neurônios que geralmente participam do controle do movimento, como o dos membros no caso dos mamíferos. Alguns desses neurônios existem também na cauda de certos crustáceos, onde desempenham um papel no comando da mudança de orientação relativa dos "anéis". Esses neurônios, mais particularmente estudados por causa de seu tamanho (um único neurônio pode ser analisado sob uma lupa binocular), são, para um dado estado de contração muscular, verdadeiros marca-passos, ou seja, emitem um "sinal", ou descarga, periódico. Um estudo aprofundado foi realizado, em ligação com uma equipe de médicos do Hospital Saint-Antoine de Paris, na UCLA, em Los Angeles, Califórnia. Ela trata de um camarão que é encontrado nessa região, mas também em outros países (Espanha, Noruega, México etc.). A preparação da experiência, delicada e minuciosa, consiste em isolar uma fibra muscular, sobre a qual é fixado um único neurônio; o conjunto constitui um receptor sensível ao estiramento. Agindo de maneira controlada sobre o alongamento desse elemento, podemos excitar (ou inibir) à vontade a descarga do neurônio e, em particular, estimulá-la com frequências variáveis. Como o neurônio

receptor tem a sua própria frequência, ele responde de acordo com a frequência de estimulação, com todas as características de um "oscilador" forçado não linearmente por um "relógio" periódico. Sincronizações de frequência, mudanças imperceptíveis de fase e também comportamentos caóticos são, portanto, observados. A essas características se somam, porém, propriedades particulares, ligadas à presença de um período refratário; com efeito, depois de cada descarga, é preciso um certo tempo para que o neurônio recupere seu estado inicial, a partir do qual poderá reagir a uma nova estimulação. A configuração estudada representa o protótipo de um elemento unitário, origem de toda uma rede que chegará a um comportamento global, coletivo e coerente, sob o efeito de um acoplamento. O estudo do neurônio estimulado artificialmente, portanto, é um ponto de partida útil e necessário para compreender em seguida a resposta de todo um conjunto de neurônios sob estimulações variadas.

Vide J.-P. Segundo, E. Altshuler, M. Stiber, A. Garfinkel, Periodic Inhibition of Living Neurons, *International Journal of Bifurcation and Chaos*, v.I, p.549-81 e 873-90, 1991, e J.-P. Segundo, J.-F. Vibert, M. Stiber, E. Altshuler, Transients in Inhibitory Driving of Neurons, *Journal of Neurosciences*, no prelo.

CAPÍTULO 11

RUMO AOS COMPORTAMENTOS COLETIVOS

> "O alimento essencial não vem das coisas, e sim do nó que ata as coisas."
>
> *Antoine de Saint-Exupéry*

Abandonando os sistemas de algumas variáveis para caminharmos na direção das dinâmicas em que interagem muitos graus de liberdade, vamos abordar um novo tipo de questão, muito menos rico em fatos devidamente estabelecidos e em teorias inatacáveis do que o que foi exposto nos capítulos anteriores. Daí, sem dúvida, uma menor nitidez no processo e também um mais frequente recurso a modelos cuja pertinência para as questões estudadas nem sempre é verificada. O leitor há de ter adivinhado que vamos aproximar-nos da linha de frente dos conhecimentos, onde o mais difícil é, muitas vezes, formular questões precisas, antes de procurar respostas.

Um exemplo que vem à mente para ilustrar um comportamento que encerre muitas variáveis é o da dinâmica macroeconômica: os preços e os salários no mercado mundial são fixados por mecanismos que escapam cada vez mais às autoridades políticas.

Isso lhes confere uma evolução autônoma, cujas razões ainda parecem bastante mal compreendidas. Podemos, mesmo assim, afirmar que os princípios correspondentes recorrem a um grande número de graus de liberdade e pensar que os agentes individuais, ou seja, cada consumidor ou cada produtor, poderiam constituir os graus de liberdade desse sistema macroeconômico. Todavia, não é evidente que isso seja verdade e é mais provável que essa dinâmica seja regida pela interação de variáveis "coletivas", como os preços desta ou daquela matéria-prima, os salários das diferentes categorias de trabalhadores, os preços do aluguel... a morosidade reinante etc. Ainda que essas variáveis coletivas sejam muito numerosas, podemos fazer uma abordagem sistemática dessa dinâmica. Estabelecemos a lista dos parâmetros mais pertinentes (preço das matérias-primas, salários, despesas sociais diversas), depois escrevemos suas equações não lineares de evolução, levando em conta interações como, por exemplo, a evidente entre poder de compra e tributação: um aumento das taxas (mais geralmente, daquelas chamadas de contribuições obrigatórias) traduz-se mecanicamente por uma diminuição do poder de compra, pelo menos no caso dos bens de consumo corrente. A partir do que sabemos da dinâmica dos sistemas caóticos, uma tal abordagem corre o risco de ser decepcionante quanto aos seus resultados: muito provavelmente, ficaremos sabendo que o nosso mundo macroeconômico tem uma instabilidade intrínseca e que é impossível fazer predições a longo prazo, em particular por causa da complexidade do problema, mas também devido ao nosso conhecimento imperfeito da situação inicial. De resto, não parece que, ao contrário do caso da meteorologia, tenhamos uma ideia muito clara do horizonte de preditibilidade confiável em economia:[1] seis meses, um ano, dois anos?

Note-se que existem certos sistemas com grande número de variáveis, mas particularmente simples, que conseguem, em certas condições, chegar a um comportamento coletivo ordenado, o que os contrapõe, por assim dizer, aos de dinâmica caótica.[2] É o caso de todas as dinâmicas sincronizadas (vide o Capítulo 6), cujo arquétipo mais eloquente é a tropa em marcha. Além desses exemplos afinal particulares, vamos insistir aqui, de preferência, nos sistemas de grande número de graus de liberdade e que têm, pelo contrário, um comportamento "caótico". Uma razão profunda leva-nos a pôr o adjetivo "caótico" entre aspas. Com efeito, definimos o caos como uma errância determinista que envolve um número pequeno de graus de liberdade. Neste capítulo, tratar-se-á, pelo contrário, de fenômenos ligados a um grande número destes últimos, embora a errância correspondente continue sendo de origem determinista. Os comportamentos não mais dependerão unicamente do tempo, mas também da variável considerada, por exemplo, as despesas sociais neste ou naquele país, introduzindo, assim, diferenças no "espaço" num instante dado. Por isso, para bem distinguirmos este comportamento daquele descrito nas outras partes deste livro, o qualificaremos de "caótico" entre aspas.

Existem muitos exemplos de fenômenos naturais ou sociais que implicam a interação de um grande número de graus de liberdade: sistema imunológico dos vertebrados, turbulência desenvolvida nos fluidos, interação dos genes ao longo da evolução... e poderíamos ficar pensando se é realmente interessante ou útil colocar numa mesma categoria todos esses fenômenos dinâmicos complexos, que talvez nada tenham em comum, a não ser sua complexidade mesma. Não pretenderemos, pois, propor um grande esquema explicativo para todos esses fenômenos, e sim dar alguns exemplos de modelos matemáticos que tenham uma estrutura pequena o bastante para apresentarem virtudes suficientemente gerais, mas bastante significativas para se prestarem a comparações com a realidade.

Um sistema complexo... supersimples!

O matemático J. von Neumann, um dos inventores dos computadores, refletira muito sobre o surgimento de uma ordem complexa a partir de leis deterministas simples, em sistemas com muitos graus de liberdade. Para estudar este tipo de questão, ele imaginara o que é chamado de "autômatos celulares". Um autômato celular tenta descrever a interação de um grande número de indivíduos ou de elementos, simplificando ao máximo a dinâmica de cada um deles. Nessa simplificação última, cada elemento – ou grau de liberdade – é um registro que só pode assumir dois valores, denotados simbolicamente por 0 ou 1. Diz-se que a cada um desses sítios está relacionada uma variável booliana, do nome de um matemático inglês do século passado, J. Boole. Cada elemento (ou registro) é situado num dos sítios de uma rede abstrata, com ou sem estrutura geométrica, onde é indicado por um índice. A interação vai ser feita entre sítios vizinhos, ou seja, o valor apresentado num sítio dado i em certo instante t depende dos valores apresentados em certo número de outros sítios (e, eventualmente, do próprio sítio i) no instante precedente $t - 1$, e isso de acordo com uma lei determinista que pode ser escolhida de múltiplas maneiras. Dada a tabela dos valores das variáveis boolianas sobre a rede num dado tempo, a lei de evolução atribui, portanto, no instante seguinte, e a cada sítio da rede, um novo valor, sempre ou 0 ou 1: com efeito, supõe-se que o tempo evolui por saltos idênticos:[3] tudo começa no tempo 0, depois vem o tempo 1, o tempo 2 etc.

Vejamos um exemplo muito simples de um tal autômato. Seja uma rede reduzida a apenas quatro pontos, dispostos nos vértices de um quadrado (Figura 1). Este autômato tem, portanto, $2^4 = 16$ estados possíveis, conforme os valores (0 ou 1) das variáveis A,B,C,D que forem atribuídos aos sítios que constituem os quatro vértices do quadrado (e chamados, de agora em diante, "estado" dos sítios). O estado do quadrado é, por seu lado, grafado (A,B,C,D). Definamos agora uma lei de evolução desse estado, sabendo que o estado de um sítio num tempo $t + 1$ dependerá de seu estado anterior, assim como do de seus dois vizinhos mais próximos. Selecionemos uma lei de evolução do tipo "totalístico": o estado de um sítio no tempo $t + 1$ será determinado conforme o valor S da soma – no tempo t – do estado desse sítio e do de seus dois vizinhos. Decidamos, enfim, que, se $S = 0$ ou 3, o novo estado do sítio será 1 e, se $S = 1$ ou 2, ele será 0.

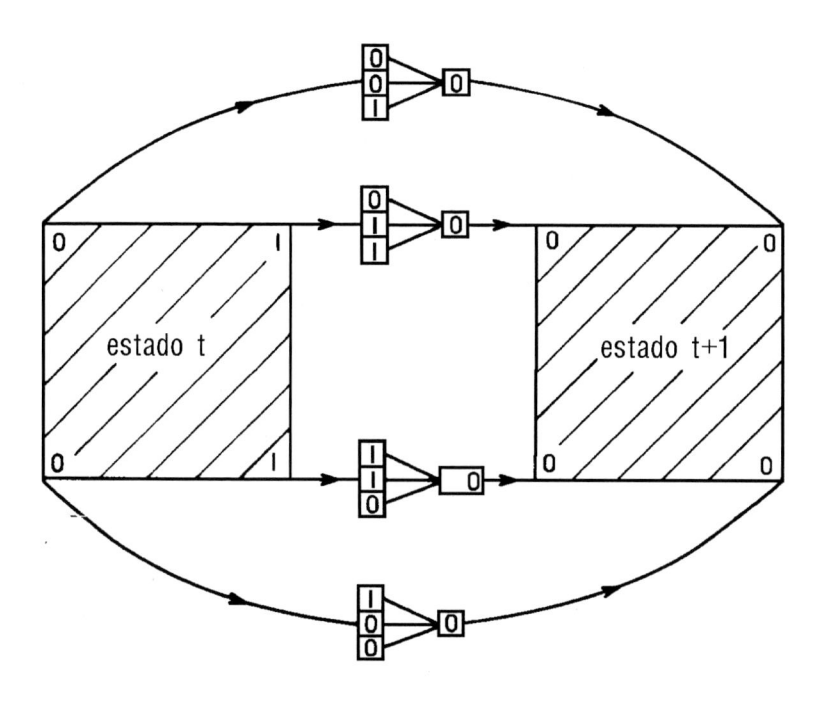

FIGURA 1 – Esta figura mostra um exemplo simples de autômato de quatro sítios que obedece a uma lei de evolução totalística. São desenhados dois estados sucessivos (ou seja, o conjunto dos 0 e dos 1 nos quatro vértices do quadrado) do autômato no tempo t e t + 1. Cada sítio está vinculado ao seu estado no tempo seguinte por uma flecha que mostra como se faz o cálculo na prática. Essa flecha que vai, pois, do tempo t ao tempo t + 1 indica a etapa de "cálculo", ou seja, a aplicação da regra de autômato que desempenha o papel de uma função. Esta determina o valor da variável booliana no tempo t + 1 e no sítio considerado, em função dos estados no tempo t desse sítio e dos dois vizinhos, representados em coluna e segundo a regra explicitada na tabela. Para simplificar e evitar as intersecções múltiplas de linhas, representamos os estados t e t + 1 como vistos numa simetria especular: os sítios mais à esquerda no tempo t são os que estão mais à direita no tempo t + 1. No exemplo escolhido, o estado (0,0,1,1) transformou-se numa iteração no estado (0,0,0,0), que dará por sua vez o ponto fixo (1,1,1,1).

Por exemplo, se (no instante t) os quatro sítios estiverem no estado 0, o estado será escrito (0,0,0,0). Portanto, de acordo com a regra adotada, para cada sítio S = 0, o estado no instante t + 1 será (1,1,1,1). Mais geralmente, a tabela que dá o estado no tempo t + 1 em função do estado no tempo t é a seguinte:

$$(0,0,0,0) \rightarrow (1,1,1,1)$$
$$(0,0,0,1) \rightarrow (0,1,0,0)$$
$$(0,0,1,0) \rightarrow (1,0,0,0)$$
$$(0,1,0,0) \rightarrow (0,0,0,1)$$
$$(1,0,0,0) \rightarrow (0,0,1,0)$$
$$(0,0,1,1) \rightarrow (0,0,0,0)$$
$$(0,1,0,1) \rightarrow (0,0,0,0)$$
$$(1,0,0,1) \rightarrow (0,0,0,0)$$
$$(0,1,1,0) \rightarrow (0,0,0,0)$$
$$(1,0,1,0) \rightarrow (0,0,0,0)$$
$$(1,1,0,0) \rightarrow (0,0,0,0)$$
$$(0,1,1,1) \rightarrow (0,0,1,0)$$
$$(1,0,1,1) \rightarrow (0,0,0,1)$$
$$(1,1,0,1) \rightarrow (1,0,0,0)$$
$$(1,1,1,0) \rightarrow (0,1,0,0)$$
$$(1,1,1,1) \rightarrow (1,1,1,1)$$

Este modelo deve ser considerado apenas como um exemplo pedagógico, para se ter uma ideia do que é um autômato celular. O leitor que houver reconstituído a tabela acima (e houver tentado a mesma coisa para um pentágono) terá a convicção de que um computador faz esse trabalho muito melhor do que um cérebro humano. A tabela mostra também que há somente três tipos de comportamentos desse autômato depois de algumas iterações, todos estáveis:

• o estado (1,1,1,1) dá como resultado ele próprio e constitui, portanto, um "ponto fixo";
• há dois períodos:

$$(0,0,0,1) \rightarrow (0,1,0,0) \rightarrow (0,0,0,1) \rightarrow (0,1,0,0)$$

etc. e

$$(0,0,1,0) \rightarrow (1,0,0,0) \rightarrow (0,0,1,0) \rightarrow (1,0,0,0)...$$

Os autômatos celulares foram estudados com bastante intensidade desde von Neumann, em particular, com todas as leis possíveis acerca das interações entre primeiros vizinhos na reta e numa rede quadrada. Classes restritas foram consideradas para redes cúbicas e até hipercúbicas.

Transição e revolução (ou revoluções): um modelo

As sociedades humanas fornecem inúmeros exemplos de transições brutais: um desses exemplos é o da liberalização dos países do Leste europeu e do desmoronamento do comunismo. Um outro exemplo, desta vez social, é-nos fornecido pelo surgimento do papel ativo assumido pelas mulheres na sociedade ocidental, por volta dos anos 70. Podemos perguntar-nos, legitimamente, se esse tipo de transição rapidíssima não poderia ser compreendida de maneira geral, sem entrar nos pormenores específicos de cada processo que então se desenvolveu.

Mesmo com uma estrutura simplificada ao máximo, a descrição de uma dessas transições deve incluir um mínimo de hipóteses. Isso nos leva bastante naturalmente a um autômato celular, sistema dinâmico cujo número de graus de liberdade é dado por aquele de seus sítios. E já que estamos levantando questões sobre as transições (as mudanças brutais), tomemos o exemplo de um modelo que apresenta uma delas! Um tal modelo de autômato celular existe. É de autoria de S. Kaufman e apresenta uma transição de um regime regular para uma dinâmica "cáotica" (num sentido explicado mais adiante) unicamente pelo aumento do número dos vizinhos com os quais pode ter interações. Isso lembra a dinâmica das sociedades humanas: uma sociedade com trocas reduzidas pode manter-se num estado quase estacionário, sem progresso, mas também sem grande catástrofe, ao passo que o aumento das trocas permite passar bruscamente a uma dinâmica muito mais rica e complexa. Assim, seria bem possível que a Revolução Industrial, que começou por volta de meados do século XVIII, na Inglaterra, e um pouco mais tarde na França e na Alemanha, deva-se fundamentalmente a esse aumento das trocas, mais do que a este ou àquele invento ou melhoramento técnico; esta era, pelo menos, a opinião dos filósofos do Século das Luzes. Tratando-se de "revolução", não é absurdo pensar numa transição em um sentido que se aproxima do que ela tem nas ciências exatas. Essa transição se deveria, então, a uma modificação quantitativa de um parâmetro (o número médio de vizinhos com que se trocam informações), mais do que a uma mudança qualitativa, como a produzida por uma inovação técnica.

O modelo de Kaufman, escolhido para ilustrar uma tal possibilidade, é interessante porque tem um mínimo de estrutura: inicialmente, ele não tem geometria, ou seja, os sítios vivem num espaço abstrato, onde, para construir seu próprio estado futuro ou para contribuir para tanto, só contam a marca (ou índice) que os assinala e a dos sítios a que estão ligados. Essas ligações são divididas ao acaso no início (e continuam as mesmas em seguida), de maneira que cada sítio esteja ligado a certos outros determinados antecipadamente, que ele deve interrogar para encontrar seu próprio estado futuro. A lei que permite definir a evolução de um sítio é, também ela, sorteada de uma vez por todas dentre as leis possíveis da álgebra booliana, com um número dado de ligações. Assim procedendo, esperamos livrar-nos, tanto quanto possível, das particularidades das diversas leis boolianas, particularidades estas que conhecemos bem pelo estudo dos autômatos sobre a reta, por exemplo. A Figura 2 fornece um tal exemplo de autômato de Kaufman, com cinco sítios: vemos nesta figura, ao mesmo tempo, a rede das conexões e a lei de evolução escolhida em cada sítio, que permite passar de um estado inicial (t = 0) ao estado seguinte (t = 1). A ideia básica não é muito mais complicada do que a do autômato de quatro sítios do parágrafo anterior, residindo as novidades nas ligações mais complexas e nas leis que mudam *a priori*, de sítio em sítio.

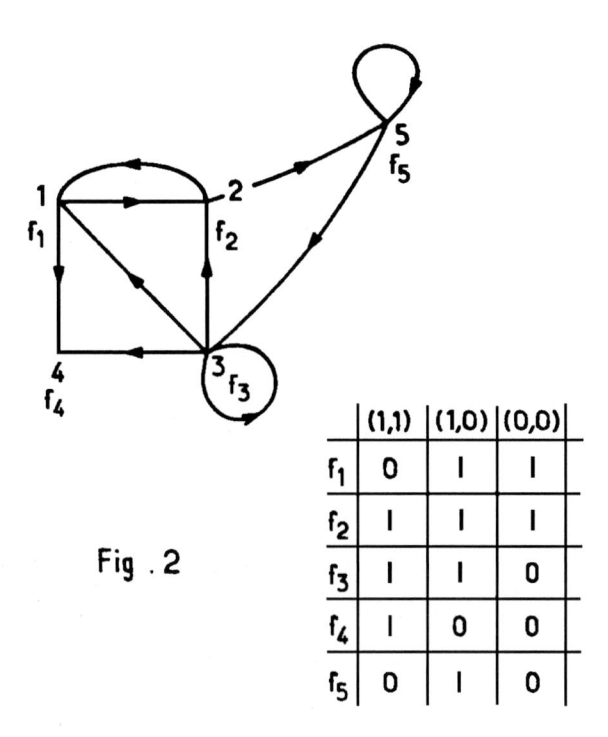

	(1,1)	(1,0)	(0,0)
f_1	0	I	I
f_2	I	I	I
f_3	I	I	0
f_4	I	0	0
f_5	0	I	0

Fig . 2

FIGURA 2 – Esta figura mostra uma estrutura possível de autômato de Kaufman de cinco sítios (estando cada sítio ligado a dois outros). Este autômato tem uma regra de evolução tal que o estado de um sítio (não nos esqueçamos de que não há estrutura geométrica, portanto, nenhuma ideia de vizinhança neste espaço geométrico: só conta a rede de ligações) permite calcular o estado ulterior desse sítio em função dos estados dos dois sítios a que está ligado. Esses sítios podem muito bem compreender o próprio sítio, como é simbolizado na figura pelos elos que partem e voltam a um sítio. No caso particular aqui escolhido, o vínculo essencial é que duas flechas, e apenas duas, que representam esses laços, cheguem a cada sítio. As regras são numeradas f1, ... f5, tendo cada sítio uma regra dessa lista, como é indicado na figura. Para simplificar, são escolhidas regras simétricas, independentes da ordem dos valores assumidos em cada sítio. Cada regra consiste, então, num quadro de correspondência entre o estado inicial (definido pelo estado dos dois "vizinhos") e o estado no instante seguinte. Por exemplo, a regra f1 dá (1,1) 0, (1,0) 1, (0,0) 1, e assim por diante (vide o quadro da figura para a escolha completa: a primeira linha fornece as três combinações possíveis dos valores, e as colunas dão as escolhas possíveis das funções, portanto das correspondências, tomadas entre as oito funções existentes).

Podemos, assim, estudar num computador a evolução de um estado inicial, mas introduzindo muito mais de cinco sítios em interação (tipicamente, uma centena) e não fixando mais em dois o número de ligações. Este modelo presta-se bem a tais estudos, já que os computadores adoram manipular os 0 e os 1 de acordo com leis deterministas. Chegou-se até a construir computadores especializados nesse tipo de problemas. Deparamos, então, com um resultado mais do que notável: se cada sítio está ligado a menos de dois outros sítios em média, todo sistema de número finito de elementos termina em sequências periódicas em tempos com períodos muito curtos. A média do número de ligações é tomada num sentido estatístico sobre o conjunto dos sítios, estando certos sítios quer ligados a três outros, quer a dois, quer ainda a um único outro sítio, de tal modo que essa média seja inferior a dois neste caso particular. No exemplo precedente do autômato de quatro sítios (Figura 1), que, apesar de uma estrutura muito especial, pertence, de qualquer forma, à categoria de número finito de estados, o período é ou 1 ou 2, conforme o estado inicial. As trajetórias no espaço das fases são estáveis ao longo desses períodos, com uma noção de estabilidade um pouco diferente da noção habitual: se trocarmos de fora, num dado instante, os estados de alguns sítios, a dinâmica não se afastará significativamente do período em questão. Esta precaução de linguagem foi tomada para dar conta do fato de que, num autômato discreto, não existem mudanças infinitamente pequenas no espaço das fases. Em compensação, se nesse autômato de Kaufman a interação se faz, em média, com dois sítios ou mais, então a dinâmica é muito mais "caótica", no sentido de que os sistemas finitos (que são os únicos que podemos realmente estudar nos computadores) têm períodos muito longos, praticamente os mais longos possíveis, dado o número finito de seus elementos, e há instabilidade das trajetórias relativamente às mudanças de condições iniciais. Mais uma vez, repitamos que a instabilidade deve ser definida com certas precauções, uma vez que, num sistema discreto, não podemos fazer mudanças de condições iniciais tão pequenas quanto quisermos:

duas condições iniciais diferem pelo menos por uma permutação num sítio dado, de 0 para 1. Podemos, portanto, dizer que esse sistema passa de uma dinâmica regular a uma dinâmica "caótica", por aumento do número médio de sítios em interação. Em seu regime "caótico", esse sistema explora o máximo possível de estados de seu espaço de configuração, ao passo que, pelo contrário, ele se mantém numa minúscula parte desse espaço, se estiver num regime não "caótico" de pequeno número de conexões. Este é um bom exemplo de transição devida a uma mudança antes quantitativa do que qualitativa.

Determinista e "caótico"... mas sem SCI!

Consideremos agora um autômato de que todos os sítios estão repartidos uniformemente sobre uma reta (Figura 3). Como anteriormente, esses sítios só podem assumir os valores 0 ou 1; decidamos, por outro lado, que o valor atribuído a um sítio no tempo $t + 1$ dependerá – segundo certa regra de evolução – dos valores atribuídos, no tempo t, a esse sítio e aos dois sítios mais próximos vizinhos (os estados possíveis de um sítio e de seus dois vizinhos imediatos são em número de oito e estão repertoriados no quadro abaixo). Wolfram, que estudou muito esses autômatos, propõe algumas regras de evolução, dentre as quais escolhemos a descrita no quadro seguinte (a chamada regra 30):

Estado do sítio e seus dois vizinhos no tempo t	111	110	101	100	011	010	001	000
Estado do sítio no tempo t + 1	0	0	0	1	1	1	1	0

Este quadro significa (primeira coluna) que se, por exemplo, um sítio vale 1 no tempo t e seus dois vizinhos também valem 1, o valor em t + 1 será 0. Uma aplicação dessa regra dá, por exemplo, duas situações representadas na Figura 3 para dois fragmentos de linhas em tempos sucessivos t e t + 1. A Figura 4 representa uma extensão da Figura 3 em 128 instantes e 128 sítios; os estados são representados uns abaixo dos outros, em função do tempo, representando cada linha um momento. Um tal diagrama, que ilustra uma evolução de um estado espaço em função do tempo, é chamado "espaçotemporal". A este respeito, note-se que é interessante, por mais de uma razão, substituir, como fizemos nesta representação, a coordenada do tempo por uma coordenada de espaço.[4]

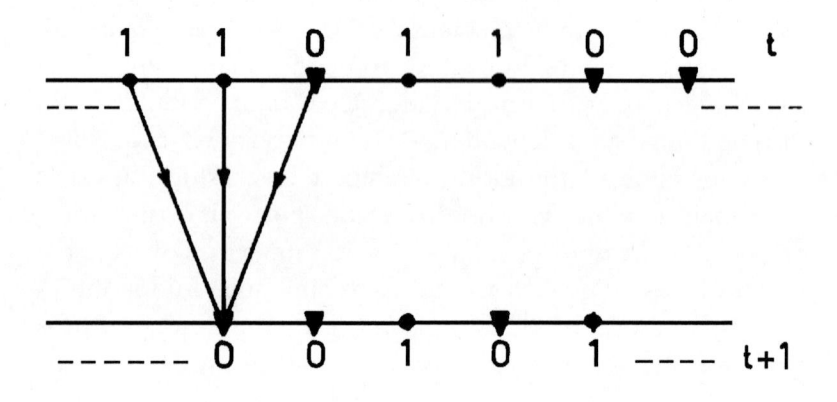

FIGURA 3 – Princípio de um autômato sobre a reta, representando um sistema com uma estrutura geométrica, pois aqui, ao contrário do caso da Figura 2, os "vizinhos" são realmente vizinhos no sentido da geometria da reta. Dois estados sucessivos do autômato ao longo do tempo (t e t + 1) são representados para uma regra idêntica em todos os sítios da rede básica (vide quadro no texto) que envolve ao mesmo tempo o sítio e seus dois vizinhos imediatos. Podemos verificar que o autômato é realmente determinista, uma vez que uma vizinhança e um sítio no mesmo estado no tempo t dão realmente sempre o mesmo estado para o sítio central no tempo t + 1.

Um resultado tão notável quanto paradoxal é que a regra de autômato muito simples (e determinista) que permitiu construir a Figura 4 leva, porém, a um comportamento que tem todas as características de uma dinâmica "caótica". Ao contrário do mecanismo de caos puramente temporal, este comportamento ainda não é, aliás, completamente entendido. De fato, não podemos aplicar *a priori* a ideia de sensibilidade às condições iniciais a esses modelos: duas condições iniciais só podem diferir de ponta a ponta, visto que os dois únicos valores possíveis são 0 e 1; não podemos, pois, evocar uma amplificação exponencial dos desvios, já que eles estão, desde o início, em seu valor máximo (pelo menos localmente). Assim, a teoria desses autômatos, mais ou menos como a aritmética,[5] leva a problemas de uma formulação muito simples, mas cuja prova – se existir – é particularmente árdua. De um modo mais geral, os trabalhos sobre os autômatos de estrutura geométrica (ou seja, sobre uma reta, uma rede quadrada, cúbica) levaram à constatação de que regras de evolução deterministas muito simples podem levar a estruturas muito erráticas no espaço e no tempo. A origem do "caos" está, neste caso, indissoluvelmente ligada à existência de um grande número de graus de liberdade. Com efeito, num autômato, alguns sítios em interação que tenham uma dinâmica determinista só podem evoluir para um estado periódico no tempo. Tendo apenas um número finito de estados (um estado de um tal sistema é, por definição, a lista dos 0 e dos 1 num instante dado no conjunto dos sítios), eles têm, portanto, de tornar a passar obrigatoriamente por um estado já visitado; a partir desse momento, a história só pode repetir-se eternamente. Vimos mais acima um exemplo disso, no autômato de quatro sítios regido por uma regra totalística (Figura 1). Este tipo de raciocínio evidentemente não se aplica a um sistema infinito, que tem um número infinito de estados possíveis e, portanto, não tem razão *a priori* de voltar a um estado interior. Na prática, uma rede de tamanho modesto poderá ser considerada infinita, mesmo não sendo grande, já que seu número de estados possíveis cresce exponencialmente com seu tamanho: uma rede de dez sítios já tem

$2^{10} = 1.024$ estados possíveis, ao passo que uma rede de cem sítios (que cabe sem problemas num pequeno computador para um dado estado) tem 2^{100} estados possíveis, um número já gigantesco.

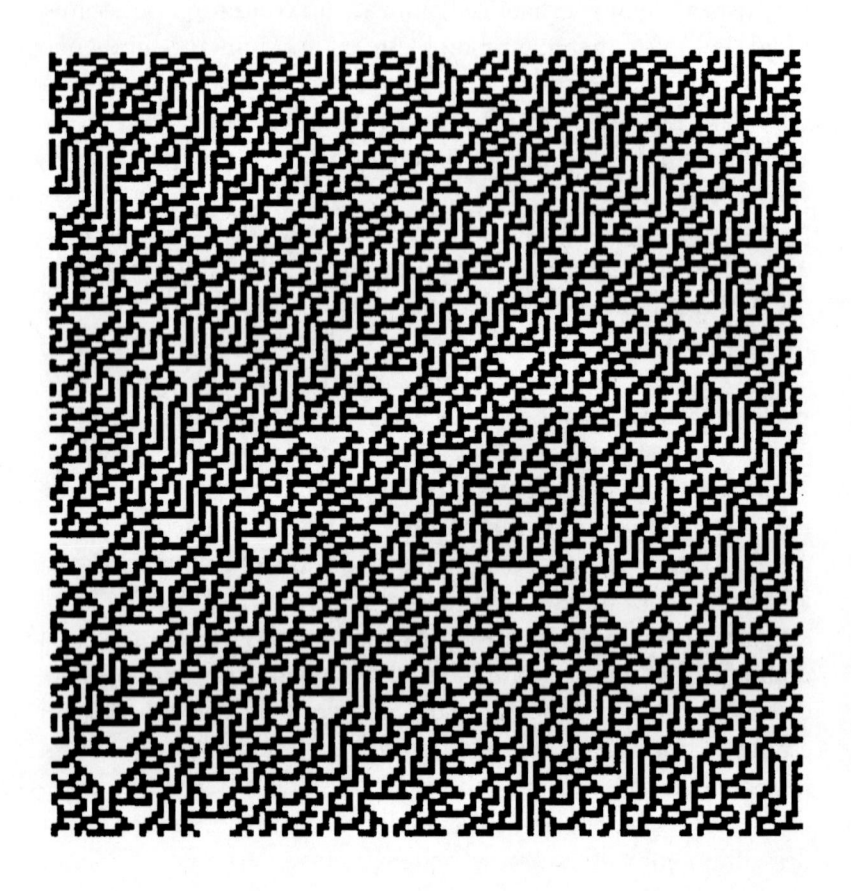

FIGURA 4 – Resultado de um cálculo de evolução sobre a reta para a regra 30 de Wolfram (vide quadro da pág. 241). O valor 1 é representado por uma mancha preta. Esta regra é notável, uma vez que, embora perfeitamente determinista, provoca um comportamento caótico persistente ao longo do tempo e homogêneo, em média, no espaço. A representação utiliza o tempo como coordenada vertical (descendente) e o "espaço" na horizontal. O cálculo foi feito para mil sítios; só os 128 sítios centrais são representados pela figura durante uma evolução de 128 instantes consecutivos. (Figura de autoria de Michel Roger, CEA Saclay.)

Intermitências de espaço e de tempo

A mecânica dos fluidos oferece um exemplo de fenômeno físico com um comportamento análogo ao do autômato linear da Figura 4. Em condições geométricas apropriadas, uma camada de fluido aquecido por baixo (vide o Capítulo 7, a chamada convecção de Rayleigh-Bénard) pode ser a sede de movimentos organizados em turbilhões (ou rolos convectivos) regularmente dispostos. Lembremo-nos de que, num recipiente de tamanho suficientemente pequeno, o número desses turbilhões pode ser reduzido a dois, e um tal par constitui um verdadeiro sistema dinâmico, graças ao qual foram descobertos os atratores estranhos da turbulência convectiva e foi medida a sua dimensão fractal.

Em meados da década de 1980, realizavam-se estudos intensivos para simular, no computador, o comportamento de um grande número de sistemas dinâmicos em interação. As duas grandes categorias de sistemas estudados eram os autômatos celulares e, conceitualmente muito próximas, as redes de aplicações acopladas. Neste último caso, colocamos em cada nó de uma rede linear – por exemplo – uma aplicação iterada do tipo da estudada no Capítulo 4, mas cujo valor da variável é influenciado pelos assumidos pelos sítios vizinhos; há, portanto, acoplamento com estes últimos. Os autores deste livro tiveram, então, a ideia de estudar – para dar uma base concreta a esse modelo – o comportamento de um número considerável de pares de turbilhões convectivos em interação (pouco mais de quarenta pares), ao longo de uma fileira, como está esquematizado na Figura 5. O simples fato de que todos esses pares estejam dispostos uns ao lado dos outros (portanto, engrenando-se mutuamente) garante naturalmente o acoplamento: um turbilhão não pode desacelerar-se sem levar seus vizinhos imediatos a reduzirem também as suas velocidades, por efeito de fricção, por assim dizer. O ponto crucial da realização era fazer que esses múltiplos pares de turbilhão fossem, inicialmente, tão idênticos quanto possível, para não introduzir complicações suplementares e aproximar-se das condições sempre idealizadas dos modelos teóricos. Isso pode ser obtido adotando uma geometria adequada para a célula em que se encontra o fluido aquecido. Uma descrição esquemática dos turbilhões pode, então, ser feita, fazendo que cada um deles corresponda a um sítio de um modelo de autômato sobre uma linha, com dois estados possíveis: turbulento e laminar (ou não turbulento).

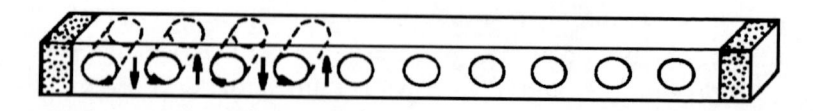

FIGURA 5 – Esquema do arranjo de turbilhões convectivos num canal alongado.

Existe, aliás, uma disposição experimental que permite realizar, em certa medida, o equivalente de um número infinito de rolos em interação, embora *stricto sensu* isso seja evidentemente impossível na realidade. Mas sua tradução prática – cada turbilhão é cercado por dois vizinhos – é, em compensação, realizável experimentalmente: basta adotar uma geometria anular (Figura 6) que fecha, por assim dizer, a fileira de turbilhões sobre si mesma, pois não há, então, uma parede que a limite longitudinalmente (dizemos que foram realizadas as condições periódicas de contorno).

Assim, foram realizadas experiências no CEA em Saclay.[6] Por meio das "imagens" dessas cadeias de turbilhões em interação, o comportamento era acompanhado ao mesmo tempo no espaço e no tempo, e isso para diferentes valores do parâmetro de controle, que é, aqui, a diferença de temperatura aplicada verticalmente à camada fluida (expressa também pelo número de Rayleigh, do nome do físico inglês, Lord Rayleigh, que foi o primeiro a abordar, no início deste século, a teoria da instabilidade convectiva).

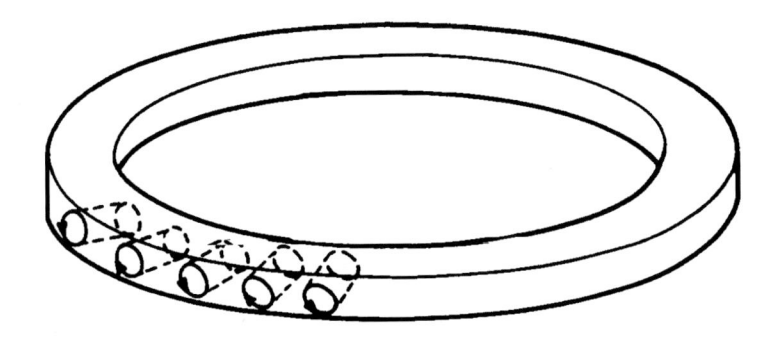

FIGURA 6 – Vista esquemática de turbilhões convectivos em uma célula anular (o eixo dos turbilhões é radial).

Como as estruturas vão variar concomitantemente no espaço e no tempo, só um filme daria à variável tempo o seu verdadeiro significado. Nós empregamos, de preferência, um princípio de ilustração calcado naquele utilizado anteriormente para os autômatos celulares e baseado no fato de que as estruturas consideradas se constroem essencialmente segundo uma única direção (o maior comprimento da célula), sob a forma de motivos alinhados no espaço. Dizemos, então, que o sistema é (praticamente) unidimensional. De uma série de instantâneos da fileira de turbilhões, guardamos – na memória de um computador – apenas uma linha paralela à fileira, escolhida para dar a melhor medida possível (sucessão de zonas alternativamente claras e escuras, que refletem a disposição dos turbilhões). Postas umas sobre as outras, essas linhas dão uma imagem da evolução dinâmica, tornando-se o tempo a variável vertical nesta representação (como no caso do autômato da Figura 4).

Abaixo de certo valor do parâmetro de controle (neste caso, a diferença de temperatura), os motivos são regulares e periódicos (a estrutura é, então, praticamente imóvel, o estado laminar prevalece no conjunto da estrutura). Mas, para além desse valor bem definido, foi descoberto um fenômeno importante na particularíssima dinâmica com que essa estrutura se desorganiza: há o aparecimento de zonas turbulentas, que se alternam sem cessar, ao longo do tempo, com zonas laminares. As grandezas que definem o estado local do sistema de turbilhões, como, por exemplo, a velocidade, começam a flutuar erraticamente nas zonas de turbulência, ao passo que, em outros lugares, a estrutura permanece inalterada e a velocidade, quase estacionária. Na representação exibida na Figura 7, vemos uma transição entre regime laminar e regime turbulento, por meio do que chamamos de "intermitência espaçotemporal". A primeira série de registro (7a), tomada no estado não turbulento, revela bem a estrutura periódica estável. Na série 7b, tomada acima do limiar de intermitência espaçotemporal, vemos uma mistura persistente de ordem e de desordem espacial: regiões desorganizadas propagam-se nas regiões ordenadas, dão origem a novas regiões turbulentas e, eventualmente, morrem. O antagonismo entre a criação de novas áreas turbulentas e seu desaparecimento espontâneo é equilibrado justo no limiar de intermitência espaçotemporal: além desse limiar, as áreas turbulentas subsistem em média, com a criação sobrepujando o desaparecimento, ao passo que, abaixo desse limiar, o processo de desaparecimento predomina, e uma turbulência inicial desaparece sempre e definitivamente depois de certo tempo (que mais se alonga quanto mais nos aproximamos do limiar). Um dos autores deste livro (Y. P.) propôs uma conjectura que estabelecia o paralelo entre a intermitência espaçotemporal e o fenômeno de percolação dirigida;[7] essa conjectura ilustra perfeitamente o interesse conceitual de substituir a coordenada de tempo por uma coordenada de espaço (muito além da comodidade de representação gráfica).

No limiar da intermitência, a compensação média entre morte e nascimento se traduz por imensas variações de tamanho e de tempo de vida das regiões turbulentas, muito características dessa intermitência espaçotemporal.

A intermitência espaçotemporal apresenta certa ubiquidade e é observada em diversos sistemas experimentais, bem como, aliás, em modelos matemáticos, como o ilustrado pela Figura 8.

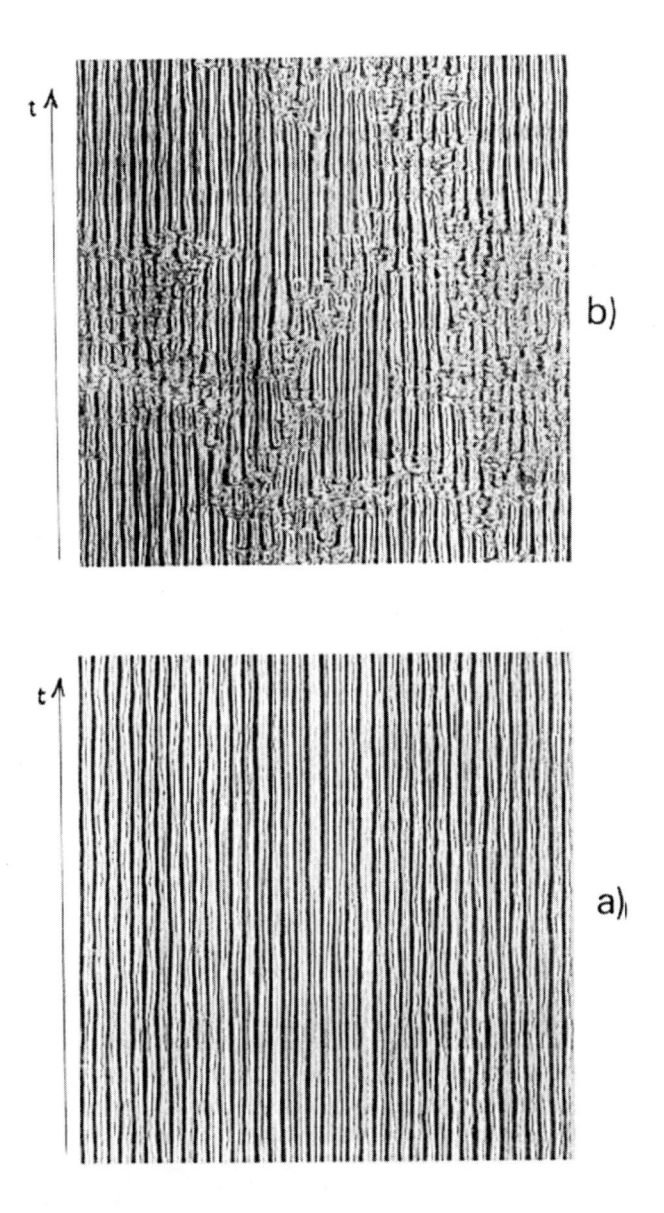

FIGURA 7 - Diagramas espaçotemporais dados pela evolução de turbilhões na geometria anular. a) Regime estável abaixo do limiar R_i da diferença de temperatura para a qual há aparecimento de baforadas turbulentas. b) Regime de intermitências espaçotemporais observadas acima de R_i. Note-se a coexistência de regiões ordenadas (ou laminares) e de regiões turbulentas. Segundo F. Daviaud, CEA Saclay.

espaço →

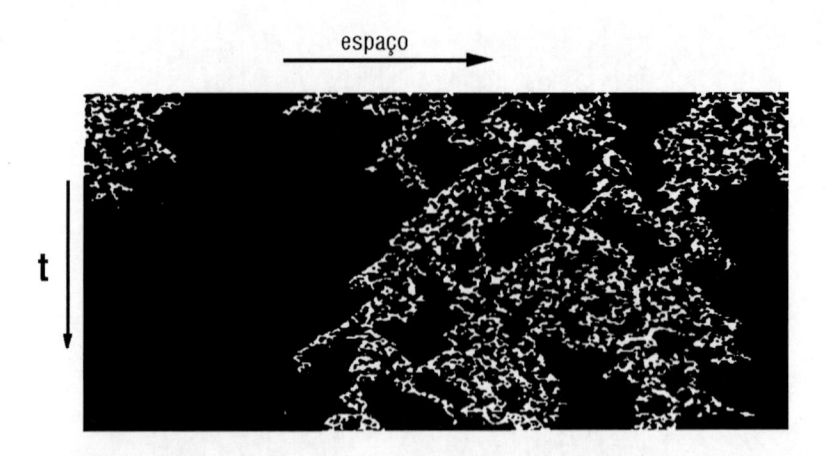

t ↓

FIGURA 8 – Intermitências espaçotemporais observadas num modelo numérico em que um grande número de sítios (várias centenas) estão repartidos sobre uma linha e interagem entre os mais próximos vizinhos. Em cada sítio, o estado no tempo t + 1 depende do estado desse sítio no tempo t, de acordo com uma relação bem definida, que também envolve um acoplamento que leva em conta o estado dos dois próximos vizinhos. A intensidade do acoplamento é um parâmetro do sistema e, se ela exceder um certo valor crítico, surgem as intermitências espaçotemporais. Na figura, as regiões negras são "laminares", as regiões claras são "turbulentas". [Segundo H. Chaté e P. Manneville, "Spatiotemporal Intermittency in Coupled Map Lattices", *Physica*, D32, p.409, 1988.]

A intermitência espaçotemporal: um fenômeno universal?

Existem, por outro lado, sistemas – reais e não apenas matemáticos – que, apresentando esse tipo de comportamento intermitente, parecem estabilizar-se espontaneamente no valor limiar para o qual a intermitência é máxima. Em vez de se encontrar permanentemente num valor bem definido de um parâmetro de vínculo, esses sistemas apresentam, de quando em quando, comportamentos de intermitência espaçotemporal, separados por longos períodos de calma. Ou seja, o parâmetro de controle já não é constante nesses sistemas; ele cresce, mas muito lentamente, ao longo do tempo, até atingir o valor limiar, e a baforada de intermitência espaçotemporal que então se produz faz que diminua o vínculo para bem abaixo do limiar, a partir do qual ela recomeça a crescer até a próxima baforada. Um exemplo dessa situação pode ser encontrado no problema dos terremotos, muito estudado na Califórnia, por uma razão muito compreensível. Do ponto de vista mecânico, um terremoto se deve ao deslizamento de uma placa continental sobre outra. Cada uma dessas placas está submetida a vínculos que tendem a se deslocar (é a tectônica das placas) relativamente às placas adjacentes. As leis do atrito entre placas são as do atrito sólido: é preciso um limiar de vínculo mínimo para que ocorra o deslocamento. Uma vez ultrapassado esse limiar, ocorre o deslizamento (e podemos ver o resultado disso pelos remanejamentos locais da geodésia), relaxando, assim, o vínculo, que, em seguida, torna a crescer até o desencadeamento do terremoto seguinte. Nesse fenômeno, há duas escalas de tempo bem distintas: o tempo que separa dois terremotos importantes, tipicamente da ordem de uma dezena de anos ou até de um século, e a duração desses terremotos, em geral alguns minutos. Acontece que os registros realizados ao longo desses terremotos mostram que, durante um mesmo evento, as variações de aceleração medidas pelos sismógrafos[8] são muito irregulares, e uma interpretação dessa irregularidade está muito próxima da que envolve a intermitência espaçotemporal.

O modelo dos terremotos que empregamos com frequência é o de Burridge-Knopoff. Esse modelo mecânico é bastante simples e conserva, porém, certa dose de realismo, embora prestando-se a investigações teóricas minuciosas. Vamos apresentar algumas de suas ideias principais, bem como certos resultados que delas deduzimos. Trata-se, pois, de representar duas placas que deslizam uma relativamente à outra.[9] Impomos portanto, *a priori*, um movimento de velocidade constante (na realidade, essa velocidade é da ordem de um centímetro por ano) de uma placa relativamente à outra: essas placas podem ser esquematizadas por dois planos paralelos que estão a certa distância um do outro e deslizam paralelamente a si mesmos (vide a Figura 9, onde é representado um corte perpendicular aos planos que, por esta razão, são representados por duas retas paralelas). Para que se passe algo, é preciso introduzir um atrito entre essas duas "placas". A ideia do modelo é ligar a "placa" de cima a uma fileira de blocos "atritantes" dispostos em intervalos regulares e em contato com a outra placa, ela própria situada, por convenção, embaixo, fazendo-se a ligação através de molas elásticas (na realidade, as placas estariam de preferência separadas por uma fissura – ou falha – vertical, e não horizontal). Para introduzir um efeito cooperativo no deslizamento, esses blocos estão, além disso, ligados entre si por outras molas. O último ingrediente é o dado de uma lei de fricção de cada bloco individual com a placa subjacente. Tomamos uma lei de tipo atrito sólido,[10] ou seja, de que não há deslocamento enquanto a força que tende a fazer deslizar o bloco não atinge um valor limiar, e que para além desse valor limiar a força de atrito diminui com a velocidade.

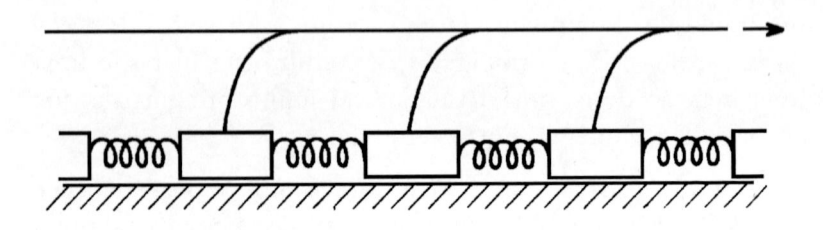

FIGURA 9 – Representação mecânica do modelo de Burridge-Knopoff. A parte superior representa a placa puxada numa velocidade constante, estando fixa a placa inferior. Em média, a placa de cima deve, portanto, deslizar relativamente à de baixo (a noção de cima/baixo tem aqui apenas um valor gráfico, já que as forças de gravidade não desempenham nenhum papel neste modelo). A fricção entre placas é realizada através de uma série de blocos em atrito sólido com a placa inferior. Para representar as forças elásticas, supomos que os blocos estão ligados uns aos outros por molas (as espirais horizontais) e eles próprios movidos por intermédio de barras flexíveis (os arcos de curva que os ligam à "placa" superior).

Este modelo não pretende, naturalmente, ser uma representação fiel da natureza, uma vez que as forças elásticas existem no interior mesmo dos sólidos que constituem as placas. Em compensação, ele permite estudar com bastante minúcia uma dinâmica de terremoto por destacamento mais ou menos localizado de uma placa relativamente à outra, ao passo que uma modelização direta do fenômeno pela mecânica do sólido contínuo (logo, sem blocos e/ou molas) e das leis do atrito parece fora de alcance, por enquanto. O modelo apresenta *a priori* as características de base dos modelos de intermitência espaçotemporal: se considerarmos que o evento "turbulento" local é o deslizamento, este deslizamento, se for isolado, tem uma duração infinita, até que o bloco deslizante recupere sensivelmente o deslocamento da placa superior que o puxava por intermédio de sua ligação elástica. Ao se deslocar, porém, esse bloco vai puxar o bloco vizinho, e, portanto, há certa probabilidade de que a flutuação que fez que o primeiro bloco deslizasse vá transmitindo-se aos poucos. Vemos, portanto, uma competição entre dois processos: um de diminuição espontânea do deslizamento, outro de contaminação, como na intermitência espaçotemporal. A razão pela qual permaneceríamos espontaneamente na vizinhança desse limiar de intermitência é muito menos evidente. A Figura 10 mostra um registro de uma sequência de desprendimentos observados por cálculo com base no modelo de Burridge-Knopoff. Esta elegante teoria não tem apenas um valor qualitativo, mas permite dar conta do que chamamos de lei de Gutenberg-Richter na sismologia, que liga a frequência dos fenômenos sísmicos à sua amplitude (medida na escala de Richter). Esta lei de Gutenberg-Richter, ilustrada pela Figura 11, é obtida a partir de uma compilação de dados sobre os terremotos observados de 100 anos para cá. Se n é a amplitude de um evento medido nessa escala de Richter, por definição, o deslocamento médio (dos blocos em nosso modelo, da falha na realidade) é proporcional a $\exp(m/m_0)$, ao passo que a frequência dos terremotos de amplitude compreendida entre m e m + dm é $R(m) = Ae^{-bm}\,dm$; b é uma constante sem dimensão (ou seja, não depende das unidades físicas escolhidas) muito próxima de 1, ao mesmo tempo no modelo de Burridge-Knopoff e na realidade. A existência de um tal número "universal" é bem característica da intermitência espaço-temporal e constitui um notável êxito deste tipo de abordagem. Observe-se que ela fornece uma explicação natural da lei de Gutenberg-Richter, sem valer-se de intermediário ou de hipótese *ad hoc*, como às vezes acontece em certas explicações dos fenômenos físicos ou geofísicos, onde são introduzidas de saída condições que acarretam automaticamente um resultado equivalente ao que se quer estabelecer.

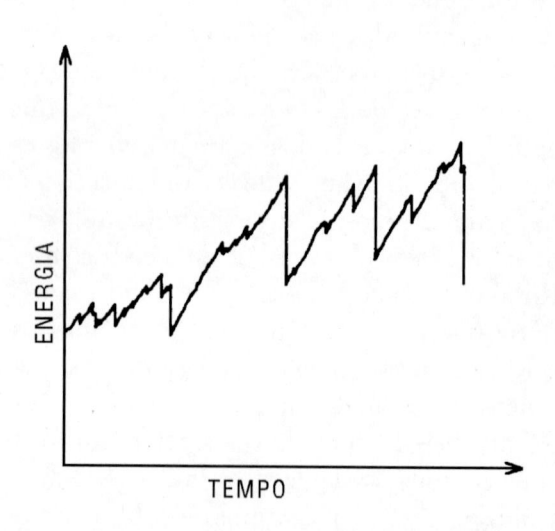

FIGURA 10 – Evolução temporal da energia do sistema de molas no modelo de Burridge-Knopoff. Note-se o caráter brutal e irreversível das variações de energia, assim como a grande variabilidade nas amplitudes dos eventos. Por outro lado, estes se manifestam a intervalos muito irregulares, como os terremotos, cujas magnitudes seriam representadas pelo valor dos saltos de energia.

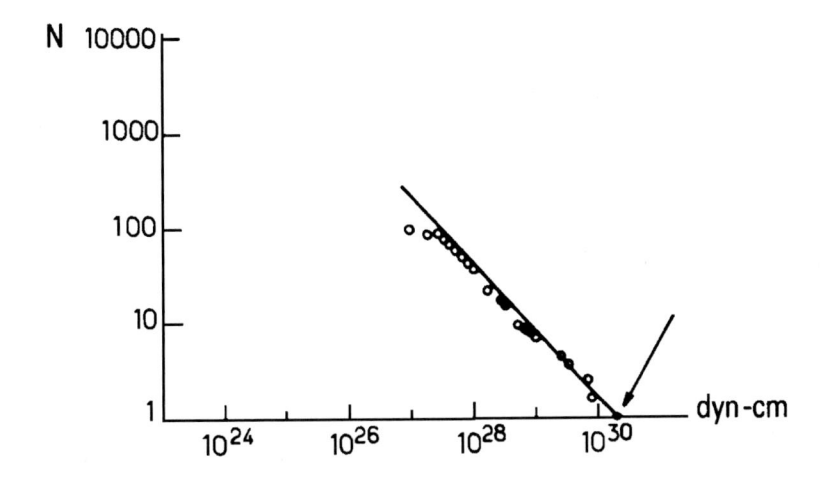

FIGURA 11 – Número de eventos sísmicos N (praticamente, os terremotos) observados desde o início do século XX, em função de sua amplitude. Esta é medida pelo momento, em dyn-cm, das forças envolvidas durante o evento, unidade de medida que tem um significado físico mais direto do que a magnitude de Richter, que seria proporcional ao logaritmo do momento. Observe-se, evidentemente, que se trata de uma lei de potência, a chamada "lei de Gutenberg-Richter", que se traduz por uma reta na representação logarítmica adotada para as coordenadas. A extrapolação para os eventos raros corresponde realmente à magnitude do terremoto mais considerável dos tempos modernos, observado no Chile em 1961, que corresponde à flecha da figura. A "curvatura" aparente para as pequenas magnitudes (para momentos da ordem de ou inferiores a 10^{27} dyn-cm) está ligada ao fato de que os eventos correspondentes com efeitos fracos são, portanto, mais difíceis de detectar: daí uma subestimação provável de seu número.

Naturalmente, a sismologia gostaria de se tornar uma ciência preditiva, ou seja, praticamente capaz de prever com uma boa confiabilidade os terremotos, pelo menos como a meteorologia, que hoje é capaz de prever as tempestades com alguns dias de antecedência, suficientes, na maior parte dos casos, para tomar as necessárias medidas de prevenção. Conhecem-se bem as regiões sísmicas, algumas das quais são muito povoadas e desenvolvidas: Califórnia, Japão Central, região de Santiago do Chile, Grécia etc. Procurou-se saber, portanto, se os terremotos importantes são precedidos de modificações físicas ligadas a um crescimento anormal dos vínculos nas rochas, que poderia dar lugar, em seguida, à distensão maior que é um terremoto. Essas pesquisas empíricas, por enquanto, não parecem utilizar uma modelização mecânica detalhada dos terremotos, como a de Burridge-Knopoff. Para se ter uma ideia da dificuldade do problema, podemos pensar na experiência simples que consiste em fazer deslizar um sólido sobre uma superfície um pouco rugosa, aumentando bem lentamente a tração exercida. É evidente que teremos, bastante facilmente, uma ideia da ordem de grandeza da tração crítica necessária para desencadear o deslizamento. Em compensação, a rugosidade das superfícies fará que essa força crítica varie numa certa medida, de um deslizamento para o outro, acarretando uma incerteza sobre o instante preciso do início do movimento, incerteza esta que, no caso dos terremotos, poderia ser da ordem de dez anos ou mais.

Indiquemos, mesmo assim, que um grupo de geofísicos gregos propôs recentemente um método (chamado VAN, do nome dos autores) de previsão dos sismos baseado em medidas elétricas; a interpretação dos resultados desse método parece dividir a comunidade geofísica...

Notas

1 Note-se que a experiência quotidiana convida a dar pouco peso às previsões em matéria econômica. Para só falar do ano de 1993, por exemplo, a previsão de crescimento da economia francesa, inicialmente avaliada em +2,6%, passou sucessivamente (e num intervalo de alguns meses) a +1%, depois a –0,4%, –0,8% (e talvez –2%), embora todas essas previsões fossem estabelecidas com menos de um ano de antecedência!

2 A sincronização espontânea dos sistemas com um alto número de graus de liberdade não é rara: um conjunto de sistemas oscilantes pode, por exemplo, transformar-se num único oscilador, como uma tropa que começa a marchar

e em que só se ouve um único ritmo. Um fenômeno mais ou menos análogo poderia ocorrer nos ritmos do cérebro, onde o aumento de amplitude do sinal EEG no sono profundo seria uma consequência da entrada em fase de um grande número de neurônios. Alguns físicos teóricos (H. Chaté, P. Manneville, *Progress in Theoretical Physics*, v.87, n.1, 1992) levantaram recentemente um problema mais sutil acerca dessa questão da "sincronização" espontânea nos grandes sistemas. Imaginaram uma rede regular de que cada nó é o sítio de um sistema dinâmico em regime caótico, quando não está acoplado a seus vizinhos. Esse sistema dinâmico caótico é constituído por uma iteração, como a aplicação logística, por exemplo. Imaginemos, agora, que esses sistemas dinâmicos sejam conectados a seus vizinhos. Intuitivamente, estaríamos propensos a pensar que esse sistema "coletivo", construído pela adição de comportamentos individuais já caóticos, terá uma dinâmica global ainda mais caótica, agindo de maneira desordenada de acordo com a dinâmica de cada um dos sítios. Alguns trabalhos afirmavam até terem provado que devia ser realmente assim, já que a adição e a interação de caos individuais só podiam levar a um caos global. De fato, essa intuição é errada: conhecemos modelos que, em razão de seu acoplamento, chegam a produzir espontaneamente uma dinâmica global regular para os valores médios, ao mesmo tempo que conservam um aspecto caótico em escala local. Este fenômeno, em si notabilíssimo, não é, porém, *geral*, uma vez que se conhecem inúmeros exemplos do contrário (mais de acordo com o senso comum). Não se pode dizer que atualmente tudo isso tenha sido bem compreendido.

3 No presente quadro, essa escolha de um tempo discreto é ditada por considerações de comodidade: pelo menos para os casos elementares, é mais fácil iterar transformações boolianas do que resolver equações diferenciais de evolução, que supõem o tempo contínuo. Algumas especulações filosófico-físicas propuseram que o Universo seja discreto, simultaneamente no tempo e no espaço. Isso evitaria algumas dificuldades nascidas da aplicação das teorias físicas atuais à estrutura de espaço-tempo em escala muito pequena. É possível que o Universo seja realmente discreto nessas escalas muito pequenas, construídas com base no que chamamos de comprimento de Planck para o elétron, mas a malha elementar dessa rede espaço--tempo deve ser certamente muito pequena para ter escapado aos atuais meios de análise. É provável, de qualquer forma, que exista uma espécie de escala mínima de comprimento, abaixo da qual nunca saberemos o que se passa, e é possível, portanto, que nessa escala o Universo seja discreto.

4 A representação dos fenômenos dinâmicos que utilizamos recorre em ampla medida à ideia de espaço das fases, ou seja, de espaço cujas coordenadas não são diretamente as da posição de um ponto no espaço geométrico de três dimensões. Para representar dinâmicas um pouco complicadas, é útil generalizar a noção de coordenada, nela incluindo também a de *tempo*. Para além dessas cômodas representações de espaço-tempo, essa ideia de representar o tempo como uma coordenada desempenhou um papel importante na compreensão do roteiro de transição por intermitência espaçotemporal (vide a nota 7).

5   Não se trata de expor aqui nem mesmo uma modesta amostra de todas as conjecturas não provadas da aritmética que foram propostas ao longo dos séculos. Uma das mais simples é a de Catalan: a chamada equação diofantina $x^2 - y^3 = 1$ só tem uma solução em números inteiros para x e y: x = 3 e y = 2. Do ponto de vista formal, essas conjecturas podem, às vezes, definir-se como a predição do resultado de uma infinidade de aplicações de uma regra simples: por exemplo, a conjectura de Catalan diz que, se calcularmos todos os valores de $x^2 - y^3$ com x e y inteiros, só encontraremos 1 como resultado uma única vez, sem que isso tenha algum dia podido ser demonstrado.

As conjecturas que talvez mais se aproximem dos problemas de autômatos referem-se ao caráter aleatório (ou não) dos algarismos do desenvolvimento fracionário de números como o número de ouro . Esse número é irracional e podemos facilmente obter seu desenvolvimento decimal, observando que ele é o limite da relação de dois inteiros sucessivos de uma sequência particular, a chamada "sequência de Fibonacci". O primeiro termo desta sequência é 0, o seguinte é 1, e se u(n) é o enésimo termo, temos a recorrência u(n) = u(n - 1) + u(n - 2), portanto u(0) = (0), u(1) = u(2) = 1, u(3) = 2, u(4) = 3, u(5) = 5 etc., sendo o número de ouro o limite da relação u(n) / u(n - 1) quando n tende ao infinito. Podemos deduzir daí um método de cálculo dos algarismos sucessivos do desenvolvimento decimal desse número de ouro, que são assim obtidos pela aplicação de regras simples indefinidamente iteradas. Podemos, então, levantar a seguinte questão: se continuarmos indefinidamente essa iteração, qual é a probabilidade de obtenção do algarismo 0 (podendo, aliás, cada um dos outros algarismos desempenhar o mesmo papel)? Sabemos "experimentalmente" para o número π (para o qual existe um algoritmo mais ou menos análogo) que essa probabilidade está muito próxima de um décimo – a mesma para todos os algarismos – quando levamos o desenvolvimento decimal ao primeiro bilhão (aproximadamente) de algarismos depois da vírgula; em compensação, não temos nenhuma ideia da maneira de demonstrar que essa probabilidade tende (ou não) efetivamente a um décimo quando esse desenvolvimento decimal é prolongado ao infinito. Observemos, para terminar, que o número de ouro é assim chamado, desde a Antiguidade grega pelo menos, porque simboliza uma proporção ideal nas formas: um retângulo cujos lados estão na relação do número de ouro parece perfeito ao olhar, que o detecta facilmente em meio a outros retângulos que tenham proporções ligeiramente diferentes.

6   Uma experiência semelhante foi desenvolvida independentemente, e sensivelmente na mesma época, no Instituto de Óptica de Florença (S. Ciliberto), já que as boas ideias se difundem rapidamente no meio científico.

7   O limiar de intermitência espaçotemporal está ligado à ideia de percolação dirigida. Esta expressão mistura duas noções: a de percolação e a de direção. A ideia de percolação pode ser entendida da seguinte maneira: imaginemos uma rede de pescador estendida sobre um quadro. Cortemos um laço em 10, ao acaso: sem dúvida, a rede terá perdido resistência, mas continuará sendo uma única peça. Se continuarmos a cortar os laços ao acaso, chegará um momento em que as partes

cortadas vão "percolar" (ou seja, se juntar) através da rede, e esta vai cair em pedaços. Teremos chegado então ao limiar de percolação. Existem inúmeros exemplos físicos desse fenômeno de percolação. Um de seus interesses, pelo menos para os físicos, é que o limiar de percolação (de ruptura, em nosso exemplo da rede) é bem definido, e existe uma teoria, a dos fenômenos críticos, que explica as flutuações no tamanho dos pedaços da rede no momento em que ela se rompe. Essa ideia de percolação se aplica, entre outros casos, à passagem de um fluido por uma rocha porosa (ou pelo café moído e prensado...): se assimilarmos o fluido aos laços cortados da rede, o fluido começa a atravessar a rocha porosa a partir de um limiar de porosidade análogo ao da percolação dos laços. Podemos também imaginar aplicações dessa ideia a situações sociais: uma empresa ou um exército em má situação. Em 1940, parece que eram necessárias 48 horas para que uma ordem do alto comando aliado chegasse, quando chegava, às unidades combatentes, cuja organização podia muito bem dar a impressão de uma rede rasgada... A ideia de "direção" na chamada percolação "dirigida" pode ser explicada assim: quando um líquido percola num material poroso, há continuidade das porções molhadas de uma ponta à outra do material. Da mesma forma, a rede se separa em pedaços quando laços cortados podem ser seguidos continuamente de uma ponta à outra. A percolação é chamada dirigida se, quando dessa passagem de uma borda à outra, nos impusermos progredir numa mesma direção, sem nunca voltar atrás. Já que há uma restrição, entende-se que a percolação "dirigida" exigirá que se cortem mais laços na rede ou que se ponha mais líquido no café do que o necessário no caso da simples percolação. Esta restrição de "direção" é suficiente para tornar a teoria e o domínio de aplicação da percolação bastante diferentes dos da simples percolação. Em particular, podemos imaginar abstratamente que esse laço de causalidade de um evento a outro introduz uma orientação do passado para o futuro na direção do tempo. É isto que justifica a conjectura de que a transição de percolação dirigida é a que explica a intermitência espaçotemporal, em que há realmente um laço de causa e efeito no contágio turbulento de uma região do espaço à sua vizinha.

8 Existem vários tipos de sismógrafos, mas a maioria é de tipo pendular, com uma massa considerável que pode girar ao redor de um eixo. Quando o suporte é deslocado bruscamente, em consequência da chegada das ondas sísmicas, a massa não se mexe, em razão de sua grande inércia. O deslocamento relativo entre o suporte – e, portanto, a terra que se mexe – e a massa pendular – imóvel – é medido, fornecendo um sinal que traduz fielmente os movimentos do solo. As oscilações de massa são evitadas graças a um amortecimento viscoso.

9 Este tema inspira-se, em parte, num artigo produzido na Universidade da Califórnia, em Santa Bárbara: J. M. Carlson, J. S. Langer, *Physical Review*, A40, 6470, 1989.

10 O atrito, em nossa experiência de cada dia, é uma manifestação da irreversibilidade: nos fluidos que se escoam, a viscosidade que quantifica esse atrito é também a

quantidade que mede a velocidade com que a energia mecânica que serve para mover o fluido se degrada em calor. A força correspondente ao atrito viscoso, ou fluido, existe desde que haja movimento. Ela é muito fraca no caso de deslocamentos muito lentos e varia de maneira linear com a velocidade, conforme uma lei da autoria de Newton. Inversamente, quando tentamos fazer deslizar um sólido não lubrificado sobre um outro, é preciso exercer uma força mínima para que ocorra o deslocamento. Quando a velocidade de deslocamento aumenta, a força, no mais das vezes, diminui, ao contrário do que acontece no caso do atrito viscoso. É isso, por exemplo, que faz que os esquiadores em deslocamento rápido já praticamente não sintam a fricção dos esquis sobre a neve. Esse exemplo revela a complexidade dos fenômenos físicos responsáveis pela fricção sólida: conhecemos os problemas de *fartage* [procedimento de passar uma espécie de gordura nos esquis para evitar a aderência da neve (N. T.)], cujos erros estão às vezes na origem dos fracassos de nossos campeões, apesar dos esforços empíricos que visam a diminuir ainda mais a fricção sólida esqui/neve através de revestimentos adequados. O estudo físico da fricção sólida está atualmente em pleno desenvolvimento, graças aos progressos das técnicas de preparo e de caracterização das propriedades das superfícies sólidas à escala molecular.

CAPÍTULO 12

UMA PEQUENA HISTÓRIA DO CAOS

"Existe uma história imparcial?"
Anatole France

Os autores não pretendem contar aqui uma história do caos, muito menos a história do caos. Em compensação, como eles próprios participaram das pesquisas que se relacionam ao tema, sentem-se aptos a darem seu ponto de vista sobre as etapas importantes que contribuíram para a compreensão dos sistemas dinâmicos não lineares, de que o caos determinista é um dos aspectos mais conhecidos.

Sua apreensão dos fatos é necessariamente subjetiva, como o foram – e, às vezes, quanto! – certos textos sobre essa ideia ainda muito recente. Esta é, pois, para eles, uma oportunidade de jogarem uma luz um pouco diferente – e corretora, segundo esperam – sobre certos aspectos históricos que puderam ser distorcidos.

Os pais fundadores

O primeiro nome evocado é não raro o de Henri Poincaré (1854-1912), sobrinho de Raymond Poincaré, que foi presidente da República francesa de 1913 a 1920. Henri Poincaré é considerado um dos fundadores do estudo moderno dos sistemas dinâmicos e o inventor das propriedades essenciais do caos (mesmo se o nome não existia, na época, neste sentido). Sua obra é imensa. Ela trata, em particular, da integração das equações diferenciais e utiliza, muitas vezes, métodos geométricos que permitiram avanços espetaculares. Suas preocupações a respeito das equações diferenciais estavam ligadas, pelo menos em parte, aos problemas colocados pela mecânica celeste e, em particular, pela estabilidade do sistema solar. Ao estudar um modelo simplificado deste (três corpos maciços em interação newtoniana), mostrou que esse problema não tem solução analítica geral. Isso implica, particularmente, que não podemos exprimir as posições e as velocidades dos três corpos em interação pelas funções conhecidas como seno, exponencial etc. (vide o Capítulo 8).

Ao estudar, na vizinhança de soluções periódicas, a estabilidade das equações, com a ajuda de desenvolvimentos em série de perturbações (uma perturbação corresponde, por exemplo, ao pequeno efeito do Sol sobre a órbita kepleriana da Lua ao redor da Terra), ele descobriu que as séries divergem, tornando assim ilusória a aproximação feita das pequenas perturbações. Se os primeiros termos dessas séries permitem uma predição conveniente da trajetória de tempos "curtos" (que já podem, na realidade, ser muito longos relativamente à vida humana), esta última é instável a longo prazo, quando correções supostamente pequenas no início se tornam consideráveis. A possibilidade de movimentos erráticos num sistema com pequeno número de graus de liberdade era entrevista. Além disso, Poincaré compreendera a sua razão profunda, que hoje chamamos de sensibilidade às condições iniciais, ou SCI. Com efeito, ele escreve[1] que "uma causa muito pequena, que nos escapa, determina um efeito considerável, que não podemos deixar de ver, e então dizemos que esse efeito se deve ao acaso ... pode acontecer que pequenas diferenças nas condições iniciais gerem diferenças enormes nos fenômenos finais ... a predição torna-se impossível". É difícil expressar mais claramente a essência mesma do caos.

Outro pioneiro na área do caos é Jacques Hadamard (1865-1963). Professor no Collège de France, seu seminário era um lugar de reflexão de primeira linha[2] para os matemáticos franceses da época. Ele se interessou sobretudo por problemas geométricos, mais do que pelos problemas dinâmicos (tratava-se de problemas de topologia no sentido moderno). Em particular, no final do século passado, ele estudava as geodésicas. Estas últimas são, sobre superfícies, as curvas de caminho mais curto de um ponto a outro, ou ainda as trajetórias de massas pontuais que seriam obrigadas a se mover sobre essas superfícies em razão de sua inércia. Sobre um plano, as geodésicas são as linhas retas; sobre uma esfera, as geodésicas são os grandes círculos. Mas Hadamard estudava essas geodésicas sobre superfícies muito menos evidentes do que a da esfera: as superfícies "de curvatura negativa". Este termo exprime que um corte desse tipo de superfície por dois planos perpendiculares entre si e que contenham uma perpendicular à superfície faz aparecer duas curvaturas invertidas, como, por exemplo, no caso de uma sela de cavalo ou um desfiladeiro na montanha. O fato importante que Hadamard foi capaz de mostrar é que, sobre superfícies de curvatura negativa, toda leve mudança dada à direção inicial de uma geodésica leva a uma geodésica que rapidamente se torna muito diferente. Traduzida em termos de trajetórias, essa propriedade é a da SCI, que leva ao caos.

Outros pais fundadores: a escola russa

Às vezes pouco ou mal conhecidos fora da Rússia, os trabalhos da escola russa - famosa por seus matemáticos e físicos teóricos - são, porém, muito importantes e influenciaram, conscientemente ou não, os estudos modernos dos sistemas dinâmicos. Muitos dos elementos deste parágrafo serão tomados de S. Diner, a quem remetemos o leitor para uma informação mais completa sobre "as vias do caos determinista na escola russa".[3] Da época de Poincaré, dois nomes merecem especialmente ser retidos, A. M. Lyapunov (1857-1918) e L. I. Mandelshtam. O primeiro, cujo nome está solidamente ancorado na área do caos (os expoentes de Lyapunov medem a velocidade de divergência – ou de convergência – de duas trajetórias vizinhas do espaço das fases), contribuiu de maneira importante para os estudos da estabilidade dos movimentos (1892). Mandelshtam, por seu lado, foi o campeão da abordagem vibratória na física e o fundador de uma escola (a partir de 1914) que muito contribuiu para o desenvolvimento das ideias sobre os fenômenos não lineares. Em particular, um de seus alunos, A. Andronov (1901-1952),[4] estudou os sistemas (não lineares) oscilantes autossustentados e mostrou o sentido físico da noção, que até então havia permanecido abstrata, de ciclo limite de Poincaré. O "auto-oscilador" (vide o Capítulo 5) adquiriu, a partir daí, o estatuto – que conservou – de modelo para o estudo dos sistemas dinâmicos. Note-se que um dos artigos fundadores da teoria correspondente foi publicado – em francês, como outras contribuições fundamentais desse autor – em 1929, nos *Comptes Rendus de l'Académie des Sciences* (nota apresentada por Hadamard). Para sublinhar o vigor da escola de Mandelshtam sobre os osciladores não lineares, notemos que, por sua vez, um aluno de Andronov, Neimark, mostrou, na década de 1950, a possibilidade teórica da existência de "auto-oscilações estocásticas" e, portanto, talvez o primeiro sistema caótico, muito antes de Lorenz.

Mais perto de nós, mas ainda oriunda da mesma escola, mencionemos a importante contribuição de B. V. Chirikov, que pôs em evidência, por meio de cálculos numéricos, comportamentos caóticos devidos à interação de ressonâncias para trajetórias em aceleradores de partículas (1959). Sempre nos confins do que consideramos (arbitrariamente) o início da época moderna, duas outras grandes figuras da escola russa devem ser mencionadas.

Trata-se, em primeiro lugar, de A. N. Kolmogorov (1903-1987), grande matemático e teórico. Na área que nos diz respeito, ele é conhecido por ter previsto com sucesso a repartição espectral das flutuações de um fluido muito turbulento, uma contribuição fundamental que explica como a energia das flutuações turbulentas se reparte em função de sua escala espacial. Igualmente célebre é o teorema KAM (dos nomes de Kolmogorov, Arnold e Moser – vide o Capítulo 8), que trata da estabilidade dos regimes quase periódicos nos sistemas conservativos, como o problema dos três corpos (1954). Ele completa, por assim dizer, as ideias de Poincaré, mostrando que existem condições iniciais para as quais as soluções são estruturalmente estáveis ante pequenas perturbações, bobinando-se as trajetórias, então, nos "toros de KAM". Duas outras contribuições importantes de Kolmogorov relacionam-se com a área do caos, o conceito de entropia de Kolmogorov e o de complexidade algorítmica (1958; vide "Versículos caóticos"). Devemos a Arnold, também um eminente matemático, além de sua contribuição à prova do teorema de KAM, uma aplicação do círculo em si mesmo, a chamada "transformação de Arnold" (cujos regimes caóticos, ao que parece, não foram estudados por ele próprio). Essa transformação permite descrever de maneira muito simples e, no entanto, robusta o essencial dos comportamentos de um oscilador forçado e sua transição ao caos. Também propôs uma transformação do plano que conserva as áreas. Ela tem o nome engraçado de "gato de Arnold" e é uma versão original da transformação do padeiro (note-se que alguns atribuem a ideia inicial dessa transformação a Thom e Smale). Terminemos entrando em cheio na "época moderna", mas permanecendo na escola russa, com a grande figura de Y. Sinaï. No prolongamento das ideias de Hadamard e de Hopf, Y. Sinaï descobriu, nas décadas de 1960 e 1970, uma versão particular da SCI que se aplica (entre outros) ao caso das trajetórias de bolas esféricas que ricocheteiam sobre as paredes de um bilhar que contenha um obstáculo convexo[5] (problema só levemente idealizado pela ausência de atrito, pois se trata de uma demonstração matemática).

A conclusão desse trabalho essencial de Sinaï é, em particular, que podemos esperar prever a trajetória da bola depois de somente algumas poucas colisões.

Os clássicos da época moderna

Fora da escola russa e no início do que chamamos "a época moderna" (da década de 1950 aos dias de hoje), Edward Lorenz, com seu artigo histórico de 1963 (vide o Capítulo 9), assinalou uma virada decisiva da história do caos. "Deveria ter assinalado" é o que deveríamos ter dito, pois esse artigo essencial, em que é apresentado o famoso sistema de equações que modeliza a evolução dos movimentos atmosféricos, em que o atrator estranho é traçado e o efeito da SCI, demonstrado, permaneceu cerca de dez anos desconhecido de quase todos os físicos e matemáticos... que não leem muito as revistas de meteorologia. Note-se a sorte ainda mais apagada reservada a uma tentativa da mesma natureza que a de Lorenz, mas que se relacionava com as inversões do campo magnético terrestre, a de Rikitake, que, embora anterior à de Lorenz, permanece como uma referência pouco citada (vide o Capítulo 3).

Entre o fim dos anos 60 e o começo dos anos 70, aparecem três outros trabalhos essenciais. O de Ruelle e Takens, em 1971, teve rapidamente um impacto considerável na comunidade científica. É curioso saber que, como até confessou um desses autores, eles não conheciam nem o artigo de Lorenz nem certas ideias de Poincaré acerca da instabilidade das trajetórias. Embora de um conteúdo muito matemático e abstrato, que mereceria uma boa reinterpretação em termos mais acessíveis (pelo menos para os pesquisadores), esse artigo teve o grande mérito de colocar claramente o problema da natureza da turbulência. Questão sacrílega entre todas, visto ser o tema da turbulência hidrodinâmica da alçada dos estudiosos da mecânica dos fluidos, que, pelo menos alguns, não viam o que matemáticos e físicos teóricos vinham fazer em sua área. A mecânica dos fluidos tradicional, com efeito, tivera pouco interesse pelos mecanismos subjacentes do nascimento da turbulência, provavelmente sob o efeito de inércias históricas, já que esse assunto nunca estivera no centro das pesquisas, que insistiam, de preferência – na linha dos trabalhos de Lord Rayleigh –, nos aspectos da estabilidade linear. Essas questões de estabilidade, infelizmente, não têm nenhuma relação com muitas observações, em razão do que chamamos de caráter subcrítico de muitas instabilidades hidrodinâmicas (e subcrítico significa estáveis para as pequenas amplitudes de perturbações e instáveis para as grandes). É fato que o artigo de Ruelle e Takens foi acolhido com espanto, ceticismo ou hostilidade, conforme os leitores. No entanto, ele levantava uma questão que tinha o mérito de ser verificável experimentalmente: torna-se turbulento um fluido quando é animado por movimentos descritos por apenas três ou, pelo contrário, por muitas frequências temporais? Esse artigo foi o ponto de partida de uma corrida experimental sem precedentes, para tentar descobrir a existência de comportamentos caóticos experimentais (também é nele que se encontra pela primeira vez a expressão atrator estranho).

Antecedendo em alguns anos o trabalho de Ruelle e Takens, um artigo de síntese[6] do eminente matemático americano S. Smale chamava a atenção para a existência de sistemas dinâmicos teóricos que têm de maneira "robusta" um comportamento caótico (1967). Nesse artigo, fonte de inspiração particularmente fecunda que está, sem dúvida, longe de ter sido esgotada, Smale apresenta também, *avant la lettre*, um modelo de atrator estranho (o chamado atrator do solenoide), bem como a transformação em ferradura (chamada atualmente transformação de Smale). A abordagem geométrica de Smale (que não é a de Ruelle e Takens) está ligada à de Poincaré (e de Lefshetz). Ela se desenvolveu no prosseguimento de um trabalho inovador realizado por N. Levinson, que conseguira, já em 1949, a façanha de provar – através de métodos geométricos – que um modelo de oscilador forçado tinha trajetórias caóticas.

Pouco antes da publicação do artigo de Ruelle e Takens, um astrônomo (teórico) do observatório de Nice, M. Hénon, com seu jovem colaborador C. Heiles, ao retomar o famoso problema dos três corpos de Poincaré, dera-lhe uma solução numérica elegante (1969). Esse artigo e outros dos mesmos autores foram, aparentemente, mais conhecidos da comunidade dos físicos que o artigo de Lorenz e contribuíram para lançar o interesse pelo caos determinista. Alguns anos depois (1976), o mesmo M. Hénon e um de nós (Y. P.) propúnhamos uma iteração simples de duas dimensões que permitia obter o famoso "atrator de Hénon",[7] que se tornou um modelo muito clássico no estudo do caos dissipativo.

A corrida do ouro

A primeira evidência da correção da teoria de Ruelle e Takens foi de origem numérica: modelizando a convecção térmica, J. Mc Laughlin e P. Martin (1975), da Universidade de Harvard, viram que, com efeito, a turbulência podia ocorrer depois do aparecimento de um minúsculo número de bifurcações para regimes periódicos. A primeira verificação experimental estava em curso, executada por dois colegas americanos, J. Gollub e H. Swinney (1975), sobre uma instabilidade hidrodinâmica particular, chamada de Taylor-Couette (vide o Capítulo 6). Efetivamente, eles observaram que certa turbulência ocorria depois do aparecimento de um pequeno número de frequências, quando se aumentava a velocidade do escoamento. Mas, na pressa de publicar um artigo que não podia deixar de se tornar histórico, os autores se confundiram um pouco na atribuição ou até no número das frequências independentes observadas no espectro de Fourier da velocidade do fluido. Artigos posteriores vieram precisar tudo aquilo, mas, de qualquer forma, o roteiro do aparecimento da turbulência conforme à teoria de Ruelle e Takens parecia ter sido encontrado experimentalmente. Muitas outras experiências foram realizadas exatamente na mesma época, num espírito de competição por vezes aguerrido.

Dentre as etapas importantes, citemos as que se relacionam com as experiências de convecção de Rayleigh-Bénard (vide o Capítulo 7), sobre as quais G. Ahlers e R. Behringer (1978) descobriram o efeito do confinamento espacial: para revelar os regimes periódicos ou quase periódicos que antecedem o aparecimento da turbulência, é necessário utilizar uma célula que tenha uma geometria tal que muito poucos rolos (ou turbilhões convectivos) – logo, poucos graus de liberdade – possam ter lugar ali. Por volta dessa época do final da década de 1970, portanto, não havia mais dúvida de que o caos tinha, de fato, uma existência real e se manifestava particularmente na hidrodinâmica, bem como nos sistemas mecânicos bem adaptados. Daí a importância de conhecer em pormenor as diferentes possibilidades de passar do regime da mera oscilação periódica ao regime caótico, ou "roteiros" de transição para o caos. Foram descobertos teoricamente e verificados experimentalmente três grandes tipos de roteiros rumo ao caos.

O roteiro via quase-periodicidade é, em suma, o de Ruelle e Takens: um comportamento dinâmico pode tornar-se caótico depois do aparecimento (sucessivo) de três frequências incomensuráveis. Foram propostas muitas variantes desse roteiro, pois, na realidade, bastam duas frequências (o que não é contraditório com a noção das três frequências no sentido de Ruelle e Takens, ou seja, três graus de liberdade; vide o Capítulo 6). Esse roteiro foi verificado experimentalmente em vários sistemas, mas a primeira experiência parece realmente ter sido a de Gollub e Swinney, como já frisamos.

O roteiro via intermitências caracteriza-se do seguinte modo: um sistema oscila aparentemente de maneira regular, mas essa oscilação é progressivamente perturbada até o surgimento brutal de uma baforada caótica de curta duração, após a qual o sistema oscila novamente e tudo recomeça. Os eventos caóticos ocorrem ao acaso, podendo um longo episódio de calma (oscilações periódicas) anteceder uma sucessão cheia de baforadas caóticas. Esse roteiro (que apresenta três subcategorias) foi descoberto teoricamente por P. Manneville e um de nós (Y. P.) (1980) e foi observado experimentalmente pela primeira vez pelos autores e P. Manneville (1980).

O terceiro roteiro, ou seja, o de duplicação do período, não raro é ilustrado pela aplicação do intervalo (0, 1) em si mesmo por uma iteração quadrática, como o mapa logístico (vide o Capítulo 4). Esse tipo de relação matemática fora estudado de maneira parcelar por vários cientistas, dentre os quais Myrberg (1958), de um ponto de vista matemático, R. May (1976), no quadro da evolução das populações etc. Mas a continuação da história desse terceiro roteiro é interessante do ponto de vista da psicossociologia do mundo científico e mostra até que ponto essa sociedade, que poderíamos acreditar fosse friamente racional, pode ser sensível à publicidade mais espalhafatosa. Em meados da década de 1970, o estudo das mudanças termodinâmicas de fase (por exemplo, a de um líquido que se transforma em vapor) mostrara a força da análise pelo chamado método de grupo de renormalização. Utilizando certos princípios dessa teoria, dois trabalhos fundamentais, desenvolvidos sobre a aplicação logística, apareceram simultânea e independentemente (bem como, aliás, muitos outros que, exatamente na mesma época, chegaram quase que ao mesmo resultado). Eles demonstravam, tanto um como o outro, o caráter universal do comportamento obedecido por transformações não lineares simples durante o aumento de um "parâmetro de controle". Esse comportamento é o das duplicações de período em cascata, levando ao caos para um valor finito do parâmetro. Esses trabalhos – com certas contribuições um pouco diferentes – foram publicados em 1978, de um lado por M. Feigenbaum (que trabalhava nos Estados Unidos, na época em Los Alamos) e, de outro, por P. Coullet e C. Tresser (ambos da Universidade de Nice). Poderíamos acreditar que nascera o roteiro via duplicação de período: mas não, o que nascera fora o roteiro de Feigenbaum! Por que só esse nome tinha sido retido, a ponto de físicos respeitáveis falarem de "constante de Feigenbaum", de "iteração de Feigenbaum" (a função logística inventada em meados do século XIX), de "atrator de Feigenbaum" (uma simples parábola que, aliás, não é sequer um atrator no sentido estrito).[8] Sem dúvida, a publicidade feita ao redor desses trabalhos num dos lados do Atlântico deve ter desempenhado um grande papel, e era interessante notar o quanto ela pôde deformar a verdade histórica.[9] A verificação experimental do roteiro via duplicação do período foi feita pela primeira vez por A. Libchaber e J. Maurer em 1980, em Paris, no laboratório de física da École Normale Supérieure, por estudo da convecção no hélio líquido normal (não superfluido). Numerosas outras observações se seguiram em diferentes sistemas, sendo o roteiro por duplicação do período um dos mais frequentemente encontrados.

Estudos do espaço de fases

Os primeiros comportamentos caóticos revelados em sistemas físicos o foram, inicialmente, como a etapa última de evoluções características ligadas aos roteiros conhecidos. A rigor, isso não era suficiente para que eles fossem identificados como devidos a um pequeno número de graus de liberdade. Nada excluía que o caos (na realidade, a turbulência fraca) observado pudesse dever-se a uma "libertação" de um grande número de graus de liberdade... mais ou menos como os vaga-lumes em sua árvore que, uma vez dessincronizados, geram um comportamento estocástico. Foi preciso, portanto, recorrer às propriedades específicas do caos, ou seja, às propriedades da trajetória no espaço de fases. Assim, o leitor poderia perguntar-se legitimamente por que as evidências experimentais incidem tão pouco no espaço de fases. Não é que os experimentadores não tenham pensado nisso ou tentado fazer isso! Mas a operação é difícil por mais de uma razão e, em todo caso, muito mais do que um tratamento *standard* do sinal, como uma análise dos espectros de Fourier de boa qualidade, que sempre representa médias.

Com efeito, as trajetórias no espaço de fases são de uma sensibilidade extrema à estabilidade das condições de medida e à presença de ruído ou de parasitas. Por outro lado, não basta traçar trajetórias de fase, e sim realizar boas seções de Poincaré, as únicas que podem revelar estruturas características. Assim, é grande o mérito de obter um ponto para a seção de Poincaré de um regime periódico (e não uma pequena nuvem) e uma curva fechada bem definida para a de um regime biperiódico. Os traçados significativos no espaço de fases, portanto, só puderam ser obtidos com sinais muito bem controlados.

Pelo que sabemos, as primeiras trajetórias caóticas experimentais foram obtidas – assim como suas seções de Poincaré – já em 1979, por uma equipe da Universidade de Cornell, nos Estados Unidos,[10] a partir do comportamento de um sistema mecânico de tipo oscilador forçado. Neste caso, as três variáveis, necessárias para descrever a dinâmica no espaço de fases, eram, ao mesmo tempo, muito precisas e medidas diretamente. Em compensação, no caso dos movimentos fluidos ou de uma reação química, as variáveis pertinentes (ou seja, as coordenadas no espaço de fases) não são diretamente medidas. Mas impôs-se rapidamente a ideia de que podíamos utilizar grandezas diretamente mensuráveis, como uma velocidade ou uma concentração, que são provavelmente combinações de variáveis pertinentes. Todavia, geralmente só medimos uma única ou, a rigor, algumas grandezas independentes, ao passo que a reconstrução do atrator real deve fazer-se, no mais das vezes, num espaço de fases de várias dimensões, o que exige, portanto, outras tantas variáveis medidas independentemente. O problema foi em grande parte resolvido por Takens (1981), quando propôs o método das "decalagens" de tempo (vide o Capítulo 7). Permitindo, a partir de uma única variável, calcular tantas outras quantas necessárias, esse método assinalou uma importantíssima etapa na exploração dos resultados experimentais.

Assim, J.-C. Roux, A. Rossi, S. Bachelart e C. Vidal (1980) puderam traçar o atrator característico da presença de caos para a reação química dependente do tempo de Belusov-Zhabotinsky. Da mesma forma, as primeiras seções de Poincaré de atratores quase periódicos e estranhos na turbulência hidrodinâmica foram reconstruídas em 1981 por dois de nós (M. D.-G. e P. B.). O coroamento em matéria de caracterização do espaço de fases é a determinação da dimensão fractal (bem como de outras quantidades características) das trajetórias caóticas. Em 1983, alguns físicos teóricos – por um lado, P. Grassberger e I. Proccacia, por outro lado a equipe americana de J. D. Farmer, E. Ott e J. A. Yorke – propuseram, praticamente ao mesmo tempo, meios para calcular a dimensão topológica dos atratores reconstruídos com base em sinais experimentais (vide o Capítulo 7). Este foi o início de uma pequena revolução no mundo do caos: a partir de não importa quais dados físicos, surgia a esperança de saber quantas grandezas pertinentes participavam desta ou daquela evolução temporal.

As primeiras explorações práticas e a revelação de dimensões fractais fracas na turbulência hidrodinâmica seguiram de pouco as ideias teóricas (B. Malraison, P. Atten, M. D.-G. e P. B. sobre a instabilidade de Rayleigh-Bénard e, independentemente e quase simultaneamente, A. Brandstater, J. Swift, H. Swinney, A. Wolf, J. Farmer, E. Jen e J. Crutchfield sobre o escoamento de Taylor--Couette, em 1983).

A palavra revolução talvez não seja forte demais, pois o método teve, em seguida, um sucesso considerável. Como o cálculo da dimensão era relativamente fácil de realizar, até num computador modesto, ele foi em seguida aplicado aos sistemas mais variados e foi isso, sem dúvida, que contribuiu para a popularização – poderíamos dizer, até, a moda – do conceito de caos... Foram assim calculadas dimensões de dados meteorológicos, climatológicos, na biologia e até sobre previsões financeiras. Nem sempre essas aplicações foram feitas com um senso crítico suficiente, e algumas afirmações são completamente irrealistas. No entanto, ele teve o mérito de colocar o problema da pertinência do cálculo para sistemas complexos e de sua limitação intrínseca, pois ela existe. No final de 1993, isso permanece sendo um importante tema de pesquisa, como prova o grande número de artigos que sempre são publicados sobre o assunto..., nos quais cada autor pensa ter encontrado o melhor método para revelar a presença, ou não, de um caos determinista.

Notas

1 H. Poincaré, *Science et méthode*, Flammarion, 1908.

2 Uma descrição figurada das ideias de Hadamard encontra-se no livro de P. Duhem, *La théorie physique, son objet, sa structure*, Paris, 1906.

3 S. Diner em *Chaos et déterminisme* organizado por A. Dahan, Dalmedico et al., Point Sciences, Le Seuil, 1992.

4 Andronov e Pontryaguin imaginaram a noção de "estabilidade estrutural", que – implicitamente – está na base da descrição matemática de muitos fenômenos naturais. A ideia é que não podemos conhecer as equações do movimento de um sistema com uma precisão infinita. De preferência a nos interessarmos, então, pela dinâmica de um sistema preciso, estudamos toda uma família de sistemas vizinhos uns dos outros por suas equações do movimento. Esta noção comporta um grau a mais de abstração relativamente à ideia habitual de estabilidade (ou de sensibilidade às condições iniciais). Considera-se agora não a sensibilidade relativamente à escolha das condições iniciais para uma mesma equação do movimento, e sim a sensibilidade (eventual) do conjunto das trajetórias possíveis relativamente a uma mudança das equações do movimento.

5 O bilhar de Sinaï é de forma quadrada, com um refletor cilíndrico colocado em seu centro. As "bolas" ricocheteiam, portanto, sucessivamente nas paredes do quadrado e do cilindro. Todas as trajetórias vizinhas se desviam rapidamente umas das outras, dando, assim, uma imagem muito concreta de SCI, como podemos vê-lo na figura abaixo:

Este conjunto de resultados de Sinaï sobre o bilhar fecha um capítulo da mecânica clássica, aberto há mais de um século por Boltzmann. Este último, físico austríaco contemporâneo de Freud, lançara as bases do que chamamos mecânica estatística moderna. Mostrara que a lei de crescimento da entropia, ou a irreversibilidade macroscópica dos sistemas termodinâmicos (de que o princípio de Carnot é uma manifestação) é uma consequência da hipótese ergódica, uma propriedade dos sistemas mecânicos (ou hamiltonianos) reversíveis. Essa hipótese ergódica, não raro formulada de maneira muito matemática, implica um crescimento "natural" da desordem quando das colisões sucessivas entre moléculas de um gás, por exemplo. Ela deu lugar, no início do século, a apaixonadas controvérsias que opuseram a Boltzmann muitos espíritos esclarecidos de sua época: esses contraditores apegavam-se à oposição aparente entre reversibilidade formal das equações e irreversibilidade das leis médias, como predito por Boltzmann.

Ao que parece, Boltzmann não tinha a noção de que fosse necessária uma prova matemática de seus resultados. Só mais tarde – entre as duas guerras – é que Birkhoff (que teve, entre outros méritos, o de demonstrar o último teorema de Poincaré) formulou com precisão a hipótese ergódica, demonstrada por Sinaï para o caso do bilhar de obstáculos convexos (logo, para um sistema "real"), empregando métodos matemáticos particularmente pouco triviais. Note-se que a extensão das ideias de Sinaï ao caso dissipativo foi feita por Bowen.

6 S. Smale, Differentiable Dynamical Systems, *Bull. Am. Math. Soc.*, v.13, p.747, 1967.

7 O atrator estranho de Hénon é o resultado da seguinte aplicação em duas dimensões do plano em si mesmo:

$$X_{n+1} = Y_n + 1 - a$$
$$Y_{n+1} = bX_n$$

a = 1,4 e b = 0,3, valores habitualmente adotados, são os da figura representada abaixo:

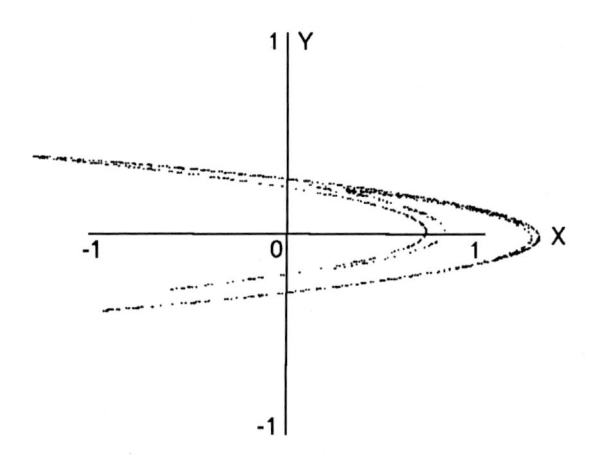

8 Podemos refletir longamente sobre as razões – conscientes ou não – que podem levar cientistas famosos a se tornarem cúmplices de uma injustiça, atribuindo a um só descobridor o que foi, na realidade, achado independentemente por vários outros. Além de uma possível (provável?) conivência de *lobby*, existe provavelmente uma razão mais profunda. Admitir que uma descoberta é feita independentemente por duas (ou várias) equipes é, com isso mesmo, reconhecer que a ideia estava "no ar" e que a descoberta teria, de qualquer forma, sido feita e, praticamente, na mesma época. É, portanto, *de facto*, minimizar a sua importância e – por via de consequência – todos os trabalhos dos colegas que estudam a área correspondente; a imagem mítica do grande descobridor único, pelo contrário, aumenta o prestígio de todo trabalho que se relacione com ele.

9 Note-se, nesta área, o papel nefasto de um livro "de mídia" como o de J. Gleick, que – escrito por um jornalista pouco a par da ciência do caos –, embora gostoso de ler, deturpa completamente a informação científica, omitindo partes inteiras da realidade. Além de passar quase despercebidas as contribuições francesas – no entanto muito importantes – na área do caos, ignora completamente a escola russa. Este último ponto é ainda mais cômico quando ele leva às nuvens as contribuições da equipe americana de Santa Cruz, pois, a nosso ver, o simpático grupo de estudantes em questão se limitava a exercícios de aplicação das grandes ideias de Kolmogorov e de Sinaï!

10 F. Moon, *Chaotic Vibrations*, John Wiley and Sons, 1987.

VERSÍCULOS CAÓTICOS

Chegados ao ponto que haviam fixado, os autores sentem, ao mesmo tempo que um sentimento de alívio, uma inevitável sensação de frustração. Com efeito, gostariam de ter falado também de pequenos temas que, embora ligados aos ritmos e ao caos, não tinham logicamente seu lugar no corpo dos capítulos e cuja importância não justificava que lhes fosse consagrado um capítulo só para eles. É por isso que, aplicando, por assim dizer, o caos a uma forma redacional, decidiram eles libertar-se das exigências de unidade de assunto, de unidade de extensão e de coerência lógica de um parágrafo ao seguinte e propuseram, para terminar, estes "Versículos caóticos".

Periodicidade e tempo subjetivo

Objetivamente, "o tempo é a duração das coisas medida pelo movimento aparente do Sol".[1] Se isso é indubitável, todos sabem que há um longo caminho entre a duração objetiva e a sensação subjetiva do tempo. Já Santo Agostinho, em suas *Confissões*, enunciava ideias que iam de encontro a essa definição: "Não há tempo onde não há variedade do movimento ... o tempo é algo diferente do movimento dos astros." Esse sentimento de que retornos periódicos abolem a noção de tempo que passa é bem analisado pelo grande historiador G. Duby.[2] Ressalta ele que, nos mosteiros beneditinos, a sucessão dos ofícios divinos seguia estritamente uma dupla periodicidade, a periodicidade diurna e a periodicidade anual. "A vida de orações implicava, portanto, a experiência ininterrupta do tempo cósmico. Obedecendo a seus ritmos circulares, distraindo-se de todo acidente capaz de perturbá-la, a comunidade monástica já vivia a eternidade ... O retorno das orações diárias e anuais aniquilava cada destino pessoal, suprimindo qualquer consciência de um crescimento e de um declínio."

Em oposição a esses ritmos periódicos, geradores do sentimento de eternidade, o surgimento de acontecimentos imprevistos, "caóticos", por assim dizer, rompe a monotonia do tempo e marca claramente seu desenrolar-se, assim como toda modificação, quando é percebida de maneira suficientemente descontínua. Nós mesmos não somos sensíveis aos anos que passam por causa das mudanças irreversíveis que ocorrem em nós e ao nosso redor? A expressão *Fugit, irreparabile tempus* ("O tempo foge sem retorno"), de Virgílio, traduz bem a perenidade deste problema, e tornamos a encontrar a noção do tempo subjetivo e irreversível nesta bonita frase de criança: "O tempo sou eu quando fico grande."

A magia das palavras

A palavra "caos" é formada a partir de um termo grego (de origem indo-europeia, cujo sentido poderia ser o de abismo, de precipício – estando a mesma raiz na origem da palavra "gás") que parece fazer coexistirem duas ideias bastante diferentes, a de vazio, de ausência, e a de falta de organização, sentido moderno que ela já tinha na Antiguidade romana. Sua consonância rugosa (pelo menos para os francófonos), bastante evocadora, contribui, sem dúvida, para a sua recente (e relativa) popularidade. Daí resultam, com frequência, incompreensões, pois o emprego científico da palavra é restringido por definições (aqui, praticamente a SCI) que se opõem a divagações mais ou menos filosóficas. Sua definição precisa comporta igualmente uma parte de arbitrariedade, que pode levar a controvérsias sobre o significado "filosófico" da palavra, controvérsias que estão, de preferência, fora do campo científico.

No passado, outras expressões utilizadas pelos cientistas acederam, assim, a certa popularidade, senão no grande público, pelo menos no público culto. O primeiro exemplo remonta, provavelmente, ao século XVIII, quando a teoria newtoniana da "atração universal" (o que hoje preferimos chamar de gravitação) teve um grande sucesso nos salões e entre autores da moda, mais ainda no continente do que em sua pátria de origem, a Inglaterra. Assim, Laplace construiu no final do século XVIII e no início do XIX a sua teoria da capilaridade (que dá conta da existência de forças de pequeno alcance, muito diferentes da interação newtoniana), fazendo constantemente referência à teoria da atração universal, que, na realidade, não tinha muita coisa a ver com os mecanismos que ele explicava. Mais ou menos na mesma época, o magnetismo também impressionou as mentes, bem como a nascente eletricidade, sobretudo em suas manifestações biológicas, as primeiras a serem descobertas.

A segunda vaga de popularidade de uma palavra poderia, sem dúvida, ser datada do final do século XIX e começo do XX, quando a palavra na moda era "onda": ondas eletromagnéticas de Maxwell, radiação Thomson etc. O grande público ficava impressionado com o caráter invisível, imperceptível, um tanto mágico da propagação dessas ondas. Mais perto de nós, a relatividade, a física nuclear (nem sempre distinguida muito claramente da física atômica, na mente do grande público: o CEA, que faz de preferência física nuclear, é chamado de "atômico") tiveram cada uma sua parte de notoriedade.

Ainda mais recentemente (digamos, ao longo da década de 1970), a teoria das catástrofes de Thom também chamou a atenção além do círculo dos especialistas. Sem dúvida, a personalidade de René Thom não é estranha ao fato, mas o vocábulo "catástrofe" certamente desempenhou certo papel no caso. Podemos apostar que a utilização da expressão singularidade topológica, em vez de catástrofe, teria diminuído seu impacto na mídia. O caráter matemático abstrato dessa teoria e uma certa vontade deliberada de seu autor de não procurar para ela aplicações na física talvez tenham contribuído para o desfavor que hoje pesa sobre a teoria das catástrofes.

No mesmo registro, embora talvez em menor medida, a expressão "atrator estranho" certamente contribuiu para o interesse ou a curiosidade que uma ampla comunidade científica – ou simplesmente culta – desenvolveu pelos comportamentos do caos. A expressão, de fato, possui algo mágico ("atrator") e de mistério ("estranho") capaz de satisfazer as imaginações mais exaltadas.

A astrofísica também não é avara em conceitos evocadores, como o de *Big Bang*, que agora entrou na linguagem comum (curiosamente, ele designou uma recente operação de "renovação política", sem um vínculo muito claro com a ideia de início catastrófico que ele poderia implicar), e o de "buraco negro", particularmente popular na imprensa de vulgarização científica. A noção de buraco negro, que parece remontar a Laplace, designa, aliás, uma entidade um tanto oposta à de "buraco", uma vez que um buraco negro seria certa matéria ultradensa, mas, é verdade, que capturaria toda a luz de sua vizinhança.

De uma maneira geral, os cientistas, como os autores deste livro, têm apenas uma responsabilidade bastante modesta na formação dessas ondas (ou miniondas, não exageremos) de mídia. Eles próprios apreciam, evidentemente, que um conceito possa vingar no grande público e ali fazer nascer vocações, por exemplo, e mostrar que a pesquisa progride e chega de quando em quando a fazer descobertas interessantes e úteis... Mas, mergulhados mais do que outros na corrente do progresso dos conhecimentos, os cientistas sabem apreciar a dificuldade desse progresso e avaliar a parte de realidade em publicidades por vezes desmedidas.

O caos e as modas

Para além da magia das palavras, as modas existem na comunidade científica. Albert Einstein escrevia a este respeito, em 1954: "É difícil, para mim, compreender o quanto, particularmente nos períodos de transição e de incerteza, a moda desempenha na ciência um papel quase tão grande quanto o que tem no traje das mulheres." O caos não escapou a isso, mas a existência das modas não tem apenas aspectos negativos. Assim como as modas indumentárias procuram criar novas aparências para provocar olhares novos, a atração, no mundo das ideias, por um conceito inovador, somada ao fato de entrar numa área virgem, onde resta muito a descobrir, são certamente seus aspectos mais positivos. Nem tudo o que é novo entra necessariamente na moda, no entanto. No caso do caos, o próprio termo pode ter tido sua parte, mas as ideias que lhe estão ligadas, inicialmente revolucionárias e um pouco mágicas, já que havia ambiguidade (caos determinista), sem dúvida também ajudaram na promoção do conceito.

Hoje, num retrospecto, é divertido constatar o quanto, na década de 1980, muitos cientistas procuravam com avidez comportamentos caóticos e atratores estranhos, não raro em áreas em que *a priori* quase não havia razões para encontrá-los... Esses mesmos pesquisadores deixavam muitas vezes de lado comportamentos muito interessantes, mas cujo atrativo se tornara desprezível porque eram não caóticos!

Entretanto, quem procura obstinadamente tem chances de achar, e o caos foi encontrado, às vezes depois de "acrobacias" ou de coerções físicas muito severas ou artificiais, pelo menos no que diz respeito às realidades experimentais, como na física dos sólidos, na acústica, em interações *laser*-fluido e na hidrodinâmica.

A moda do caos pouco a pouco foi atingindo uma área mais vasta do que a dos físicos e dos matemáticos: a biologia, por exemplo, na qual ela certamente provocou estudos inovadores, a climatologia, em que sua pertinência não é evidente, a meteorologia e até a economia. A mídia retomou abundantemente o termo caos, sem lhe dar um sentido muito claro, pelo menos de um ponto de vista estritamente científico. Como no caso de todas as modas, o emprego abusivo de um conceito, de sua "miragem", fez que muitas vezes o caos fosse evocado fora de propósito ou levou a interpretações errôneas ou, no mínimo, muito vagas.

Para voltar à manifestação das modas no meio científico, muitas vezes, durante encontros de especialistas e congressos, um fenômeno desempenha o papel de "sésamo": se se fala sobre ele, se ele é mostrado, se se trabalha no assunto, então se faz parte de um certo círculo, com a consideração que isso implica. Dentre os fenômenos recentes que, alternada ou paralelamente, desempenharam esse papel, citemos os supercondutores de alta temperatura, os sólitons, as estruturas espiraladas ou propagativas, as fullerinas, o cálculo maciçamente paralelo, as redes de neurônios etc.

Os psicólogos compreenderam bem o caráter coletivo e social das modas, que no mais das vezes nascem de uma profunda ressonância com o estado de uma sociedade num dado momento. O fenômeno de moda abarca, por outro lado, dois aspectos antagônicos. Seguir a moda – que, por sua própria essência, se pretende "sempre nova" – é ao mesmo tempo querer distinguir- -se dos outros e ser notado por eles, embora agindo da mesma forma que um grande número deles, já que "estar na moda" é, de fato, agir como muitos outros.

O caos criador de informação

Consideremos a transformação $X_{n+1} = I\ 10\ .\ X_n\ I$, significando os signos I I "parte não inteira". Ela gera uma sequência de números... X_{n-1}, X_n, X_{n+1}... em que o número X_{n+1} é obtido multiplicando-se por 10 o precedente número X_n, mas só considerando a parte seguinte à vírgula (ou parte decimal). O único caso interessante corresponde à situação – a mais geral – em que X_0 é um número "irracional", ou seja, um número que não pode ser expresso sob forma de fração (tendo, portanto, uma infinidade não periódica de decimais). É este o caso do número π, que expressa a relação do perímetro de um círculo com seu diâmetro. π = 3,14159..., onde as reticências significam que existe uma infinidade de outras decimais; a parte não inteira de π é:

$$I \pi I = 0,14159...$$

Supomos que o cálculo da iteração proposta seja efetuado por um computador que fosse conhecendo ou calculando as decimais de π, mas só mostrasse cinco delas.

A primeira mostra ($X_0 = I \pi I$) será 0,14159.

Para X_1, o resultado será obtido deslocando a vírgula uma casa para a direita (desaparecendo, então, o 1, já que só nos interessamos pela parte decimal) e, com isso, uma decimal até então invisível aparece na tela:

$$X_1 = 0,41592$$

Temos, depois:

$$X_2 = 0,15926$$
$$X_3 = 0,59265$$
$$X_4 = 0,92653$$
$$X_5 = 0,26535$$
$$X_6 = 0,65358$$

... etc.

A cada operação, desaparece uma decimal (conhecida), e uma nova decimal (desconhecida) aparece, nos sendo, por assim dizer, "revelada". Esta operação chama-se o distanciamento de Bernoulli.[3] Podemos constatar que essa transformação caótica (as decimais de π são algarismos cuja sequência é aleatória) cria informação, uma vez que nos ensina, a cada passo, uma decimal que não conhecíamos. Este exemplo é uma ilustração simples da noção de caos "criador de informação". A quantidade de informação criada a cada operação é também chamada de "entropia", por analogia com outras áreas da física onde ela aparece. Por definição, diremos que o ganho de informação trazido pela revelação de uma decimal suplementar corresponde a uma entropia de 1. Note-se que a entropia é sempre calculada por um logaritmo, o logaritmo do ganho de precisão de cada operação de distanciamento no exemplo citado anteriormente. Assim, ao final de uma operação, a entropia vale log 10 = 1, ao cabo de duas, log 100 = 2 etc.

Estaríamos enganados se acreditássemos que essa criação de informação limita-se às decimais de um número irracional: trata-se de um fenômeno absolutamente geral. Consideremos, com efeito, um movimento caótico como o que pode assumir uma bússola que, além do campo magnético terrestre, é submetida a um campo magnético giratório (ou oscilante). Verificamos que seus movimentos são muito irregulares e, em todo caso, impredizíveis: às vezes, ela parece deter-se, depois gira rapidamente num sentido, oscila durante alguns períodos, começa a girar no sentido inverso etc. O fato de que esses comportamentos sejam imprevisíveis significa que o futuro nos é desconhecido e que cada novo estado que aparece traz uma informação nova. Não podemos melhor julgar essa revelação de informação do que comparando esse movimento com um fenômeno periódico, como a sucessão das marés baixas e altas, cujo surgimento não nos ensina estritamente nada que já não soubéssemos.

Acaso determinista e acaso de verdade

É fácil sortear números ao acaso num computador, por exemplo optando por utilizar uma iteração que sabemos ser caótica? Não só não é fácil, como vamos mostrar que é, a rigor, impossível, pelo menos para sequências muito longas e utilizando iterações deterministas. Suponhamos que desejemos sortear ao acaso números compreendidos entre 0 e 100. Imaginemos fazê-lo a partir de uma aplicação iterada do tipo:

$$X_{n+1} = A X_n + B$$

Sabemos que se A for superior a 1, esta iteração será caótica, pois dotada de SCI (ou amplificação dos desvios, uma vez que eles serão multiplicados por A a cada iteração).

Desejando sortear números compreendidos entre 0 e 100, devemos subtrair 100 a todo resultado X_{n+1} superior a 100, para trazê-lo de volta ao intervalo que nos interessa. Esta operação se traduz, em linguagem matemática, escrevendo que calculamos X_{n+1} "módulo 100".

Ponhamos isso em prática escolhendo, por exemplo:

$$X_{n+1} = 3 X_n + 7 \text{ módulo } 100$$

Partindo de X = 1, acharemos os seguintes números: 10, 37, 18, 61, 90, 77, 38, 21, 70, 17, 58, 81, 50, 57, 78, 41, 30, 97, 98, 1, 10, 37 etc. Esses números podem parecer independentes uns dos outros. Mas imediatamente compreendemos que o principal defeito do método está justamente ligado ao determinismo: quando a máquina tiver explorado total ou parcialmente os números compreendidos entre 0 e 100, ela voltará forçosamente a um número já encontrado que determinará automaticamente o seguinte, e a sequência só pode repetir-se indefinidamente, com um período máximo de 100. Se sortearmos, porém, números por um processo de acaso obtido, por exemplo, pelo movimento incessante e complexo de muitos braços agitando bolinhas, como no caso da extração da loteria, obteremos forçosamente extrações de que cada número é completamente independente dos que o antecedem. Não há, portanto, nenhuma razão de haver sequências periódicas: o acaso é total (o fato de que cada número sorteado seja obtido com uma igual probabilidade é outra condição, mais difícil de realizar).

Note-se que o inconveniente assinalado acima para o sorteio "ao acaso" de números com base em uma lei determinista (embora potencialmente geradora de caos) é incontornável, seja qual for a potência do computador. Na prática, os computadores sorteiam "ao acaso" com um módulo de alguns bilhões, correspondente a uma potência alta de 2 (não nos esqueçamos de que os computadores trabalham na base 2). Isso faz que a sequência dos números "ao acaso" assim obtida seja muito longa, mas, para além de alguns bilhões de extrações – no máximo –, a sequência se repete de modo idêntico.

É útil o caos?

No começo, os pesquisadores não levantaram a questão da utilidade do caos. Diante de certos comportamentos surpreendentes, sua primeira preocupação foi, antes de tudo, entender por que sistemas simples e deterministas podiam apresentar uma sequência errática de estados. Depois de uma caminhada às vezes trabalhosa, mas, afinal de contas, coerente, estando garantida a compreensão do caos, a questão de sua utilidade poderia então ser levantada. A interrogação muitas vezes veio de pessoas que não pertenciam diretamente à comunidade dos físicos do caos (industriais, grande público etc.) e, diante dessa questão, os pesquisadores às vezes se sentem um pouco constrangidos. Egoisticamente, talvez, não haviam pensado muito nela: para eles, a compreensão, o progresso do conhecimento puro justificam-se independentemente de uma exigência de finalidade tecnológica ou outra.

De fato, o caos não é um produto ou uma matéria-prima de que a tecnologia possa apoderar-se para criar novos aparelhos comercializáveis, operação que, aliás, muitas vezes se faz com atraso importante relativamente à própria descoberta (assim, os *lasers*, que apareceram nos laboratórios em meados da década de 1960, puros produtos oriundos da mecânica quântica, só se difundiram pelo grande público cerca de dez anos mais tarde).

O caos é, antes de tudo, um conceito, quase poderíamos dizer uma "filosofia" dos comportamentos dinâmicos. A primeira utilidade é, portanto, primordialmente, tê-lo compreendido, e depois, conhecendo os mecanismos que o favorecem, poder agir sobre ele. Em muitos casos, os comportamentos erráticos são prejudiciais. Um mecanismo mecânico cujo funcionamento apresentasse ritmos irregulares veria seu rendimento diminuído e fragilizada a sua estabilidade, um circuito eletrônico sujeito a oscilações irregulares seria inoperante etc. Diante de tais situações, o engenheiro deve refletir se as flutuações indesejadas estão ligadas a uma fonte incontrolada qualquer de ruído ou a um estado de funcionamento particular intrínseco ao sistema. Neste último caso, só um pequeno número de parâmetros físicos pode estar envolvido, parâmetros estes que poderão ser, então, modificados para que o conjunto volte a um estado mais regular.

Assim é que engenheiros de telecomunicações que queriam encontrar as melhores condições físicas para modularem um feixe *laser* – devendo este servir às telecomunicações ópticas – observaram que, em certas condições, a intensidade do feixe tinha um comportamento completamente errático e, portanto, não podia de modo algum ser portador da informação a transmitir. O estudo aprofundado de seu sistema, feito por pesquisadores da Universidade de Lille,[4] mostrou que esse comportamento era de origem caótica, de tipo oscilador forçado, e, consequentemente, em condições de modificar muito facilmente as características do sistema para que esse caos fosse evitado. Outro exemplo, que poderia ter tido graves consequências, foi o de um entroncamento numa linha de alta tensão da rede EDF. Em 1982, saltos de tensão consideráveis e incompreensíveis ocorreram por ocasião de uma ligação com a rede da central hidráulica de Chastang, que se fechava a trezentos quilômetros dali, sobre um auxiliar da central de Chinon. O estudo da linha elétrica revelou que as irregularidades eram de origem caótica, análogas às de um oscilador amortecido (capacidade da linha mais *self* do auxiliar), forçado pelos 50 Hz da linha. Como consequência, agora sabemos como evitar que um tal incidente se reproduza. O conhecimento dos comportamentos caóticos e dos parâmetros que os regem é, portanto, indispensável para resolver certos problemas, de que os dois exemplos citados fornecem uma ilustração.

Também podem desenvolver-se aplicações inesperadas do "caos": japoneses comercializaram um sistema de climatização com um fluxo de ar variável e irregular, caótico, por assim dizer, pois isso parece mais agradável. Da mesma forma, eles "programaram", para certo tipo de radiadores, uma temperatura "regulada" erraticamente, o que permite realizar economias de energia, mas também, ao que parece, aumenta a sensação de conforto.

Caos, vida e saúde

Excetuando os sistemas em que a regularidade é indispensável ao bom funcionamento, é muito provável que, de um ponto de vista geral, o caos tenha uma virtude maior: introduzir certa flexibilidade nas evoluções dinâmicas, e isso da maneira mais simples possível, utilizando apenas um pequeno número de elementos. Já mencionamos o caráter fixo do batimento do relógio, cuja periodicidade perfeita é a própria imagem de um sistema que dificilmente pode adaptar-se a condições diferentes ou inovar. Em contrapartida, o caos introduz certa impreditibilidade, mas o faz, por assim dizer, quase suavemente. Com efeito, o caos determinista está na fronteira entre a ordem e a desordem total, ela própria frequentemente ligada à presença de um número muito grande de variáveis e onde não existe nenhum ponto de referência, nenhum controle. Mas, embora o caos aqui descrito apresente a impreditibilidade, uma possibilidade de desvio graças à SCI, a curto prazo a evolução permanece coerente; a lembrança não é rompida instantaneamente.

É provável que, neste sentido, o caos represente um mecanismo importante de adaptação e participe amplamente no mundo do vivente. A atividade cardíaca é uma ilustração disto: a normalidade comporta uma parte de caos,[5] sem o qual o coração, sem dúvida, não poderia adaptar-se às diferentes solicitações exteriores. A atividade cerebral fornece um outro exemplo notável: de fato, é atualmente sabido que os sinais medidos pelo eletroencefalograma (EEG) são, em geral, muito caóticos, e isso tanto mais quanto mais ativa for a pessoa. Por outro lado, a presença de sinais EEG quase- periódicos está sempre ligada a patologias dramáticas, como a epilepsia ou a doença de Creutzfeldt-Jacob.[6]

Alguns etólogos julgam também que manifestações caóticas poderiam participar de maneira positiva no comportamento de certos animais, embora neste caso o caos deva ser entendido no sentido geral de aleatório. Observações feitas sobre os deslocamentos de bandos de babuínos nas savanas africanas revelam flutuações aparentemente aleatórias na ordem com a qual avançam os animais. Em certos momentos, os machos, dominantes ou não, estão à frente, com ou sem seus filhotes. Essa variação nas posições respectivas poderia ser explicada pelo fato de que ela confunde as "pistas" dos predadores, que, por essa razão, não sabem onde se acham os indivíduos mais vulneráveis, em especial os mais jovens. A configuração "caótica" no tempo seria, então, um meio de defesa.[7] (Os machos, porém, são, na maioria das vezes, os primeiros no início ou no fim do percurso, mas isso pode ser explicado independentemente.)

A posição conceitual do caos, como ponte entre ordem e desordem completa, que também chamamos de "ruído", e o interesse específico que daí decorre poderiam extrapolar-se para sistemas onde muitos elementos estão acoplados, como as redes boolianas, descritas no Capítulo 11. Um mínimo de regras locais, mas preservando uma parte de aleatório, poderia ser eficiente em matéria de adaptação, e esse gênero de "arquitetura" dinâmica poderia participar da atividade do genoma humano. Da mesma forma, a respeito da atividade cerebral, hipóteses baseadas em modelos de redes neuronais pretendem que estas trabalhem com certa coerência, apresentando estados onde estão, lado a lado, ordem e desordem, mais ou menos como nas intermitências espaçotemporais.

A atividade cerebral, entre caos e turbulência?

Para bem compreender a atividade cerebral, conviria acompanhá-la, igualmente, em cada ponto do cérebro (certos centros de atividade, como os da vista, estão localizados de maneira conhecida no cérebro) e no tempo. Modernos métodos de diagnóstico, como a RMN (ressonância magnética nuclear), permitem ter acesso a certas informações, mas o recurso a modelos pode ser útil no caminho dessa compreensão, mesmo que seja apenas para acompanhar a influência deste ou daquele parâmetro, difícil de se fazer variar na realidade. Damos aqui um exemplo referente ao aspecto coletivo da atividade do cérebro.

As amplitudes dos sinais de EEG, portanto das ondas presentes no momento de seu registro, são muito variáveis. Já em 1943, mostrou-se que as grandes amplitudes, observadas, por exemplo, durante o sono profundo, deviam-se a uma sincronização da atividade neuronal, mais do que a um aumento do potencial elétrico de cada neurônio. A partir daí, expandiu-se a ideia de que os neurônios do cérebro podiam trabalhar em maior ou menor coerência. Em 1941, foram descobertas as conexões importantes que existem entre o tálamo e o neocórtex. Sabendo que o tálamo pode desempenhar o significado de um verdadeiro marcapasso, ou seja, apresentar oscilações com uma frequência bem definida, foi então levantada a questão do significado que o comportamento deste último podia ter para a atividade do cérebro. De fato, observou-se que, durante o sono, o tálamo pode apresentar oscilações de baixa frequência ($\sim$ 3 Hz) que tornamos a encontrar no EEG, ao passo que nos estados de vigília as frequências que intervêm nos EEG (e no tálamo) são muito mais altas. Parece, pois, que a dinâmica do cérebro seja fortemente influenciada pela ação periódica do tálamo.

Modelos matemáticos[8] tentaram simular essa situação a partir de uma rede de neurônios constituída de 80% de células excitadoras e de outros 20% de células inibidoras (o que é praticamente o caso real). As células são ligadas entre si de acordo com certa vizinhança (primeiros vizinhos, segundos vizinhos...); o influxo nervoso propaga-se, portanto, entre elas, mas com tempos de percurso diferentes conforme suas distâncias respectivas. Um pequeno número de células (2%) escolhidas ao acaso recebem impulsos periódicos, que traduzem os que são suscetíveis de serem emitidos pelo tálamo.

Se a ação do tálamo for igual a zero, a atividade da rede de neurônios pode ser estacionária, oscilante em seu conjunto ou desordenada, conforme a atividade de transmissão no nível das sinapses for fraca ou tornar-se considerável. Neste último caso, a atividade "turbulenta" dos neurônios apresenta-se sob a forma de zonas localizadas muito ativas, que se propagam de maneira irregular no córtex. Entre oscilação e "turbulência", é observado um comportamento intermitente, com alternância de estados oscilantes e de estados "caóticos". Parece, porém, que o comportamento mais conforme à realidade na ausência de impulsos provindos do tálamo seja o de um estado "turbulento".

Inversamente, quando os impulsos periódicos, que simulam os que vêm do tálamo, estimulam a rede de neurônios inicialmente em estado de "turbulência", a atividade desta rede se ordena. Aparecem zonas sincronizadas, e a rede inteira "oscila" entre diferentes configurações ordenadas temporal e espacialmente, com uma frequência média próxima da do tálamo. Se esta for alta, a complexidade da organização temporal, medida por uma "dimensão D" como no caso dos atratores caóticos, é ela própria muito elevada... Mas, à medida que a frequência de estimulação vai diminuindo, a complexidade diminui e reencontramos valores próximos aos medidos a partir de EEG feitos no estado de sono.

Sem entrar nos pormenores, esse modelo de uma rede de neurônios em interação submetidos a impulsos periódicos mostra o papel coordenador dos estímulos periódicos. Sua frequência parece ter uma influência preponderante sobre a complexidade da atividade da rede neuronal, levando as frequências altas a comportamentos de tipo "vigília" e as frequências baixas, de preferência, a comportamentos de tipo "sono", estado em que a sincronização é mais eficiente. É evidente que tais modelos estão muito longe de levar em conta todos os mecanismos em funcionamento no cérebro, mas é muito instrutivo ver como pode ser iniciada uma coerência num conjunto de células de comportamento "aleatório". Em contrapartida, o papel do valor preciso das frequências está provavelmente ligado a características locais bioquímicas e bioelétricas, mas o processo é que é interessante. O pensamento construtivo está, sem dúvida, a meio caminho entre a regularidade perfeita e não imaginativa e a desordem completa que, no outro extremo dos comportamentos dinâmicos, só traria dispersão e incoerência destrutiva...

Determinismo, livre-arbítrio e princípios variacionais

O enunciado matemático do princípio de determinismo clássico parece-nos claríssimo, se nos referirmos ao texto das equações de movimento de um conjunto de partículas em interação, que seriam mais ou menos os átomos e/ou as partículas elementares que compõem o nosso Universo. Conhecendo essas equações de movimento e as condições iniciais, todo estado futuro desse gigantesco sistema é, em princípio, conhecido, e o tempo é apenas uma variável que serve de parâmetro aos estados sucessivos. Esta determinação absoluta do futuro pelo presente sempre colocou problemas para os filósofos, particularmente no que diz respeito à liberdade de que nós, seres pensantes, julgamos dispor..., ou seja, ao nosso livre-arbítrio. Essa doutrina também encontrou objeções da parte dos teólogos, que não conseguiam ver muito bem como situar, num mundo determinista, a vontade de um Ser supremo onisciente e onipotente. Alguns veem, nas flutuações quânticas e no aspecto intrinsecamente probabilista que elas dão à evolução vista à escala atômica, a fonte da liberdade individual. Da mesma forma, o caos desempenha um papel libertador relativamente ao livre-arbítrio aniquilado pelo determinismo (e com o qual, porém, sabemos hoje que ele é totalmente compatível).

Mas a apresentação de princípios de evolução como a mecânica de Newton e sob forma de equações diferenciais, logo, sob uma forma que implica, pelo menos implicitamente, o determinismo, não é a única possível. Existe uma outra, de autoria de Maupertuis. Sem querermos esmiuçar aqui o princípio de Maupertuis, podemos lembrar que ele postula que a trajetória do conjunto de um sistema de partículas em interação obedece a um princípio de minimização... de economia, ou ainda, por assim dizer, de mínimo esforço. Uma das formas desse princípio diz que, se fixarmos as posições no tempo inicial e no tempo final, então existe uma única trajetória que minimiza, num espaço abstrato, o caminho de um a outro ponto.

Tocamos aqui um dos grandes princípios da física: o princípio variacional. Dentre todas as trajetórias possíveis do sistema de partículas, haverá apenas uma que será escolhida, aquela que minimiza o comprimento de um certo caminho. Uma bela ilustração deste princípio data do início do século XVII e é de autoria de Pierre de Fermat. Este último descobrira, com efeito, que os raios luminosos escolhem uma trajetória que minimiza o "caminho óptico" (ou produto do comprimento percorrido pelo índice de refração do meio). O conjunto das leis da óptica geométrica decorre desse princípio de minimização.

O princípio de Maupertuis é interessante sob muitos aspectos, pois dá a impressão de que, com ele, podemos escapar ao determinismo: a condição inicial e a condição final participam da mesma forma na determinação da trajetória. Podemos, por exemplo, imaginar que o Universo se encontra atualmente na trajetória que o levará a um estado final conforme a este ou àquele dogma religioso.

Ao longo do século XVIII, as duas concepções (determinismo e teleonomia, ou doutrina da finalidade a determinar as trajetórias) se enfrentaram. Parece muito difícil resolver essa questão. Um dos pontos delicados da doutrina teleonomista é que as variações que permitem determinar a trajetória são virtuais e constituem um objeto mais matemático do que real. Poderíamos, talvez, fazer uma observação parecida, no que diz respeito ao determinismo filosófico, oposto ao determinismo matemático: na ausência de um meio real de mudar as condições iniciais num instante dado, o fato de a trajetória ser definida por essas condições iniciais (equações de Newton) ou pelos pontos de partida e de chegada não tem finalmente nenhuma importância, já que isso constitui duas maneiras diferentes de apreender uma realidade única e intangível, a trajetória real.

Matemática contra física

As descobertas de que falamos neste livro colocam um "pequeno" problema, que não nos perdoaríamos por deixar passar em branco, o da relação entre matemática e física. Este tipo de debate é bastante característico de nossa cultura francesa (ele quase não existe nos países anglo-saxões, ou pelo menos só existe sob uma forma muito atenuada), desde Auguste Comte, certamente, e, sem dúvida, muito antes (espírito racional de Descartes). Alguns gostariam, de fato, de saber onde situar esta ou aquela descoberta ou resultado no grande edifício comtiano: será física, será matemática? Uma vez a descoberta situada, digamos, no andar certo, podemos avançar e perguntar se se trata de física experimental, aplicada, ou de física teórica, se a área em questão estiver no andar "física", ou se se trata de matemática pura ou aplicada, se tivermos escolhido o andar (superior na ordem comtiana) da matemática. Esta distinção entre matemática e física é bastante recente: até meados do século XIX, os cientistas consideravam-se como "geômetras", englobando, assim, o que hoje chamaríamos de matemática, física e mecânica. A organização do ensino superior moderno, particularmente na França, onde foi muito centralizado, é que fortaleceu consideravelmente a instauração das categorias comtianas. Um juízo de valor sobre esse sistema, resultado de dezenas de anos de evolução, sem dúvida não serviria a grande coisa. Podemos, apesar de tudo, tentar apresentar algumas reflexões sobre o lugar respectivo da física e da matemática em nosso assunto.

Uma posição totalmente extrema a respeito das relações entre essas duas ciências rainhas é a que Bouasse defendia em seus famosos prefácios (escritos nos anos 1920-1930, época de enormes polemistas, como L. Bloy ou L. Daudet, de que Bouasse não é indigno no plano do estilo), sempre interessantes de se reler. Todavia, Bouasse, embora bom polemista, tinha enormes antolhos que o impediam de ver a revolução que se realizava à sua frente: relatividade, mecânica quântica, teoria cinética etc. Tomando o exemplo do pêndulo de Foucault, Bouasse defendia o ponto de vista de que os matemáticos, dentre os quais Coriolis, conheciam as equações do movimento num ponto de referência em rotação, mas não tinham sido capazes de ver ali o que chama de "o fenômeno", ou seja, a possibilidade de medir de maneira absoluta a rotação de um referêncial – no caso, a Terra. Bouasse contrapõe energicamente essa inaptidão de ver o fenômeno nas equações à visão de Foucault, que, partindo de uma análise matemática errônea no pormenor (portanto, matematicamente incorreta), descobriu e compreendeu, no entanto, o fenômeno físico profundo da existência de um ponto de referência absoluto, relativamente ao qual podia evidenciar a rotação da Terra, sem olhar as estrelas.

Este exemplo mostra como se delimitaria o campo matemática/física: por um lado, os matemáticos escreveriam equações, por outro, físicos e engenheiros deduziriam dali os fenômenos que podem existir. Essa visão é bastante caricatural, especialmente quando aplicada ao fenômeno do caos. Parece incontestável que os fundadores, Poincaré, Lyapunov, Hadamard, devem ser catalogados como matemáticos, ainda que tenha sido considerada muito seriamente a atribuição do prêmio Nobel de física a Poincaré. Esses cientistas, apesar de tudo, tinham com frequência um ponto de vista de físico, no sentido de que procuravam extrair conceitos gerais a partir de uma abordagem geométrica, o que os levou a ideias como a da sensibilidade às condições iniciais, de bifurcação etc., todas elas ideias que estão no âmago de nosso assunto. Nos tempos mais recentes, a distinção entre matemática e física foi, por vezes, nitidamente menos clara.

Como já foi colocado, a distinção matemática/física é, muitas vezes, o resultado da maneira como funciona o ensino superior: assim, alguns de nossos colegas físicos decidem, às vezes muito rapidamente, se uma nova ideia é "física" ou "não física" de acordo com a expressão matemática dessa ideia e da matemática que eles próprios conhecem. Por outro lado, um matemático só vai querer ver numa teoria a sua falta de rigor, independentemente, talvez, de sua riqueza ou da profundidade das ideias que nela se exprimem.

Muitos viram as teorias do caos como mais matemáticas do que eram, já que as matemáticas em questão eram pouco ou nada ensinadas. Essas discussões semânticas têm apenas, porém, um interesse muito restrito, já que sempre se trata, afinal, de explicar o mundo que nos cerca, e a teoria do caos mostrou bem que era capaz disso, inclusive no caso de fenômenos bastante pouco intuitivos, como os roteiros de transição, a intermitência espaçotemporal etc. O progresso dos conhecimentos, felizmente, se realiza sem que seja preciso saber se se está fazendo matemática, física ou mecânica...

Acaso, caos e informação

Uma sequência de algarismos tomados ao acaso contém certa quantidade de informação e pode ser considerada uma mensagem. Suponhamos, para simplificar, que os algarismos só possam ser ou 1 ou 0 (em suma, raciocinamos em linguagem binária). Cada algarismo representa uma informação elementar mínima a que chamamos *bit*. Se quisermos transmitir a um colega uma mensagem de um milhão de algarismos binários (ou um milhão de *bits*) que se sucedam sem nenhuma lei, ou seja, ao acaso, o mais simples que podemos fazer é encher-nos de paciência e escrever-lhe essa mensagem em detalhe, ou seja, um milhão de 0 e 1. Se, pelo contrário, essa sequência se estabelecer segundo uma lei periódica, por exemplo, sendo cada zero seguido de dois 1, depois 0, depois de novo dois 1 etc., pouparemos muito trabalho enviando a nosso colega a receita de fabricação da mensagem "escrever 0 seguido de dois 1 e repetir até o milionésimo algarismo". Essa receita é chamada algoritmo (ou ainda, programa), e um computador sabe processá-lo admiravelmente. Evidentemente, esse algoritmo escreve em linguagem binária (a única que o computador compreende) num comprimento bem inferior a um milhão de *bits*... em algumas centenas deles, talvez, e no entanto nos permite enviar uma mensagem de um milhão de *bits*, o que jamais poderíamos fazer com tão poucos elementos no caso da sequência aleatória de algarismos. Isso nos faz tocar uma definição possível de uma sequência de algarismos realmente aleatória: é uma sequência cuja maneira mais econômica de transmitir consiste em enviá-la diretamente. Podemos, agora, avaliar melhor uma segunda diferença – mais sutil – que existe entre uma sequência de números tomados ao acaso pelo computador segundo uma lei do tipo: $X_{n+1} = a X_{n+b}$ módulo N e a de números realmente tirados ao acaso. No segundo caso, a maneira mais simples de transmitir a sequência é transcrevê-la; no primeiro, basta comunicar o algoritmo e o valor inicial (e a precisão com a qual o cálculo é efetuado).

A medida da quantidade de informação apresenta, portanto, neste nível, dificuldades de princípio bastante profundas, dificuldades que foram vistas pela primeira vez, ao que parece, por Kolmogorov e, um pouco mais tarde, por Chaitin, um pesquisador dos laboratórios IBM perto de Nova York. A ideia deles era tentar quantificar a soma de informação transmitida, não por uma medição do resultado do programa, ou seja, a sequência de símbolos dados pelo computador, mas antes pela quantidade de informação utilizada para construir essa sequência, ou seja, o comprimento do programa necessário para produzi-la. Eles definiram, assim, a complexidade algorítmica de uma mensagem como o comprimento em *bits* do mais curto programa que possa gerá-lo. Esta definição, afinal bastante razoável, comporta, porém, uma dificuldade: não dispomos de nenhum meio de saber se um programa dado é o mais curto possível, e poderíamos provar que isso acontece necessariamente.

Por outro lado, a ideia de quantidade de informação pode ser associada à transmissão de uma mensagem, podendo essa mensagem ser também assimilada a uma entropia. Essa noção é anterior à teoria do caos determinista e foi proposta por Shannon, pioneiro da teoria da informação. A informação ou entropia de Shannon tem o mérito de ser extensiva, pois cresce como o comprimento da mensagem. Com efeito, ela se exprime, no caso de uma mensagem escrita em binário (linguagem de computadores), como o logaritmo na base 2 do número total de mensagens que podemos escrever com N elementos. Se todas as combinações forem possíveis, ou seja, se não houver regras seletivas para construir essas combinações, então esse número se exprimirá como $\log 2^N = N \log 2 = N$. Podemos também definir uma entropia por elemento, dividindo a entropia total pelo número de elementos N. Se essa entropia for ela própria igual a N, a entropia por elemento será igual a 1, a máxima entropia por símbolo que uma mensagem pode assumir, no sentido de que todas as combinações são igualmente prováveis e que não há redundâncias.

Neste espírito, ou seja, considerando apenas o número de arranjos possíveis e não a inteligência de uma mensagem, podemos perguntar-nos sobre a escrita (ou o "falar") nas diferentes línguas, como, no nosso caso, com as 24 letras do alfabeto latino. Em razão das exigências da gramática, da sintaxe etc., uma mensagem, como este texto, por exemplo, não pode ser uma sequência aleatória das 24 letras do alfabeto e possui, portanto, em geral, menos informação do que o que resultaria da teoria de Shannon para mensagens de entropia máxima com 24 símbolos. Podemos dizer, em certo sentido, que as línguas naturais têm certa redundância na transmissão das mensagens. Um caso particularmente interessante, e bem pouco estudado, de língua natural que se deixa dificilmente quantificar pela teoria de Shannon é a da linguagem dos surdos-mudos, que utiliza uma informação muito diferente da escrita, uma vez que nela entram a mímica, os gestos etc. O conteúdo informativo dessa língua parece potencialmente maior do que o de uma língua falada que incorpore muitas das limitações da língua escrita.

O caos: faça você mesmo

Convencidos de que nada é melhor do que fazer por si mesmo as experiências para entender os fenômenos físicos, os autores faltariam com seu dever se não propusessem, para terminar, a realização de uma experiência simples, porém profunda. Mais genericamente, eles julgam – o que não é muito original, mas, paradoxalmente, não foi absolutamente levado em conta nos programas de ensino na França – que as ciências constituiriam menos a "parte dura" no liceu ou na opinião pública inteira se fossem ensinadas de maneira muito mais experimental. Vamos ao fato. Vocês se lembram de que uma das maneiras de criar o caos é forçar um oscilador (não linear). Nós lhes propomos, como oscilador, escolher uma bússola. Com efeito, se sua agulha imantada se orienta para o norte – e este é o seu papel essencial –, depois de uma perturbação dessa orientação, vocês podem notar que ela volta ao norte oscilando: a bússola é, portanto, um oscilador, sem dúvida amortecido. Esse amortecimento merece que nos detenhamos nele por um instante. Se a agulha se desloca no ar, o amortecimento é fraco e a oscilação dura numerosos períodos de amplitude decrescente, antes de se fixar em sua orientação de equilíbrio. Se, pelo contrário, vocês manipularem uma bússola que serve para orientação nos passeios, verão que sua agulha está mergulhada num líquido, para aumentar a fricção, portanto o amortecimento: assim, a agulha imantada voltará para a sua posição de equilíbrio quase sem oscilar (o que é, evidentemente, mais cômodo num passeio!). Mas, no caso de nossa experiência, é preferível escolher uma bússola menos amortecida (tão comum, aliás, quanto a anterior) e, então, vocês estarão diante de um oscilador (fracamente) amortecido.

Como vimos, basta agora forçá-lo apropriadamente para torná-lo caótico. Podemos, por exemplo, submetê-lo a um campo magnético oscilante, que influenciará diretamente a agulha: com isso, acrescentamos-lhe o necessário terceiro grau de liberdade. Uma maneira ao mesmo tempo simples e pedagógica de realizá-lo é construir um pêndulo magnético, suspendendo um imã à ponta de um fio de costura, que estará ele próprio suspenso por uma forca facilmente improvisável. Lancemos este pêndulo e comecemos pondo a bússola a cerca de vinte centímetros do plano de oscilação do pêndulo (vide Figura 1). A bússola oscila debilmente a uma frequência que geralmente fica muito próxima da do pêndulo que a estimula. Aproximemos progressivamente a bússola do pêndulo oscilante. Como fica evidente, a influência do pêndulo magnético sobre a bússola aumenta. Conforme o caso, podem aparecer regimes mais curiosos... como oscilações biperiódicas em que, embora permanecendo em regime predizível, as amplitudes da oscilação da bússola variam periodicamente. Em seguida, abaixo de uma certa distância, aparecem movimentos extremamente irregulares, com a bússola começando a girar num sentido, detendo-se, oscilando de novo e depois girando em sentido inverso, sem que possamos prever que nova fantasia vai surgir. O movimento tornou-se impredizível, embora sendo o de um sistema muito simples: trata-se realmente de caos. Observações muito profundas podem ser feitas a partir dessa experiência elementar, fazendo variar os diversos parâmetros da experiência; deixamos ao leitor o prazer de descobri-lo por si mesmo.

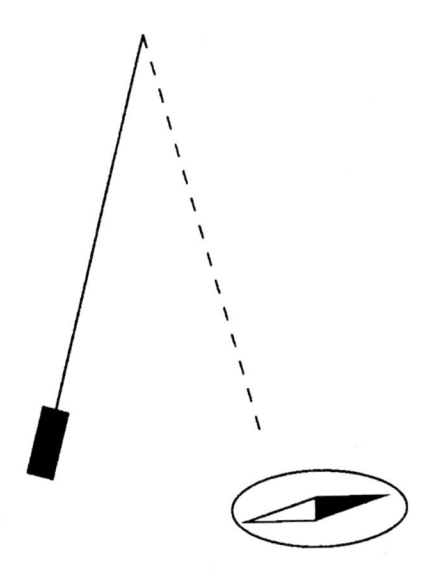

FIGURA 1 - Façam simplesmente um "caosador": influenciem uma bússola por meio das oscilações de um pêndulo magnético.

Notas

1 *Dictionnaire de physique portatif*, 3. ed., Avignon, Veuve Girard et François Seguin, 1767.

2 G. Duby, *Le temps des cathédrales*, Gallimard, 1976.

3 I. Ekeland, *Le calcul, l'imprévu*, Le Seuil, 1984.

4 P. Glorieux, E. Giacobino, Explorer le chaos à la lumière des lasers, *La Recherche*, p.1384, nov. 1989.

5 A. Babloyantz, A. Destexhe, Is the Normal Heart a Periodic Oscillator?, *Biological Cybernetics*, v.58, p.203, Springer Verlag, 1988.

6 B. J. West, *Fractal Physiology and Chaos in Medicine World Scientific*, 1990.

7 J.-P. Desportes, La longue marche des babouins: ordre ou chaos?, *La Recherche*, dez. 1984.

8 A. Destexhe, A. Babloyantz, Deterministic Chaos in a Model of the Thalamo-Cortical System, in: A. Babloyantz (Org.) *Self-Organization, Emerging Properties and Learning*, Plenum Press, ARW Series, New York, 1991.

SOBRE O LIVRO

Coleção: Biblioteca Básica
Formato: 14 x 21 cm
Mancha: 25 x 44 paicas
Tipologia: Goudy Old Style 12/14
Papel: Pólen 80 g/m² (miolo)
Cartão Supremo 250 g/m² (capa)
1ª *edição:* 1996
1ª *reimpressão:* 2011

EQUIPE DE REALIZAÇÃO

Produção Gráfica
Sidnei Simonelli

Edição de Texto
Nelson Luís Barbosa (Assistente Editorial)
Maria Cristina Miranda Bekesas (Preparação de Original)
Vera Luciana M. R. da Silva e
Ada Santos Seles (Revisão)
Kalima Editores (Atualização ortográfica)

Editoração Eletrônica
Lourdes Guacira da Silva (Supervisão)
José Vicente Pimenta (Edição de Imagens)
Duclera G. Pires de Almeida (Diagramação)

Projeto Visual
Lourdes Guacira da Silva

Impressão e acabamento